Augstalpe
nach Egglgrubenalpe
nach Augstalpe
Astersee
Drisselberg.
Nord
Altaufseer See
Gebirgssteig übern Sattl nach Altaussee
Barthlhof
Rößlern
Lammersberg
Sattl
Sperrnbichl
Hopfgarten
Gasperhof
Eisbichl
Bernmoos
Tressenstein
Tressen
Frosch
Hintere Tressen
Gut
Krieg
Bräuhof
Klaus
Grundl See
Au
Moosern
Fischmeister
Ramgütl
Grundlseer Traunfluss
Sulzstube
Flachwerkholzrechen
Tischlerbichl
Waldschloss
Friedhof
Pollhamers Ziegelbrennerei
Traunmühl
alte Grundlseerstrasse
Stögermühle
K. k. priv. Schiessstätte
Hintenkogl
Pfarrhof
Gallhofkogl
Brunknecht
Moser
Sixtleite
Walcherstadl
Tauscherin
Sixtwirth
St. Leonhard
Poststrasse
Scheibner
Anger
Weissenbach
Neuper
Prater
Galln
Eselsbach
Bierwirth
Streitleite
Unterkainisch
k. k. Zieglstadl
Salzsudwerke
Traxl
Gschlössl
Süssreith
Strasse nach Edensee
Edenseer Traunfluss
nach Handlenalpe
Radling
nach Mitterndorf
Ost
Erklärung der Zeichen.
Wiese oder Obstgarten.
Waldung.
Fußsteige.
Aussicht.

Renate Basch-Ritter

Anna Plochl

Die Frau an der Seite Erzherzog Johanns

Spurensuche durch zwei Jahrhunderte

Für Claudia, Angelika, Jakob und Franz

Bibliografische Information Der Deutschen Bibliothek

Die Deutsche Bibliothek verzeichnet diese Publikation in der Deutschen Nationalbibliografie; detaillierte Daten sind im Internet über http://dnd.ddb.de abrufbar.

Gesamtherstellung: **CLASSIC** Agentur für Marketing & Mediendesign, Graz
Druck und Bindung: Medienfabrik, Graz

ISBN 3-201-01845-7

Renate Basch-Ritter

Anna Plochl

Die Frau an der Seite Erzherzog Johanns

Spurensuche durch zwei Jahrhunderte

Akademische
Druck- u. Verlagsanstalt
Graz/Austria

Inhalt

Zum Geleit!

Wer kennt sie nicht, die romantische Liebesgeschichte zwischen dem Königssohn und dem armen Mädchen – Lieblingsmotiv und Stoff für unzählige Darstellungen in Lied, Gedicht, im Roman (einschließlich der Dreigroschenromane) oder auf dem Theater, in der Musik und in der darstellenden Kunst bis in die Gegenwart.

Auch in unserem Land gibt es solche Geschichten; eine der bekanntesten ist die vom „Steirischen Prinzen" und dem Mädchen aus dem einfachen „Volk". Dabei handelt es sich um Erzherzog Johann von Österreich, der als Enkel, Sohn und Bruder kaiserlicher Machtträger selbst auf Dauer kein politisches Amt bekleidete, sondern Kraft seiner Ideen, seines sozialen Verständnisses und seiner Privatinitiative mit Recht als einer der fortschrittlichsten und wichtigsten Anstoßgeber und Gründerpersönlichkeiten in seiner Wahlheimat Steiermark in der ersten Hälfte des 19. Jahrhunderts gilt. Und um seine Gemahlin Anna, die Tochter des Postmeisters Jakob Plochl von Aussee und somit gewiss nicht arm, aber aus dem bürgerlichen Stand. Johann hat in der eigenhändigen Niederschrift „Der Brandhofer und seine Hausfrau" die Geschichte dieser Liebe, über die manche Gerüchte oder Halbwahrheiten kursierten, selbst dargestellt. Einer seiner Kammermaler, Matthäus Loder, malte in seinem Auftrag bezaubernde Aquarelle zum Thema der ersten Begegnungen mit Anna. 1982, zum 200. Geburtstag des Erzherzogs und in Zusammenhang mit der großen Landesausstellung „Erzherzog Johann von Österreich" in Schloss Stainz, in der auch die Darstellung seiner Gattin ihren gebührenden Platz einnahm, wurden sie von der Akademischen Druck- und Verlagsanstalt als Faksimile unter dem Titel „Aus dem Stammbuch der Anna Plochl" herausgebracht.

Dennoch ist diese Frau hinter die fast übermächtige Gestalt ihres Mannes zurückgetreten, der bis heute als Instanz und als Vorbild vielfach beschworen und oft zitiert wird. Ihre Person hingegen blieb umrisshaft und es gibt nur wenige Abhandlungen über sie. Dabei war die vom kaiserlichen Bruder sehr ungern gesehene Beziehung auch sonst gewiss mit manchen Problemen belastet: zunächst der uns Heutigen kaum vorstellbare Standesunterschied, wenngleich es so genannte morganatische Ehen schon viel früher und gerade auch im habsburgischen „Erzhaus" gegeben hat. Dann der doch erhebliche Altersunterschied von 22 Jahren und Annas nicht ganz eindeutige Rolle, als die sehr junge Frau den Haushalt zunächst in Vordernberg, dann auch am Brandhof übernahm. Und auch die relativ späte Geburt des ersten und einzigen Sohnes und die damit verbundenen Standesfragen gaben Anlass zur Sorge. Anna Plochl selbst wurde zuerst Freifrau von Brandhofen, später Gräfin von Meran – allerdings erst fünf Jahre nach ihrem Sohn; und schließlich hat sie ihren Gatten um 26 Jahre überlebt.

All das sind Ingredienzien, wie sie auch heute jederzeit für eine spannende Geschichte reichen. Es ist der an vielen Themen aus dem alten Österreich erprobten Autorin, Renate Basch-Ritter, und der Akademischen Druck- und Verlagsanstalt zu danken, dass die Frau an der Seite eines für die Steiermark so wichtigen Mannes uns allen näher gebracht wird!

Waltraud Klasnic
Landeshauptmann der Steiermark

Vorwort

Erzherzog Johann von Österreich, Enkel Maria Theresias, Sohn Kaiser Leopolds II., gehört zu den populärsten Gestalten der Geschichte Österreichs. Bekannt und anerkannt sind seine vielfältigen Gründungen und Förderungen auf dem Gebiet der Wissenschaft, Wirtschaft und Kultur für seine Wahlheimat, die Steiermark.
Seine romantische Liebesbeziehung und spätere Ehe mit der Bürgerlichen Anna Plochl, Tochter des Postmeisters aus Aussee, machten ihn und seine Anna schon seinerzeit weit über die Grenzen Österreichs hinaus populär. Annas Gestalt in der Volksphantasie, der Literatur und in den bildlichen Darstellungen zeigt sich stark geprägt durch das weit verbreitete – teilweise auch verfälschte Wissen – um die Liebesgeschichte zwischen ihr und dem Erzherzog. Ein Ereignis, umrankt von volkstümlichem Mythos – was sonst nur unter dem Motto „Es war einmal" erzählt wird, ist hier tatsächlich geschehen.
Trotz der bis heute anhaltenden Volkstümlichkeit des Paares ist über die weiteren Lebensumstände und die Persönlichkeit Annas, der späteren Freiin von Brandhofen und letztlich Gräfin von Meran, Stamm-Mutter von heute annähernd 1000 Nachkommen, wenig bekannt.

Dieses Buch versucht den Spuren ihrer Lebensgeschichte und deren Nachwirkung bis in die Gegenwart nachzugehen, sie zu sammeln und zusammenzufügen.
Der Briefwechsel Annas mit Johann ergibt für die Spurensuche die zentrale Quelle. Hinzu kommen unzählige Schriften und Exponate, neu entdeckt oder wieder gefunden, wie etwa die seit langem als verschollen geltende Originalurkunde ihrer Heirat aus dem Jahr 1829 im über 300 Kartons zählenden Archiv Meran, oder das Brautkleid Annas in der Schatzkammer von Mariazell, das vor wenigen Jahren restauriert und für die Statue der Gnadenmutter umgearbeitet wurde, oder Annas Stammbücher mit den eingeklebten Bildern, Visitenkarten von manch illustren Besuchern und Zeichnungen ihres talentierten Sohnes.
Die in unzähligen Schriften des Habsburgers dokumentierten Kontakte zu Menschen aus verschiedenen Gesellschaftsschichten beleuchten das Umfeld des Paares, an dem Anna zu Beginn ihres Zusammenlebens nur geringen Anteil hatte.
Allerdings ist an den Briefen auch die Entwicklung Annas zu beobachten – von der sich einsam fühlenden, oft allein gelassenen, noch unverheirateten, manchmal depressiven im Haushalt Johanns lebenden jungen Frau zu der später in ihrem ausgedehnten wirtschaftlichen Alltagsbereich bestimmten und selbstsicheren „Hausfrau" und Partnerin: Anna lässt sich zwar anfangs von dem um 22 Jahre älteren Gatten anleiten, wächst jedoch rasch in ihre Rolle hinein.

Gab es in dieser Ehe Krisen, dramatische Zuspitzungen, Belastungen? Die unsicheren Anfangsjahre, der über ein Jahrzehnt unerfüllte Kinderwunsch und die häufige Abwesenheit Johanns, dessen unruhiger Geist rastlos Aufgaben wahrnahm und neue Ziele anstrebte, brachten Anna beträchtliche seelische und körperliche Beschwerden, sie klagt darüber in vielen Briefen und versucht immer wieder diesen Übeln durch Heilkuren abzuhelfen.

Die stürmischen und bedrohlichen Monate des Revolutionsjahres 1848/49 – als Erzherzog Johann den Kaiser in Wien vertritt und dann als Reichsverweser nach Frankfurt berufen wird, um an der Neugestaltung eines Deutschen Kaiserreiches mitzuwirken – spiegeln sich ebenfalls in den Briefen wider. Für Annas Leben brachte diese Zeit ungeahnte und von großer Angst erfüllte gesellschaftliche Höhepunkte, da sie plötzlich an der Seite Johanns in die Rolle der „Ersten Frau Deutschlands“ katapultiert wird und sich der nicht gewachsen glaubt.
Ganz in ihrem Element zeigt sich Anna dagegen in ihrer Witwenzeit als sachkundige und energische Verwalterin der Familiengüter in der Steiermark, in Salzburg und in Tirol. Für die Recherche wurden alle wichtigen Wohnorte und Domizile aufgesucht.

Eine „Frau aus dem Ausseer Land“ war und blieb Anna ein Leben lang, das zeigt ihre Ausdrucksweise, ihre direkte Sprache und die eigenwillige Schreibweise in den vielen erhaltenen Briefen. Sie blieb trotz des für heute unvorstellbaren sozialen Aufstiegs der Mensch, der sie vorher war, fraglos eingebettet in das damals gültige Gesellschafts-, Glaubens- und Wertesystem. Johann redete seiner Frau eindringlich ins Gewissen, wenn es um die Durchführung seiner Grundwerte ging. Gesellschaftliche Verhaltensformen oder neue Bildungsinhalte waren für Anna nicht vorgesehen. Der Erzherzog respektierte die Eigenständigkeit seiner Frau und schätzte ihre Natürlichkeit.

Informationen über die aufgesuchten Schauplätze ihres Lebens, Beiträge von Literaten, Bilder aus Archiven, dazu aktuelle Fotos, Gespräche mit Nachkommen der Familie Meran und Interviews mit Personen, die über Detailgebiete aus Annas Umfeld Bescheid wissen, fügen sich neben den Schriften zu weiteren Konturen zusammen und ergeben das Porträt einer außergewöhnlichen Frau, deren Lebensspanne über 81 Jahre reichte – vom Zeitalter Napoleons bis in die Gründerzeit.

Renate Basch-Ritter
Graz und Grundlsee im Frühjahr 2005

1

Begegnung am Toplitzsee

Treffpunkt „Ladner" am Grundlsee

Weiße Wäschestücke, zum Trocknen aufgehängt, meinten Erzherzog Johann und seine Begleiter zu sehen, als sie am 22. August 1819, von einem Ausflug zum Traunursprung und Kammersee kommend, bei halber Fahrt auf dem Toplitzsee von einem Boot aus vier weiße Punkte am Ufer bemerkten. Bei näherer Sicht entpuppten sich die hellen Wäschestücke als junge, festlich gekleidete Mädchen. Sie erwarteten den hohen Gast in der so genannten Gössler-Au am Westufer des fjordartigen Sees, um den wegen seiner steil abfallenden Felswände damals wie heute kein Weg führt – nur mit dem Boot ist der Toplitzsee zu queren. Eines der Mädchen war die älteste Tochter von Jakob Plochl, einem angesehenen Bürger von Aussee, von Beruf k. k. Postmeister, Spediteur und Eisenwarenhändler. Anna, auch Nanni oder Nanette genannt, stand damals gerade im 16. Lebensjahr. Genauer gesagt war das Mädchen, von dem Johann sagte, dass sie *in erster schönster jungfräulicher Blüte* stehe, 15 Jahre und sieben Monate alt, der Erzherzog hatte bereits seinen 37. Geburtstag gefeiert.
War dieser beträchtliche Altersunterschied der Grund dafür, dass sowohl in der älteren als auch in der neueren Literatur diese Daten häufig verfälscht angegeben werden? Von der 17 Jahre alten Anna oder gar von *19 Lenzen* ist die Rede. Haben die Historiker und die Schriftsteller im allzu jugendlichen Alter Annas etwas Ehrenrühriges gesehen? Was war es, das Johann an Anna so faszinierte? Diese Episode am Toplitzsee wird in der gesamten Erzherzog Johann-Literatur erwähnt. Johann selbst, dem Anna schon einige Jahre zuvor bei einer Tanzveranstaltung am Grundlsee aufgefallen war, schildert der Nachwelt in seinem autobiografischen Werk „Der Brandhofer und seine Hausfrau" ausführlich die Umstände dieser Begegnung und den Eindruck, den das *unbefangene, zarte, arglose Gemüth* in ihm erweckte.
Noch zu Lebzeiten des Paares errichteten die Bürger des Ausseer Landes zur Erinnerung an diese erste Begegnung und die ersten Gespräche der beiden am Ufer des Toplitzsees einen Gedenkstein, der allerdings ein falsches Datum trägt. Wie aus den Tagebüchern Johanns zu entnehmen ist, hielt er sich am fälschlich angeführten 19. Juli 1819 noch im Ennstal auf. In seiner erst 30 Jahre nach der Begegnung niedergeschriebenen Autobiografie erinnert er sich an jedes Detail:

Der Spazierweg zwischen Toplitzsee und Grundlsee: Zur 150. Wiederkehr des Tages, an dem Erzherzog Johann Anna Plochl traf, fanden 1969 zahlreiche Festlichkeiten im steirischen Salzkammergut statt.

... Bald lößte sich das Räthsel, als der Kahn an das Ufer stieß und alle an das Land gestiegen waren, denn es kamen dem Brandhofer vier Mädchen entgegen. Obgleich dem Schnitte nach in Landestracht gekleidet, zeigten Stoff und Zusammenstellung, vor allem der Anstand und ihr Benehmen, daß sie nicht Landleute waren. Weisse Kleider von Perkal, grüne Mieder mit Goldbörteln eingefasset, weisse Strümpfe und leichte Bundschuhe, ein Vortuch von Seide bildeten die Kleidung, während ein grüner Huth, nach Landes Art mit gleichfärbigen Bändern gezieret, das einfach geordnete Haar bedeckte. Eine schöne Überraschung für alle. Während der Brandhofer sie ernst, ja etwas verlegen betrachtete, näherten sich ihm dieselben, alle jung, wohlgewachsen, doch sehr verschieden in Gestalt und Gesichts Zügen, alle freundlich, anspruchslos, artig, aber etwas scheu, was sie besonders empfahl.

Die Landschaft rund um den Gedenkstein am geheimnisvollen Toplitzsee gab schon mehrmals die Kulisse für Feierlichkeiten ab, die dem Andenken des Paares gewidmet waren.
So wurde am Samstag, dem 14. August 1954, zu Ehren des 150. Geburtsjahres von Anna, eine Gedenkfeier mit Festreden und szenischen Darstellungen am Toplitzsee ausgerichtet. Den Ehrenschutz dieser Veranstaltung übernahmen der damalige Landeshauptmann von Steiermark, Josef Krainer, und das Familienoberhaupt der Nachkommen des Paares, Franz Graf Meran.

Gezeichnet von C. Reichert C. Adler artist. Anstalt in Hamburg

DER TOPLITZSEE BEI AUSSEE.

Verlag von Ant. Burger in Gratz

Der geheimnisvolle Toplitzsee, eingebettet in die Berglandschaft des Ausseer Landes.

Ein Festzug bewegte sich damals vom Gedenkstein über den Konrad Mautner Weg – der an den mit Viktor Geramb befreundeten Volkstumsforscher und großen Förderer dieser Gegend erinnert – nach Gössl zum Gasthof Veit, wo ein Volksfest mit bodenständiger Musik und Tanz einen weiteren Höhepunkt des Tages bildete.

Je nach Jahreszeit spazieren auf diesem Weg heute täglich hunderte Besucher vom Ostufer des Grundlsees, vorbei beim traditionsreichen Veit – inzwischen bekannt für seine kulturellen Veranstaltungen und auch als beliebtes Feriendomizil so mancher naturverbundener Prominenz aus Film und Theater – zum etwa 20 Gehminuten entfernten dunkelgrünen Toplitzsee.

Spurensucher historischer Ereignisse können hier freilich neben dem Schauplatz dieser beginnenden Liebesgeschichte auch versuchen, anderen Sensationen nachzuspüren oder „auf den Grund zu gehen“, da diese Gegend im Zentrum der vermeintlichen „Alpenfestung“ Hitlers stand. So musste im Sommer des Jahres 2000 im Toplitzsee eine aufwändige und teure Tauchaktion eines amerikanischen Forscherteams auf der Suche nach dem legendären „Nazigold“ vorzeitig abgebrochen werden, da das Ergebnis nicht den hoch gesteckten Erwartungen entsprach. Eine geheimnisvolle Kiste – 1984 von einer Stammtischrunde voll gefüllt mit Bierkapseln und sorgsam abgenagten Stelzenknochen – ergab den einzigen Gewinn dieser Bergung.

Doch zurück zu Erzherzog Johann, der in seinem Buch die Naturlandschaft des Ausseer Landes genau und mit großem Einfühlungsvermögen beschreibt.
Das heute gerne aufgesuchte Wanderziel, den Gasthof „Fischerhütte" am Toplitzsee, gab es zur Zeit der ersten Begegnung der beiden noch nicht. Im Herbst, wenn der Strom der Besucher am Toplitzsee etwas nachlässt, passt Johanns Beschreibung zeitlos auch in die Gegenwart:
Es liegt über dieser Gegend eine Ruhe, die jeden, welcher Gefühl für die großartige Natur hat, ansprechen muß. Durch die Wiesen von Gößl gelanget man zu einem Walde, und wenn man denselben am Fuße der nördlich gelegenen Gößlwand zurückgeleget hat, so öffnet sich zwischen mit Wald bewachsenen Felsenwänden der eingeschlossene lange Toplitzsee. Einsam und abgelegen ist diese Gegend, keinen Laut vernimmt man hier, die Stille wird nur durch das Rauschen des Falles des Vordernbaches, der durch die Art des Holzknechtes gefällten Bäume oder des Knalles einer Büchse unterbrochen. Zum Hintergrunde dieses düsteren Sees gelanget man durch eine kurze Strecke Waldes zu dem lezten und kleinsten, am Fuße der Felsenwände gelegenen, von Auen umschlossenen See, dem Kammersee.

Die vorhin erwähnte Gesellschaft, zu der außer den vier Mädchen und dem Erzherzog auch Freund Vinzenz Huber aus Mürzzuschlag, Sekretär Zahlbruckner, der Maler Gauermann, die Ausseer Oberamtsrat Ritter, Herr Ferweger und Waldmeister Grill gehörten, wanderte nun an diesem denkwürdigen Tag von der Gössler-Au den von Johann beschriebenen Weg entlang zur kleinen, neu erbauten Kirche von St. Rafael.
Die Gössler Dorfgemeinschaft, die übrigens seit Jahrhunderten alljährlich einen Dorfrichter aus ihrer Mitte wählt, zeichnete als Erbauer und Eigentümer der Kirche, deren Aussehen bis heute unverändert ist.
Anna, die an der Besichtigung des Gotteshauses teilnahm, bestieg sodann mit den anderen am nahen Ufer des Grundlsees ein Schiff, das die Gesellschaft in Richtung Gasthaus „Ladner" führte.
Johann erwähnt, dass sich dem großen Schiff ein kleiner Kahn zugesellt hatte, auf dem sich *drey wahre Originale aus dem nachbarlichen Hinterberg von Mitterndorf befanden – genannt die Jochhammerer – die besten Spielleute der oberen Steiermark – welche, die Gesellschaft mit Melodien, sanft, gemüthlich, nicht lärmend ergötzten ...*
Die Ankunft beim „Ladner" am Grundlsee hielt einer der Kammermaler Johanns, nämlich Matthäus Loder, später im Bild fest. Die Kopie einer ähnlichen Szene, dargestellt von einem unbekannten Maler der Biedermeierzeit, hängt heute noch in der Wirtsstube beim „Ladner".
Die Galionsfigur jenes Schiffes, auf der die Gruppe mit Anna und Johann zum Gasthaus übersetzte, zeigt einen Doppeladler auf einem Drachenkopf. Die aus Holz geschnitzte Figur befindet sich im Besitz der Familie Franz Graf Meran

und steht im großen Eingangsraum jenes Hauses in Aussee, in dem Anna 1804 geboren wurde.
Johann beschreibt im „Brandhofer" Haus, Wirtschaft und Familie des Ladners, er erwähnt die Kegelstatt, den Schießplatz, eine Sommerküche, die *Schupfe* und ein Sommerhaus am See. Der damalige Besitzer, der Ladner, sei ein großer schlanker Mann gewesen, *karg in Worthen, von reiferem Alter, dafür aber die Hauswirthin desto redseliger.*
... Am Ufer standen viele Leute aus der Umgebung, von Aussee hieher gewandert, entgegen lief auf und ab auf dem sandigen Ufer die Ladnerin mit ihrer Pelzmütze, zuruffend, schreyend, jauchzend, bis das Schiff an das Ufer stieß.
Der Gesellschaft war die Farth zu kurz geworden. Diese Ansicht theilte der Brandhofer auch; obgleich kein besonderes Interesse ihn anzog, so war ihm die ungetrübte Ruhe im Kreise guter Menschen sehr werth. Zu beyden Seiten von ihm eines der Mädchen, dann die übrigen der Gesellschaft. Die Spielleute giengen in die lange Stube, nahmen an einem Ende Platz und spielten auf. Dieses zog das Volk hinauf; während dieses tanzte, strampfte, pfiff und sang, und das Gejauchze, je nachdem eine beliebte Weise vorgetragen wurde, sich steigerte, saß die Gesellschaft im fröhlichen, unbefangenen Gespräche und speißte. Der Brandhofer konnte ruhig die Tischgenossinnen betrachten, sein Urtheil stellte sich bald günstig für seine zwey Nachbarinnen und unter diesen zu Gunsten der jüngeren. Als nun vollends nach aufgehobener Tafel er mit ihnen zum Tanze gieng und alle gutartig, treuherzig, anspruchsloß der Reihe nach

Szenerie am Grundlsee: Fischmeisterhaus und Fischkalter werden in Erzherzog Johanns Biografie „Der Brandhofer und seine Hausfrau" mehrfach erwähnt.

von ihm geführet wurden, er über gleichgültige Dinge Fragen stellte, und die Antworten und Bemerkungen, welche er erhielt, verglich, so entschied sich für eine Bestimmte sein Urtheil.

Ob das vorhin erwähnte Schiff mit der Galionsfigur, das Johann als ein *einem schwimmenden Gasthaus gleiches Gefährt* bezeichnet, extra für seinen Aufenthalt angefertigt wurde, oder ob die Überfuhr damit auch für die einheimische Bevölkerung obligat war, ist leider nicht mehr festzustellen.
Obwohl der Erzherzog in seinem „Brandhofer“ die Veranstaltungen und Vorbereitungen zu Ehren seiner Person nicht hervorhebt, so ließen sich die verantwortlichen Honoratioren des Ausseer Landes für seine Unterhaltung bei allen Besuchen doch immer Verschiedenes einfallen. Sei es nun ein von den Salinenarbeitern vorgeführter Schwertertanz, die Besichtigung des Salzbergs und der Sudhäuser, Ausflüge und Jagden auf die Hochflächen des Toten Gebirges, wie etwa zum Wildensee, oder gesellige Feste mit Musik und Tanz.
Johann erwähnt schon für das Jahr 1816 ein Fest beim Fischmeister an der Klause beim Grundlsee, zu dem die Gesellschaft vom „Ladner“ mit *drey Schiffen* herübergefahren sei: *Gegenüber* (dem Fischmeister-Haus) *stehet im See auf vier Pfählen ein kleiner Saal, unter diesem der Fischbehälter, ein Steg führet hinüber ...*
In diesem Saal soll Johann damals flüchtig die mit anderen Kindern vorbeitanzende Anna gesehen haben. Der hölzerne „Fischkalter“, heute im Besitz der Österreichischen Bundesforste, existiert noch immer in seiner ursprünglichen Form. Er wurde nur etwas näher an das Ufer platziert und vermittelt, wenn man von Bad Aussee hierher kommt, zusammen mit dem Blick auf Schloss Castiglioni, dem bis zum Ufer reichenden grünen Ressen, dem mächtigen Backenstein und den umliegenden Hängen den ersten charakteristischen Eindruck vom Grundlsee – einen Anblick, den Johann als *herrlich* und *alles andere weit übertreffend* bezeichnet.
Der Chronist des Ausseer Landes, Franz Hollwöger, vermerkte 1956 in seiner „Geschichte der Gemeinden des Ausseer Landes“, dass Josef Plochl, ein Bruder Annas, der erste private Schifffahrtsunternehmer am Grundlsee gewesen sei, da sich die Überfahrt schon um 1838 gelohnt habe, so viele Sommergäste habe es damals gegeben.
Die eigentliche Schifffahrt auf dem Steirischen Meer, wie der größte See des Landes auch genannt wird, geht auf den heimischen Pionier des Fremdenverkehrs, Albin Schraml, zurück, der am 14. Juni 1879 mit einem kleinen, „Erzherzog Johann“ benannten Dampfboot den Linienverkehr eröffnete. Nach 17 Jahren übernahm die „Anna“, ein zehn PS starkes Dampfboot, das immerhin 15 Personen befördern konnte, die Tour des ausgedienten „Johann“. Zu Beginn des 20. Jahrhunderts ersetzten die Motorschiffe „Traun“ und „Rudolf“ die in die Jahre gekommene „Anna“.

Das heutige Schifffahrtsunternehmen „Zimmermann“ bietet die beliebte „Drei Seen Tour“ an, bei der – durch zwei Spaziergänge unterbrochen – neben der Fahrt über den 6,5 Kilometer langen Grundlsee und den kleineren Toplitzsee auch ein Besuch des Kammersees angeboten wird. Bei diesem Ausflug kann man vom Schiff aus und bei der folgenden kleinen Wanderung zum Toplitzsee alle Schauplätze der ersten Begegnung von Johann und Anna sehen, allerdings ohne darauf extra hingewiesen zu werden.
Im Jahr 1959, ein Jahrhundert nach dem Tod Erzherzog Johanns, gebot das „Steirische Gedenkjahr“ Anlass und Aufmunterung, seinem Erbe durch Taten und Erneuerungen aller Art Rechnung zu tragen. Das Land Steiermark, die Bezirkshauptmannschaften, die Gemeinden, ein Kuratorium, bestehend aus namhaften Persönlichkeiten der steirischen Kulturszene, und die Presse gingen daran, Ideen zu sammeln und Impulse in Resultate zu verwandeln. In den einleitenden Referaten und Presseartikeln wurde die Verbindung Johanns mit Anna wiederholt als vergleichbares Symbol des unvergänglichen Bundes Johanns mit dem Land und Volk der Steirer dargestellt. Nahezu alle steirischen Gemeinden bemühten sich, Gedenkfeiern zu veranstalten oder im Sinne der Ortsverschönerung einen sichtbaren Beitrag zu leisten.
So stand auch die vom 5. bis 12. Juli 1959 abgehaltene Ausseer Festwoche ganz im Zeichen der Verehrung des „verschwägerten“ Prinzen, hatte er doch ein Mädchen aus dieser Gemeinde zur Frau erkoren. Natürlich waren die Ausseer Gemeinden (Bad Aussee, Altaussee, Grundlsee) auch deutlich sichtbar beim großen Festzug des Landes Steiermark am 20. September in Graz vertreten.
Der Volkskundler, Komponist und Fotograf Hans Gielge erstellte das Konzept für diese Schau, bei der auch dreiste, laute „Trommelweiber“, geheimnisvolle goldglitzernde „Flinserln“ und in seidige Tracht gekleidete Bürgerinnen mit Goldhauben einen Teil des Jahreslaufs aus dem Ausseer Land präsentierten. Einzelne bauliche Objekte in Aussee, wie etwa das Rathaus, die Brunnenanlage im Park nahe dem Erzherzog Johann-Denkmal und das Innere der schönen alten Spitalskirche, die dem Geburtshaus Annas direkt gegenüberliegt, wurden damals sachkundig restauriert. In der Gemeinde Grundlsee entstand im Ortszentrum nach der Befestigung des Ufers eine neue Parkanlage. Am 5. Juli stand die Begegnung zwischen Anna und Johann bei einer Feier am Toplitzsee im Mittelpunkt.
Die Besitzerin des Gasthauses „Zum Ladner“, Frau Frieda Bernkopf, ließ die alte denkwürdige Stube renovieren, die erst seit damals offiziell Erzherzog Johann-Stube genannt wird. Heute, fast 50 Jahre später, zeigt sich der historische Raum fast unverändert. Auf einem Trambalken ist die Jahreszahl 1799 eingeschnitzt, Bilder, alte Fotos, ein Kachelofen, eine Standuhr, verschiedene Trophäen, alte Krüge, Vorhänge mit Kreuzstichmuster vermitteln eine heimelige Atmosphäre.

Verkehrsverein Grundlsee

Wir erlauben uns hiermit geziemend zur

Anna Plochl-Gedenkfeier

einzuladen, die Sonntag den 11. August 1935, 15 Uhr, beim Erzherzog Johann-Erinnerungsstein am Toplitzsee stattfindet.

Gedenkrede:
Universitätsprofessor Dr. Viktor R. v. Geramb, Graz.

Anschließend

großes Heimatfest

mit Trachtenschau, Volksmusik und -Tänzen beim Veit in Gößl.

Wir erbitten uns die Ehre Ihres Besuches und zeichnen

hochachtungsvollst und ergebenst

der Bürgermeister: der Vereinsobmann:

der Obmann des Festausschusses:

A. Rastl

Faksimile der Einladung zur Anna Plochl-Gedenkfeier 1935 anlässlich ihres 50. Todestages.

Von Andreas Grill, dem jetzigen Besitzer, einem jungen Mann von etwa 30 Jahren, ist so manches aus der Geschichte des Hauses zu erfahren. Seit zehn Generationen ist der „Ladner“ im Familienbesitz, seit 1745 urkundlich als Wirtshaus genannt – mit dem ungewöhnlichen Privileg, Kaffee zu sieden. Bis vor etwa 40 Jahren befand sich vor dem Haus am Ufer eine Schiffsstation. Schon früher ein Treffpunkt für Jäger und *Sen(d)innen*, treffen sich heute hier die Wanderer, führen doch unweit des Hauses die Wege zur Zimitzalm, zu den Lahngangseen und weiter in das Tote Gebirge.

„Hier, genau hier, hat alles vor fast 200 Jahren begonnen. Hier ist sozusagen die Idee zur Familie Meran entstanden“, erzählt selbstbewusst der „Ladner“, der übrigens in der Geschichte über Johann und Anna sehr bewandert ist.

Johann nahm hier bei seinen Ausseer Aufenthalten häufig Quartier, das Bett, in dem er immer übernachtete, kaufte der schon erwähnte Volkskundler Konrad Mautner in den 20er-Jahren des vorigen Jahrhunderts und überließ es darauf dem Heimatmuseum Aussee. Bei der Ausstellung zum Gedächtnis für Anna Plochl 2004/05 wird es im Kammerhofmuseum zur Schau gestellt.

Viele Besucher, insbesondere solche, die das Buch „Der Brandhofer und seine Hausfrau“ gelesen haben, kommen zum „Ladner“, um dem Mythos der Liebesgeschichte nachzuspüren.

Das österreichische Fernsehen drehte hier in Erinnerung an den 200. Geburtstag Annas einige Szenen, wobei der junge Ladner gerne die Rolle Johanns übernahm. Aus vielen Ländern, sogar aus Japan und den USA, haben sich hier schon Touristen auf ihrer Spurensuche nach dem Liebespaar eingefunden.

Das Prunkstück in der Stube des „Ladners“, eine alte Schützenscheibe, entstand – wie am unteren Rand zu lesen ist – *Zur Feier des Namensfestes der „Anna Freiin vom Brandhof“ am 25ten und 26ten 1849*. Am oberen Rand kann man die zwar etwas holprigen, aber sicher herzlich gemeinten Verse lesen:

Ewig einen Bund zu schließen, den der Himmel segnet,
ist Erzherzog Johann einem Engel hier begegnet.
Und als Denkmal, daß er sein irdisch Glück hier finde,
pflanzte er dem Vaterlande diese deutsche Linde.
Alle Stutzen-Schützen lassen euch recht herzlich grüßen,
die ihrem hohen Namensfeste zu Ehren heute schießen.

Das Bild auf der Scheibe zeigt den Toplitzsee, im Vordergrund steht eine Linde, darüber eine fünfzackige Bürgerkrone.

Übrigens: Die Spezialität beim „Ladner“ sind die Grundlseer Saiblinge. Deren Qualität ist seit langer Zeit ein Begriff, ließen sich doch im 16. Jahrhundert der kaiserliche Hof in Wien und der Hof Erzherzog Karls II. von Innerösterreich in Graz jedes Jahr tausende lebende, in Fässern transportierte Saiblinge aus dem Grundlsee senden. In den verschiedenen Haushalten Annas standen Fische während der Fastenzeit natürlich oft auf dem Speiseplan. In einem Brief aus dem Jahr 1851 schreibt Anna an den Verwalter Homatsch in Krems bei Voitsberg, er möge ebenso viele Forellen wie in der Vorwoche in das Palais Meran nach Graz schicken und – wenn es möglich sei – ebenso schöne.

Wie verlief das Leben, der Alltag der jugendlichen Anna oder Nanni? Das Mädchen hatte in Aussee die seit der Schulreform Maria Theresias in allen größeren Orten befindliche Trivialschule besucht, in der Lesen, Schreiben und Rechnen unterrichtet wurde. Anna stammte aus gutbürgerlichem Haus, Vater Plochl war ein angesehener Mann. Das Haus der Familie, in dessen Innenhof Pferdestallungen und die Remisen der Posthalterei untergebracht waren, gehörte sicher zu den schönsten des Marktes. Zur Aufrechterhaltung des großen Haushaltes standen der Familie mehrere Angestellte zur Verfügung. Anna als älteste Tochter war – wie aus den späteren Briefen zu entnehmen ist – mit all den vielfältigen Aufgaben der Haushaltsführung vertraut. Sie hatte bei ihrer Mutter Kochen, Nähen, Sticken, Stricken gelernt, sie verstand sich darauf Vorräte anzulegen und die Arbeit der *Kuchlmenscha* (Mägde) und *Stallmenscha* sachgemäß zu überwachen.

Oft betonte sie in ihren Briefen, dass ihr diese oder jene Arbeit, ja sogar *das Schlachteln* und die weitere Verarbeitung von tierischen Produkten von zu Hause bestens bekannt seien.

Trotz dieser Tätigkeiten im Haus durfte Anna viel Zeit mit ihren Freundinnen verbringen. Die Teilnahme an kleinen Geselligkeiten, Ausflüge ins Gebirge, Kutschenfahrten ins Ennstal, Spaziergänge in die Umgebung und selbst Theaterbesuche waren nichts Außergewöhnliches.

Dass Anna als Kind und später als heranwachsendes Mädchen die Festlichkeiten am Grundlsee besuchen durfte, die zu Ehren des beliebten Erzherzog Johann abgehalten wurden, ist fast als selbstverständlich anzusehen.

Nach der ersten Begegnung am Toplitzsee und beim „Ladner" traf sich das Paar, wie der „Brandhofer" berichtet, einige Male im Beisein von Johanns Freunden und Bekannten und dem *Ausseer Volk* mehr oder weniger zufällig. So berichtet Johann für den Herbst 1820 von einem Wiedersehen beim „Ladner":

... aber unter ihnen war das liebe Mädchen, die dem Brandhofer in den Sinn gewachsen war. Daß beyde sich wieder zu finden freuten, ist begreiflich, aber eben so scheu und zurückhaltend wie früher blieb es auch diesmahl. Ausgestiegen gieng die Gesellschaft in des Ladners Haus, man fand viele Bekannte, das Mädchen war mit ihren Eltern gekommen ...

... Der Brandhofer hatte Gelegenheit, nur kurze Augenblicke mit ihr zu sprechen, es konnte nicht anderst seyn, denn alle Augen waren auf sie gerichtet. Was gesagt wurde, waren allgemeine Reden ...

... – Der Brandhofer mußte dem Mädchen versprechen, gewiß im nächsten Jahre zu kommen. Da beyde ein wechselseitiges Andenken haben wollten, so schnitten

sie sich unbemerkt eine Haarlocke ab, und fanden Gelegenheit in einer Pause des Tanzes, während die übrigen beschäftiget waren, sich dieselbe zukommen zu machen. Sie versprachen sich während der nächsten Trennung Nachrichten zukommen zu machen, wie es ihnen gehe …

Im August 1821 war Johann wieder einige Tage zu Gast im Ausseer Land, das *große Schiff*, der Fischmeister, Gössl, Gaiswinkl und der „Ladner" finden wiederholt Erwähnung.
… Auch dießmahl auf der Fahrt sowohl als bey dem Ladner Abends im Speisezimmer, wo man beysammen saß, war das Mädchen wortkarg und ernst, sich selbst bewachend, denn sie kannte ihre Umgebung und wußte, wie man jeden Blick, jede Gesichtsveränderung ausspähte. – Dieß wußte der Brandhofer, darnach sein Benehmen, indeß konnte die Klugheit und das Benehmen des Mädchens nur seine Achtung für sie vermehren.
Es waren mehrere von Aussee gekommen, unter diesen Brüder und eine Schwester des Mädchens. Das Wetter trübte, der Wind erhob sich, und als Abends die Ausseer über den See heimkehrten, gieng dieser hoch, von den Höhen der Alpen brach ein Gewitter loß und brachte den See in vollen Aufruhr.

Im Jahr darauf, bei einem Treffen am Grundlsee, kam es beim „Ladner" zu einem ausführlichen Gespräch zwischen Vater Plochl und Johann. Man saß beisammen, sprach über Handel, Gewerbe, Eisen, Salz, die Steiermark und über des „Brandhofers" Lebensweise, berichtet uns Johann. Am 8. Juli, am nächsten Morgen, weckte den „Brandhofer" der Gesang auf dem See. Aus Gaiswinkl waren Leute gekommen, man bestieg das Schiff, um nach Gössl zu fahren. Bei dem fast schon traditionellen Spaziergang zum Toplitzsee konnte Johann mit Anna ihre Lage besprechen – *beyde verkannten nicht die beynahe unübersteiglichen Schwierigkeiten.* Rückblickend schildert er seine Gefühle für Anna:
Der Brandhofer hatte ein Herz gefunden, was auf mehr vorausgedacht, als er geahndet, und (das), was sie selbst betraf, zu jedem Opfer bereit war. Dem Brandhofer blieb nicht mehr zu erörtern übrig, aber zu dem Wohlwollen gesellte sich eine tiefe Achtung für ein Geschöpf, wo Jugend, hohe Einfalt, Bildung, reines Herz, Verstand, kräftiger Wille, Klugheit und Wahrheit sich so vereinigten, es erweckte in ihm ein wehmütig Gefühl, denn dieses sagte ihm: dieß Mädchen lebt für dich, wird für dich hinfür leben, und vielleicht nicht dir angehören, es wird keines anderen seyn als dir, und doch du sie nicht besitzen, es wird so wie dermalen ihre Tage zubringen, altern, weil sie an dir hänget mit einer seltenen, in den Bergen noch anzutreffenden Reinheit, und erst in alten Tagen, wenn nicht gar jenseits, wird die Vereinigung geschehen. Vor Gottes Willen beuge ich mich, dachte der Brandhofer, ich betrachte dieses Mädchen als meinen Schutzengel auf meinem Lebenspfade, bewahrend vor jedem leichtfertigen Schritte.

Um den beginnenden Tratschereien und spöttischen Bemerkungen über die gegenseitige Zuneigung des Paares auszuweichen, vermied es Johann, das Plochl-Haus in Aussee zu betreten, Zahlbruckner, der Sekretär, war an Johanns Stelle zu Gast. Er war es, der Nachrichten überbrachte, Briefe besorgte oder einen Blumenstrauß von Anna für Johann übernahm. Viele der für Johann bestimmten Briefe waren offiziell an Zahlbruckner gerichtet.
Gab es bei der Begegnung am Toplitzsee die „Liebe auf den ersten Blick"? Anna, das hübsche 15-jährige Mädchen, das durch die unmittelbare Nähe eines „Umschwärmten" und durch das persönliche Interesse des Erzherzogs hin und her gerissen war zwischen Zweifel, Scheu, Schüchternheit, Unsicherheit und dem Stolz auf den Eindruck, den es offenbar bei einem so hohen Herren erwirken konnte, war vermutlich sofort Gefühlen einer heftigen romantischen Verliebtheit ausgesetzt. Waren das Interesse des Erzherzogs und seine Zuneigung wohl ernst gemeint? Eine ehrbare Liebesgeschichte zwischen einem Prinzen (auch wenn er mehr als doppelt so alt war) und einem Bürgermädchen? Gab es das nicht nur im Märchen? Warum gerade sie?
Johanns Zuneigung entwickelte sich, wenn man den Ausführungen des „Brandhofers" folgt, langsamer. War dieses so junge und unerfahrene Wesen, dessen Frische und Natürlichkeit ihn bezauberten, von Anfang an die potenzielle „Frau fürs Leben"? War sie geeignet oder schon geeignet, sein unkonventionelles Leben zu teilen? Würde sie in der Lage sein, ihn und seine selbst gestellte Lebensaufgabe zu verstehen? Konnte sie schon begreifen, dass sie ihm nicht nur durch Gefühle verbunden sein sollte? Sie würde nach seiner Vorstellung auch Partnerin sein – in einer Art, die weder in Annas Gesellschaftsschicht und schon gar nicht in Johanns Kreisen üblich war. Wollte sie das und konnte sie das? Er musste Nachsicht haben mit ihrer Jugend. Sollte er noch stärker den großen Altersunterschied betonen? Konnte sie in ihrem Alter schon ihre eigenen Gefühle beurteilen?
Zweifelsfrei waren für Johanns Wahl seine Zuneigung zu Anna und die Überlegung ihrer Eignung als Partnerin entscheidend.
Vielleicht waren ähnliche Gedanken auch ein Grund, „die Sache" hinauszuzögern und abzuwarten, bis Anna etwas reifer war? Würde Anna der Kritik von allen Seiten standhalten können, die ihr ohne Zweifel bevorstand? Johann war ein Zauderer. Er wollte keine Frau seines Standes. Er schildert – wenn auch Jahrzehnte später – die Entwicklung seiner Zuneigung zu jenen fest verankerten Gefühlen, zu denen er sich bekennen wollte. War es möglich, Anna auf ihre von ihm zugedachte Rolle als seine zukünftige Gattin und Partnerin vorzubereiten?

2

Spurensuche in Aussee

Heimat im steirischen Salzkammergut

Eine der Haltestellen, die der Linienbus vom Bahnhof Bad Aussee in Richtung Gössl anfährt, trägt den Namen Meranplatz. Der Bus hält hier gegenüber der gotischen Spitalskirche, deren Flügelaltar einst Kaiser Friedrich III. gestiftet und mit seiner Devise AEIOU versehen hatte, vor einem stattlichen alten Doppelhaus mit Bauelementen aus dem 16. Jahrhundert. Das Haus mit der Nummer 37 beherbergt heute im Parterre linker Hand von dem großen hölzernen Eingangstor eine Lederwarenhandlung, rechts eine Trafik. Das rechte Haus weist sich als Frühstückspension „Strenberger" aus. Im ersten Drittel des 19. Jahrhunderts war das linke Haus, das für die Allgemeinheit heute nicht zugänglich ist, die Wohn- und Arbeitsstätte des Warenspediteurs, Eisenhändlers und k. k. Postmeisters Plochl und seiner großen kinderreichen Familie.

Am 6. Jänner 1804 wird dem Ehepaar Jakob und Maria Anna Plochl, geb. Pilz, in diesem Haus das Erste von insgesamt 13 Kindern geboren. Wenige Tage später, am 9. Jänner, wird die kleine Anna Maria Josephine in der Dekanatskirche St. Paul in Aussee getauft.

19 Jahre später bestätigt der Dechant und Pfarrer von Aussee, Franz Kugelmayer, diese Taufe mit Unterschrift und Siegel der Pfarre in einer Urkunde. Weiters vermerkt er in einem am 18. September 1823 ausgestellten Schriftstück, *dass sich das Hochedle Fräulein Anna Plochl der Religionsprüfung unterzogen hat und sie von der christlichen katholischen Religion und deren Lehren vollkommene Kenntnis besitze.* Anna hatte sich damit in ihrer Heimatgemeinde Aussee die notwendigen Papiere für ihre geplante Hochzeit verschafft.

Sie verließ damals ihr Elternhaus, um mit ihrem Vater nach Vordernberg zu reisen, wo sie für fünf Jahre in der Funktion einer „Hausfrau" bei Erzherzog Johann leben sollte.

Da Kaiser Franz I., der Bruder Johanns, die bereits erteilte Zustimmung zur Heirat selbst in Frage gestellt hatte, hatte sich Johann entschlossen, die Trauung zu verschieben, Anna aber trotzdem in sein Haus in Vordernberg aufzunehmen – ein Vorschlag, den auch Vater Plochl billigte.

Die tatsächliche Hochzeit des Paares im Jahr 1829 konnten die Eltern Annas nicht mehr erleben. Die Mutter verstarb kurz nach der Geburt ihres 13. Kindes. Die damals 17-jährige Anna musste nun die Haushaltsführung und die Aufsicht über die jüngeren Geschwister übernehmen, ein Glück, dass sie für diese Rolle von der Mutter erzogen worden war. Vater Plochl verstarb am 25. April 1828, hatte aber zuvor seine zweite Gattin Aloisia, geb. Strenberger, in den *Mitbesitz* des Betriebes und des Hauses genommen. Dem Andenken Jakob Plochls ist ein Denkmal gewidmet, das im Hof des besagten Hauses steht. Es trägt die Worte:

Der Wohlgebohrne Herr Jakob Plochl
K. K. Postmeister – Entschlafen – in seinem 53. Jahr
den 25. April 1828 – Ruhe in Frieden!
Aus der Gattin Armen fort, und dem Kreis der Kinder
Mußte an den Stillen Ort – Unsers Glückes Gründer
Ach wir sind es uns bewußt, Nichts ersetzt uns den Verlust,
denn, wo kein Gatte und Vater mehr weilt,
Ist auch der Familie Stern enteilt.

Da auch die zweite Gattin des k. k. Postmeisters bald verstarb und diese Ehe kinderlos geblieben war, ging das Haus in den Besitz der Geschwister Annas über. Bis zu seiner Umsiedelung nach Leoben lebte Annas ältester Bruder Josef im Plochl-Haus. Im Jahr 1838 erwarb Erzherzog Johann von seinem Schwager Josef, der auch die Postmeisterei übernommen hatte, das Elternhaus seiner Anna. Die Papiere über diesen Kaufabschluss befinden sich noch im Archiv Meran in Graz. Eine Bestätigung von Annas jüngster Schwester, Amalia Plochl, bezeugt, dass diese die Erbschaftskapitalien erhielt und der Extabulation aus dem Grundbuch zustimmte. Nach dem Tode Johanns ging die – nun Meran-Haus genannte – Liegenschaft auf den einzigen Sohn Annas und des Erzherzogs, Franz Graf Meran, über, der sich auch am Grundlsee, etwas erhöht über dem Seeufer, ein stattliches Landhaus erbauen ließ. Das Haus Meran am Grundlsee befindet sich noch immer im Familienbesitz und gehört nun der Familie Harnoncourt.
Das Meran-Haus in Aussee ist heute Lebensmittelpunkt eines anderen Zweiges der Familie. Lange Zeit war das Haus vermietet, erzählt der jetzige Hausherr Franz Graf Meran, bis es seine Eltern, Alois Graf Meran und Elisabeth, die jetzige Baronin Karaisl, übernahmen, um es in den 50er-Jahren mit großem Engagement und hohen Investitionen zu modernisieren. Bei einem Besuch zeigt Graf Meran in der Eingangshalle die alte Galionsfigur, die sich 1819 auf jenem Schiff befunden hatte, das Erzherzog Johann und seine Gesellschaft vom Fischmeister zum „Ladner“ und von dort nach Gössl beförderte. Der Hausherr erzählt von seinem Beruf als Banker, der ihn zu häufigen Aufenthalten in München verpflichtet. Er verweist auf die bevorstehende Pension, die es ihm ermöglichen wird, sich mehr um die Familie, das Haus, um Bücher, die Jagd und die Berge des Ausseer Landes zu kümmern.

Seine Gattin, Gräfin Elisabeth Meran, spricht über das Haus, erwähnt den „Annensitz", ein Podest an einem Fenster im zweiten Stock, von dem Anna in ihren letzten Lebensjahren mit Hilfe eines Spiegels unbemerkt das Treiben auf der Straße überblicken konnte. Johanns und Annas Sohn, von ihr während seiner Jugendzeit in allen Briefen als Franzi bezeichnet, war schon als Kind ein exzellenter Zeichner. Einige Skizzen (andere konnten im Sommer 2004 im Archiv Meran gefunden werden) des begabten jungen Mannes hängen im Meran-Haus an der Wand, neben Bildern und Porträts, welche die Familiengeschichte betreffen. Bemerkenswert ist eine kleine Bleistiftskizze von Gauermann. Sie zeigt einige Ausseer, die ihren Gefühlen über die Geburt von Franzi in einer Art von Freudentanz Ausdruck geben. Die Dame des Hauses erzählt noch von ihren vier Kindern, die, bereits ausgeflogen, häufig das Elternhaus besuchen und von einem bevorstehenden Aufenthalt in Istrien. Franzi – später Franz Graf Meran – war übrigens auch einige Male als Kind und später mit der eigenen Familie an der am Ende des 19. Jahrhunderts so genannten k. u. k. Riviera. Im Jahr 1891 verstarb der Graf im Alter von 52 Jahren während eines Kuraufenthaltes in Abbazia.

Im Juni 2004 trafen sich im Ausseer Land etwa 650 Nachkommen Annas und Johanns, um den 200. Geburtstag ihrer Stamm-Mutter festlich zu begehen. Bei der Festrede vor dem Meran-Haus sprach Bürgermeister Otto Marl von Anna Plochl als der „berühmtesten Ausseerin". Während der Name Erzherzog Johann in Aussee im Zusammenhang mit Schule, Hotel, Brücke, Promenade und Denkmal allgegenwärtig ist, findet sich für Anna offiziell nur eine Gedenktafel auf ihrem Geburts- und Sterbehaus. Ein zweiter Hinweis ist auf der nur einen Steinwurf entfernten ehemaligen Mautbrücke zu sehen, wo ein kleines, unauffälliges Bronze-Relief das Paar im Profil Richtung Meran-Haus zeigt. Schließlich kann man noch je ein Porträt von Johann und Anna an der Fassade der „Oberbank" entdecken.

Einer der Ehrenbürger von Aussee, der Schulmann und Schriftsteller Hans Fraungruber, der übrigens mit den sich oft im Ausseer Land befindlichen Sommergästen Peter Rosegger, dem Komponisten Wilhelm Kienzl, den Schauspielern Katharina Schratt und Alexander Girardi befreundet war, hat der Ausseerin ein bleibendes literarisches Denkmal gesetzt. Sein Stück „Erzherzog Johann und die Postmeisterstochter" wurde 1928 in Graz zum ersten Mal gespielt und erlebte nicht weniger als 400 weitere Vorstellungen im Ausseer Land und in anderen Regionen der Steiermark, sogar in Wien gab es ein von der Presse sehr gelobtes Gastspiel.

Zu Ehren der 200. Wiederkehr von Annas Geburtstag 2004 entschloss sich die Stadtgemeinde, dem Andenken der inzwischen weit über die Grenzen der Steiermark hinaus bekannt gewordenen Ausseerin einen Festabend im Saal des Kurhauses zu widmen. Das Kulturreferat konnte den Wiener Dramatiker Helmut Korherr gewinnen, der eine Collage aus gespielten Szenen, gelesenen

Texten, Filmausschnitten, Tanzvorführungen und musikalischen Darbietungen zusammenstellte. Die „Ausseer Bradlmusi" unterhielt das Publikum, das großteils in Festtags-Tracht erschien, mit Musik aus der Zeit von Anna Plochl. Die instrumentale Besetzung war die der schon seit Generationen bekannten „Jochhammerer Musikanten" mit Hackbrett und Geigen, bei einigen Melodien durch Querflöte, Harmonika, Gitarre und Bassgeige unterstützt. Die Tänze und Szenen aus Fraungrubers altem Erfolgsstück führten junge Mädchen des Erzherzog Johann-Gymnasiums vor, die gerade erst so alt sein mochten wie Anna bei ihrer Begegnung mit Johann am Toplitzsee.
Die Ausschnitte aus dem alten Film „Erzherzog Johanns große Liebe" wirkten, da die Hauptdarsteller O. W. Fischer und die weißblonde selbstbewusste Marthe Harell so gar keine Ähnlichkeit mit ihren leiblichen Protagonisten zeigten, etwas befremdlich. Noch dazu entbehren einige Szenen jeder historischen Grundlage, was aber seinerzeit der Beliebtheit des in den 60er-Jahren recht bekannten Films keinen Abbruch tat. Dieser Film, der unter anderem auch eine jodelnde Anna vor der Hofburg in Wien zeigt, hat nicht unwesentlich zur Verkitschung der Liebesgeschichte beigetragen.
Unausrottbar blieb auch die schon im Jahr 1848 aufgetauchte Legende, dass Anna, als Postillion verkleidet, den Erzherzog in einer Postkutsche ihres Vaters über den Pötschenpass befördert haben soll. Der verblüffte Johann soll dem Mädchen, als er die Kostümierung durchschaut und das Motiv der Hilfsbereitschaft erkannt hatte, sofort einen Heiratsantrag gemacht haben.
Vor etwa 120 Jahren, wenige Monate nach dem Tode Annas, widmete Peter Rosegger in der Novemberausgabe der Zeitschrift „Heimgarten" der *Anna von Aussee* einen Nachruf in steirischer Mundart. Als Zusatz zu dem rührseligen Gedicht erwähnt er die Legende von Anna als Postillion und vermerkt dazu recht kritisch:

Wo steckt dan
Die Postmoastatochta,
De n' Prinzen ols Kutscha
Vakloadt af da Stross führt?...
... Die Gschicht mit'n Kutscha
Is über und üba
Dalogn und Dastunkn
Na freili so san die Leut,
Wann was recht rar is
So wölln s'as no rarer
Und klampfeln a Lug zsam ...

Bei einer anderen Veranstaltung im Sommer 2004 zu Ehren Annas füllten an zwei Abenden jeweils mehr als 1000 Besucher das Kaiserzelt in Altaussee.

Aussee in der Mitte des 19. Jahrhunderts. Hier wurde 1804 Anna, die Tochter des k. k. Postmeisters Jakob Plochl, geboren.

„Anna und Johann" lautete der Titel des Tanzstückes, mit dem Renato Zanello, der Chefchoreograph der Wiener Staatsoper, den Ballettmeister Christian Tichy betraute.

Die Titelrolle der Anna übernahm Eva Petters, die Erste Solotänzerin des Staatsopernballetts, Erzherzog Johann wurde vom Solotänzer Christian Musil dargestellt. Für die musikalische Umrahmung mit Klängen von Vater und Sohn Johann Strauß und Joseph Lanner sorgte das „Große Streichorchester der Bürgermusikkapelle Bad Aussee" und die „Alt-Bad-Ausseer-Musi", welche sich – an alte Traditionen anknüpfend – einer lebendigen Volksmusik verschrieben hat. Den Ehrenschutz dieser in allen Medien gelobten Veranstaltung übernahmen Bundeskanzler Wolfgang Schüssel und Waltraud Klasnic, Landeshauptmann der Steiermark, die zu dem Thema meinte, dass uns die Geschichte der Anna auch heute noch sehr berührt, da sie das Hohe Lied der Zuneigung, Liebe, Treue und Verbundenheit über gesellschaftliche Schranken und Hemmnisse hinweg sei.

„Anna Plochl kann man in diesem Jahr kaum entkommen", meint im Kurpark eine Dame aus Wien, die zu allen einschlägigen Veranstaltungen in die Region gekommen ist. Anna sei für sie bis jetzt von einem Mythos umgeben gewesen, romantisch lieb und biedermeierlich. Das Buch vom „Brandhofer und seiner Hausfrau" habe ihr die historischen Hintergründe und die Komplikationen von der ersten Begegnung des Paares bis zur Hochzeit 1829 enthüllt. Johann versuchte ja, die Ereignisse chronologisch und

wahrheitsgetreu aus seiner Sicht zu schildern und sie ins richtige Bild zu setzen.
Eine Ausstellung im Kammerhofmuseum, von der genannten Dame mehrfach besucht, zeigt das Leben Annas vor, mit und nach Erzherzog Johann. Erika Selzer, die Kuratorin des Museums, hat sich der schwierigen Aufgabe gestellt, Alltag und Lebenslauf mit allen Höhen und Tiefen aus der Sicht Annas darzustellen. Die kleine Sonderausstellung im Kammerhof erwies sich im Sommerhalbjahr 2004 als Publikumsmagnet, konnte doch das Museum seine Besucherzahl verdoppeln.
Neben vielen Urlaubern und Einheimischen besuchten auch etliche Reisegruppen die Schau, durch die Frau Selzer selbst führt. Es gibt einige persönliche Gegenstände aus dem Leben Annas zu sehen, so etwa die Wiege, in der Anna und in den Jahren danach ihre zwölf Geschwister lagen, eine kunstvolle Trachtenhaube, ein Nähtischchen und nicht zu vergessen das Bett, in dem Erzherzog Johann beim „Ladner" nächtigte. Hinweise und Bilder geben Auskunft über das Leben der Geschwister Annas. Abgelichtete Briefe und Schriften erläutern kurz die Stationen ihrer Beziehung zu Johann, den Lebenslauf des Sohnes Franz. Auch dem Kochbuch Annas und ihrem wirtschaftlichen Wirken und Haushalten auf den verschiedenen Besitzungen des Paares wird auf die Spur gegangen.
Bei der Eröffnung dieser Ausstellung spricht Maria Theresia Wietersheim-Meran von ihrer Ururgroßmutter Anna, in deren Haus am Meranplatz sie ihre Kindheit und Jugend verbrachte. Sie erzählt von Bildern Annas, die eine scheue Frau mit dunklen Augen zeigen, auffallend auch die Frisur, aufgetürmt zu kunstvollen Haarkronen. Ihr schmales Gesicht mit der langen Nase, besonders aber ihr sanftes Lächeln haben sie und ihre Geschwister seit ihren Kindertagen begleitet.
Ein weiteres Bild – eine Miniatur im Familienbesitz der Merans – zeigt die jugendliche Anna, dargestellt von einem unbekannten Künstler. Auf der Rückseite des Bildchens ist in Annas Schrift zu lesen: *So war ich, als mich mein Erzherzog das erste Mal gesehen hat.* Nach diesem Porträt gestaltete die Künstlerin Anneliese Lehrmayer ein Bild Annas, das bei der genannten Ausstellung und bei der Aufführung des Staatsopernballetts sozusagen stets als Leitmotiv zu sehen war und das auch als Cover für dieses Buch dient.
Der Kammerhof – ausgezeichnet mit einem Museumspreis 2004 – ist innerhalb der Steiermark eine museale Fundgrube ersten Ranges. Das aus dem 14. Jahrhundert stammende Gebäude mit Bauelementen aus Gotik und Renaissance diente bis 1926 als Verwaltungssitz des Salzamtes. Erst vor etwa 30 Jahren erwarb die Gemeinde das attraktive große Haus im Zentrum von Aussee und begann es zum Museum umzubauen. Neben den Abteilungen für Fossilien, Höhlenkunde, Flurdenkmäler und Gipfelkreuze liegen die Schwer-

punkte des Kammerhofmuseums auf den Themen Brauchtum im Jahreslauf, Volksmusik und Geschichte des Salzes.
Noch zu Lebzeiten Annas wurde Aussee im Jahr 1868 aufgrund seines „weißen Goldes“, das in Form von Heilquellen, Sole und Inhalationen bei gesundheitlichen Problemen Linderung versprach, von Kaiser Franz Joseph der Titel „Bad“ verliehen. Nach der Fertigstellung der Salzkammergutbahn – auch Kronprinz Rudolf Bahn genannt – erlebte die Region zwischen Gmunden, Bad Ischl, Hallstatt und Bad Aussee einen ungeahnten Aufschwung. Der Strom der Sommerfrischler war nicht mehr aufzuhalten. Anna, die in ihrer Jugendzeit mit der Kutsche von ihrem Heimatort bis nach Graz je nach Jahreszeit und Witterung eineinhalb bis zwei Tage unterwegs gewesen war, konnte im Alter die gleiche Strecke in einigen Stunden mit der Eisenbahn zurücklegen.
Was die Trachtenabteilung betrifft, so steht im Kammerhofmuseum selbstverständlich die Entwicklung des „Ausseer Gwands“ im Vordergrund. Liebevoll und penibel ausgeführte Dioramen – wie etwa der nach dem Bild des Kammermalers Gauermann gestaltete „Polsterltanz am Grundlsee“ – zeigen die Tracht der Region zur jener Zeit, als Anna Johann erstmals begegnete.
In den Trachtengeschäften des Ausseer Landes kann man überall das „Anna Plochl Kleid“, das gegenwärtig auch als Hochzeitskleid hoch in Mode ist, finden – oder man lässt es nach Maß anfertigen. Jede Ausseer Schneiderin ist auf Anfrage bereit, „das Gwand“ der Anna nachzuschneidern. Selbst für kleine Mädchen ist das Kleid oder zumindest eine Schnittvorlage aus Papier für ein Puppenkleid zu erhalten.
Im Jahr 2005 plant das Museum, sich der beiden bereits erwähnten Heimatforscher Hans Gielge und Konrad Mautner anzunehmen. „Visionen einer gelebten Tradition“ ist dabei die Devise, die auch im Zusammenhang mit den Aktivitäten Erzherzog Johanns steht.
Der Geschichte herausragender Frauen des steirischen Salzkammergutes sind zwei Sonderausstellungen gewidmet: Die eine trägt den Titel „Wandel des Frauenbildes am Beispiel Aussee 1945–2005“, die andere ist als eine erweiterte Schau der Ausstellung von 2004 „Anna Plochl – eine starke Frau“ konzipiert.
Auf der Suche nach Annas Spuren darf auch ein Gedenkstein an der Ausseer Pfarrkirche nicht vergessen werden. Anna gab diese Gedenktafel für ihre Eltern in Auftrag. *Gewidmet von der dankbaren Tochter Anna Gräfin von Meran*, ist nach den Namen und Sterbedaten ihrer Eltern zu lesen.
Weitere Ergebnisse der Spurensuche bringen Gespräche mit den beiden Herren der „Volksbank“ in Grundlsee. Der eine, Paul Ainhirn, nebenbei ein passionierter Jäger, erzählt, dass die alte Schießstätte beim „Ladner“ zu Beginn des 20. Jahrhunderts nach dem Bau der Uferstraße nach Gössl aufgelassen wurde, um in der am Fuße des Backensteins gelegenen Ortschaft Gaiswinkl einen sicheren Platz zu finden. Zehn Schießstände stehen heute den Schüt-

zen zur Verfügung. Ein „Zieler“ hat die Aufgabe, besondere Treffer anzuzeigen. Treffer ins Schwarze werden optisch durch hochgezogene Holzfiguren und akustisch durch abgeschossene Böller angezeigt. Der Sohn Annas, Franz Graf Meran, und später dessen Söhne nahmen oft an Festschießen teil, die an Feiertagen oder bei anderen festlichen Gelegenheiten wie Taufen, Hochzeiten oder Primizen abgehalten wurden. Der jüngste Sohn, Albrecht Graf Meran, war, nachdem er seinen Beruf als Offizier aufgegeben hatte, als Seelsorger in der Kirche Grundlsee tätig. Am 21. Juli 1902 feierte hier dieser Enkel von Johann und Anna seine Primiz – seiner Tätigkeit ist eine Gedenktafel an der Südseite der Pfarrkirche Grundlsee gewidmet.
Als Fortsetzung dieser alten Tradition in Gaiswinkl fand am 25. Juni 2004 ein „Anna Meran Geburtstagsschießen“ statt. Es war dies der lautstarke Auftakt zum großen Familientreffen der Merans.
Durch den vorhin genannten Bankbeamten ist auch zu erfahren, dass das Vier-Sterne-Hotel „Erzherzog Johann“ im Zentrum von Aussee seit 1958 im Eigentum der „Volksbank“ ist. Am 13. Mai 1880 bekam der damalige Besitzer, Karl Seeauer, von Anna, Gräfin von Meran, die offizielle Erlaubnis, für sein Etablissement den Namen „Gasthof zum Erzherzog Johann“ zu verwenden.
Der andere Bankbeamte, Helmuth Ranner, ist Obmann der „Eselsbacher Stahelschützen“. Diese Gesellschaft, die seit dem Geburtsjahr Johanns, 1782, in ihrer heutigen Form besteht, pflegt das für Ungeübte schwierige Schießen mit der Armbrust und widmet sich ganz allgemein alten Traditionen. Das nicht leicht zu findende Schützenhaus liegt im Ausseer Ortsteil Eselsbach und bleibt daher dem Massentourismus – so wie auch die Schießstätte in Gaiswinkl – verborgen.
Es ist fast selbstverständlich, auch hier auf Spuren von Anna zu stoßen. Drei der zahlreichen, an der Holzwand hängenden, kunstvoll bemalten alten Schützenscheiben entstanden anlässlich eines Festschießens zu einem Jubiläum für Johann und Anna.
Seinerzeit, bei seinem Besuch in Aussee 1820 – er hatte sich, wie erwähnt, wieder mit Anna beim „Ladner“ getroffen –, nahm Johann auch bei einem Armbrustschießen in dem als „Prater“ bezeichneten Gebäude an der Traun teil.
Wenige Tage nach der Hochzeit im Feber 1829 reiste das frisch vermählte Paar in die Heimatgemeinde Annas, wo Johann für seine Freunde und Bekannten und Annas Verwandte beim „Strenberger“ einen Ball veranstaltete. Ob damals endlich die langjährigen hämischen Bemerkungen und Spottverse, die über Johann und Anna wegen ihrer „Liebschaft“ im Umlauf waren, verstummten? Tatsache ist, dass die Ausseer stolz auf ihre Anna wurden und sie in späteren Jahren die „Tant' Erzherzog“ nannten.
Der Landwirt Paul Adler aus Mühlreith bei Aussee gehörte schon zu jener Zeit, als Anna nur *die Hausfrau* war, zum Bekannten-, man könnte fast sagen

Freundeskreis des Paares. Adler hatte sich als Autodidakt enormes Wissen über die Landwirtschaft, insbesondere über Fragen der Viehzucht, über Obstanbau, Bienenzucht und Verwertung von Schafwolle angeeignet. Er war einer der ersten Bauern in der Obersteiermark, der umfangreiche Versuche mit dem Anbau von Kartoffeln in nicht ganz optimalen Höhenlagen in Angriff nahm. Weitere bemerkenswerte Interessen zeigte Adler in seiner Tätigkeit als Sammler von Alpenliedern, Sagen und Erzählungen aus dem Ausseer Land.
Einige der Schriftstücke des Briefwechsels zwischen dem Erzherzog und Paul Adler, der übrigens auch in der von Johann gegründeten Landwirtschaftsgesellschaft aktiv war, sind erhalten geblieben. Mit Anna stand der vom Erzherzog als *Mein lieber Paul* Angesprochene ebenfalls in brieflichem Kontakt. Zum Beispiel war Adler behilflich, eine Dienstmagd für den Haushalt in Vordernberg zu organisieren. Für Anna war es auch wichtig, eine *Ansprach* aus ihrer Heimat in der Fremde zu haben. Eine Nichte Adlers mit Namen Barbara, später meist Waberl genannt, erfüllte ihre Tätigkeit nicht zur vollsten Zufriedenheit Annas, die an Adler schreibt, dass sie Waberl deswegen als Schwaigerin auf eine Alm schicken werde.
Johann wollte die Feier zur Goldenen Hochzeit von Paul Adler und dessen Gattin im Beisein von Anna und dem kleinen Franzi ausrichten. Das im Gasthof „Blaue Traube“ geplante Fest kam allerdings nicht zustande, da Adler kurz zuvor verstarb. Bis heute sind Hof und Gut in Mühlreith im Familienbesitz, Paul Adler lautet auch der Name des heutigen Besitzers.
Die Liebes- und Lebensgeschichte von Anna hat stark zur Popularität des Ausseer Landes beigetragen. Einer der Freunde des Erzherzogs, der Schauspieler, Lyriker und Topograph F. C. Weidmann weckte mit seinem Buch „Darstellungen aus dem Steyermärkischen Oberland“ schon in der Biedermeierzeit die Neugierde auf Wanderungen in diesem Gebiet. Johann ließ die wunderbare Landschaft durch seine Kammermaler, vor allem Jakob Gauermann und Matthäus Loder, penibel dokumentieren. Die Orte, an denen sich die beiden in Annas Heimat begegneten, illustrieren den Text von der Geschichte des „Brandhofers und seiner Hausfrau“. In den 30er-Jahren suchten Franz Grillparzer, Eduard von Bauernfeld, Theodor von Karajan und Nikolaus Lenau Ruhe und Erholung im steirischen Salzkammergut. Letzerer soll sich unmutig über die lästigen *Erzherzogereien* geäußert haben – ein Ausdruck, mit dem er den von der Bevölkerung zelebrierten Rummel um die Person Johanns bezeichnete.

3

Wartezeit und Nebenbuhler

Die geplante Hochzeit in Strechau

Die chronologische Entwicklung der Liebesgeschichte nach dem Tod von Annas Mutter bis zu dem Zeitpunkt, als Anna als „Hausfrau“ nach Vordernberg kam, ist in der Erzählung des „Brandhofers“ in zehn Kapiteln beschrieben. Johann berichtet detailliert über die bekannte Hochzeit in Gstatt bei Öblarn, die später durch Paula Grogger in die Geschichte der Literatur eingehen sollte. Erzherzog Johann hatte dabei offiziell die Rolle des Brautführers übernommen, und es war eine Gelegenheit, wieder mit Anna zusammenzutreffen. Er erzählt aber auch von weiteren Treffen in Aussee, in Ischl, Gmunden und Salzburg und schildert die rührende Szene bei der Ennsbrücke nahe Schloss Trautenfels, wo am 9. August 1822 die berühmten Worte fallen: *Nanni ich lasse nicht von Ihnen.* Johann fügt in seiner Erinnerung weiters hinzu: ... *das war das Wort, was er gab, ernst und bindend aus seines Herzens Grund und Überzeugung. Nun schied man, die Mädchen nach Irdning, der Brandhofer und sein Begleiter nach Steinach. Dieß war die entscheidende Stunde. Wie der Brandhofer sein Wort gelöset, wird die weitere Erzählung zeigen. Von nun an beschäftigte ihn nichts als die Art, wie er als ehrlicher Mann sein Ziel erreichen könne.*

Zu dieser Zeit (1822) ermöglicht ihm eine Erbschaft den Ankauf eines Hauses und eines Radwerkes in Vordernberg (das Haus, Hauptstraße 85, ist heute im Privatbesitz und wird von verschiedenen Parteien bewohnt).

Johann entschließt sich in den nächsten Monaten, mit seinem Bruder, dem Kaiser, den er in seinen Briefen und im „Brandhofer“ den *Herren* nennt, wegen der geplanten Hochzeit mit Anna zu sprechen. Die wichtigsten Dokumente darüber – teils im Archiv Meran in Graz, teils in Wiener Archiven – sind erhalten geblieben und erhellen das manchmal schwer nachzuvollziehende Zaudern, Abwarten, Hinausschieben einer Entscheidung, die nicht nur von der Zusage des Kaisers abhängig war. Verschwieg Johann andere Probleme, die nur ihn und Anna betrafen?

Die Historikerin Dr. Elke Hammer-Luza vom Steiermärkischen Landesarchiv hat mit ihrer Publikation „Anna Plochl und Erzherzog Johann – Kehrseiten einer lieblichen Romanze“ dazu beigetragen, diese Frage neu zu beleuchten und völlig neue Aspekte in der Beziehung zwischen Anna und Johann aufzuzeigen. Anlass dazu bot im Jahr 1998 der Ankauf von etwa 100 Originalbriefen aus der Zeit von 1819 bis 1839 durch das Landesarchiv, die dem Archiv Erzherzog Johann zugeordnet wurden, das nicht mit dem Familienarchiv Meran

zu verwechseln ist, in dessen Einsichtnahme eine offizielle Genehmigung der Nachkommen Erzherzog Johanns notwendig ist.
Den Kern der wertvollen Korrespondenz bilden 59 von Johann verfasste Briefe an seinen Vertrauten und Freund Vinzenz Huber, seines Zeichens Hammergewerke in Mürzzuschlag, Besitzer mehrerer Hammerwerke, Mitglied der Landwirtschaftsgesellschaft der Filiale Brandhof, Floßmeister in Bruck an der Mur, zwischen 1802 und 1805 Bürgermeister und 40 Jahre später Ehrenbürger dieser Stadt.
Vinzenz Huber war in das Privatleben Johanns und in die sich langsam entwickelnde Beziehung zu Anna eingeweiht. Er und Johanns weiterer Vertrauter, Johann Zahlbruckner, Ökonom und Naturwissenschaftler, waren ihm behilflich, die Liebesgeschichte vor der Öffentlichkeit weitgehend zu verheimlichen, Briefe unter verschiedenen Decknamen zu befördern und Nachrichten zwischen den beiden zu übermitteln.
Elke Hammer-Luza führt nun aus, dass sich in der Korrespondenz der Genannten auch fünf Briefe eines gewissen Joachim Pfeifer, Bäckermeister aus Leoben, befinden, dessen Sohn Vinzenz in irgendeiner Beziehung zu der jungen Anna Plochl stand. Wann, wie und wo Anna diesen um sieben Jahre älteren Mann kennen lernte, der 1822/23 in Vordernberg lebte und vermutlich bei einem der Radwerke angestellt war, ist nicht bekannt.
War Anna die Wartezeit zu lang geworden? War das Misstrauen, das Vater Plochl gegenüber Johann hegte, die Ursache für Annas Entschluss, immerhin Briefe, kleine Geschenke und sogar einen Ring mit Vinzenz Pfeifer auszutauschen? Die Frage muss für immer offen bleiben. Tatsache ist allerdings, dass Johann im „Brandhofer“ diese Geschichte mit keinem Wort erwähnt und mit Hilfe Zahlbruckners und Hubers alle sichtbaren Spuren dieser Verbindung beseitigt. Der junge Pfeifer wird aus Vordernberg „weggelobt“, indem er die Möglichkeit bekommt, auf Kosten Erzherzog Johanns Studien an der Bergakademie in Schemnitz (heute Banská Štiavnica in der Slowakei) zu beginnen. Bevor Anna ihren Wohnsitz in Vordernberg bezog und ihre neue Rolle als „Hausfrau“ übernahm, wurden, wie der folgende Brief zeigt, alle Spuren des potenziellen Nebenbuhlers beseitigt. Vater und Sohn Pfeifer dürften demnach mit den Vorschlägen des Erzherzogs und der Übersiedlung des jungen Mannes in das damalige Ungarn einverstanden gewesen sein.

Verehrter Freund!
Deinem Wunsche gemäß habe ich mich vorgestern nach Vordernberg begeben, um aldort von meinem Sohne die bewußten Briefe abzufordern, allein derselbe betheuerte mir bei allem, was ihm heilig war, und bei seiner kindlichen Pflicht, daß er von dieser Correspondenz keinen Brief mehr in Handen, sondern solche schon vor einiger Zeit dem Feuer überliefert habe.

Vordernberg in der Obersteiermark. Im Jahr 1823 zog Anna als die „Hausfrau" in Johanns Haus im Ortszentrum ein.

Die Ursache hinzu äußerte er sich, seye vorzüglich diese gewesen, weil zwischen ihm und seiner Correspondentin keine Freundschaft mehr bestünde.
Alles, was er von ihr noch in Handen hatte, bestand aus einem Ring, 3 Billeten, einer gemachten Rose und einem kleinen Kartanl, worin diese Stücke gelegen sind, er hat mir alles ohne Aufforderung übergeben und ich es versiegelt in Empfang genohmen.
Um mich aber von der Wahrheit seiner Angabe vollkommen zu überzeugen, habe ich alle seine Kleidungen und Kästen auf der Stelle selbst untersucht und außer obigen Kartanl und der darin angezeigten Stücke weiters nichts gefunden. Dieses Kartanl liegt bei mir und Du kannst es zur weiteren Bestellung, allenfalls durch Deinen eigenen Eisenführer oder durch jemand andern bei mir abhollen lassen, weil es auf der Post zu viel kosten dürfte, worüber ich Deine Weisung erwarte.
Wie ich nun nach dieser vollendeten Local Untersuchung meinem Sohne die weitere Proposition machte, daß er in Vordernberg nicht verbleiben könne und ich gesonnen seye, ihn nach Schemnitz zu geben, damit er aldort die Bergkollegien hören und sich für das montanistische Fach gehörig ausbilden könne, erwiderte er mir mit vieler ungezwungener Freudebezeugung, daß diese für ihn im Antrage stehende Laufbahne ganz seinen schon lange her gehegten Herzenswünschen

entsprechend seye und er, je eher je lieber, sich zu diesem Zwecke von Vordernberg hinweg begeben wolle.
Nun lieber Freund werde ich in Kürze das Gesuch an die hohe Hofkammer verfassen und es dann gefertigter an Dich einsenden oder selbst persöhnlich überbringen, um über diesen Gegenstand das noch weiters Erforderliche mündlich ausreden zu können.
Lebe wohl, wie es Dir herzlich wünscht
Dein alter Freund Pfeifer
P. S. Ich ersuche Dich um eine Antwort.

Außer tausenden von Schriftstücken offizieller und privater Provenienz und Zuordnung gehören zum Archiv Meran auch Erinnerungsstücke wie Stammbücher, Alben, Kassetten, Zeichnungen und Erinnerungsgegenstände verschiedener Art. So sind auch zwei Seidenbänder erhalten, die Anna Johann anlässlich der schon erwähnten Hochzeit zu Gstatt bei Öblarn im steirischen Ennstal schenkte.
Der Erzherzog hatte dabei die offizielle Funktion eines Brautführers übernommen, was natürlich für großes Aufsehen sorgte und dem Ereignis eine Bedeutung verlieh, die weit über die Grenzen des Ortes hinausgetragen wurde. Anna fungierte als eine von acht „Kranzeljungfern". Johann, der mit dem Bräutigam und dessen Familie gut bekannt war, hatte es sich in seinem Bestreben, sich um alles zu sorgen, nicht nehmen lassen, auch die Sitzordnung zu entwerfen. Selbst dieses eigenhändig geschriebene Original ist im Archiv Meran zu finden. Der „Brandhofer" beschreibt jedes Detail der Hochzeit und überliefert so ein unschätzbares Dokument aus der Biedermeierzeit, die Hochzeitsbräuche und die Volkskultur des Ennstals betreffend.
Der Brandhofer führte die Braut zu dem Altar und stellte sich an die Epistel Seite, um alles übersehen zu können; bey den Brautleuten die Beystände und die Kranzeljungfrauen. Die Kranzeljungfrau gab der Braut den Kranz, welchen sie dem Bräutigam, noch Junggeselle, aufsetzte. Der Brandhofer gab das Teller mit den Trauringen dem Geistlichen. Der Prior hielt eine treffliche Rede, alle waren beweget und weinten. Der Brandhofer war in sich gekehrt, sehr ernst geworden, es lag vor ihm die Vergangenheit seines Lebens und eine dunkle Zukunft; ein wehmüthig Gefühl ergriff ihn, und als der Geistliche das dreymalige ja Wort der Brauleute forderte, da wandte sich des Brandhofers Blick unwillkürlich auf das in der hinteren Reihe stehende Mädchen, die Blicke begegneten sich, es war ihm, als frage sie: wäre nicht auch dies unser Platz? und Thränen standen in seinen Augen; das Mädchen höchst ergriffen schlug die Augen nieder und schluchzte laut…
Es gieng nun zum Tanze. Zuerst eröffnete denselben der Brandhofer als Brautführer mit drey Ehrentänzen mit der Braut, worauf er dieselbe dem Bräutigam übergab, dann mit der Kranzeljungfrau und den anderen Jungfrauen, wo jede

Schloss Gstatt in der Obersteiermark. Hier nahmen Johann und Anna mit anderen geladenen Gästen an einer Hochzeit teil. Paula Grogger hat diese Begebenheit in dem Stück „Die Hochzeit“ literarisch verewigt.

ihm einen Straus auf den Huth heftete. Als die Reihe das Mädchen traf, gab sie den ihrigen; obgleich alle einander ähnlich mit gleichem Bande wie ihrer Begleiterinnen, hatte sie ihn durch einen End Schnitt von den anderen kenntlich gemacht.

„Die Hochzeit – ein Spiel vom Prinzen Johann“ nennt Paula Grogger, die durch ihren in mehr als 40 Sprachen übersetzten Roman „Das Grimmingtor“ weit über die Grenzen Österreichs hinaus bekannt wurde, ihr Volksstück, das 1936 unter Mitwirkung der Bevölkerung von Öblarn aufgeführt wurde.
Das Spiel, dargeboten in einer etwas überhöhten dialektnahen Sprache, erregte großes Aufsehen. Hatten sich doch mehr als 300 Laienschauspieler bemüht, die wahre Geschichte, an der vor einigen Generationen ihre Vorfahren Anteil hatten, am historischen Schauplatz lebensecht darzustellen. Im Erzherzog Johann Gedenkjahr 1959 kam das Stück neuerlich zur Aufführung und die Dichterin wurde zweifach ausgezeichnet. Zum Ersten wurde Paula Grogger sozusagen als lebende Legende in einem prachtvoll dekorierten Gespann mit vier Lipizzanern beim Festzug des Landes Steiermark den Massen der Zuschauer vorgeführt. Zum Zweiten gelang es der ehemaligen Lehrerin, in eine bisher ausschließlich männlichen Personen vorbehaltene Domäne einzudringen. Sie war die erste Frau, für die 1994 in der Steirischen Ehrengalerie im zweiten Hof der Burg zu Graz ein Denkmal errichtet wurde. Im gleichen Jahr erhielt eine weitere Frau aus der Steiermark neben

ihr einen Ehrenplatz. Ihr Name, oder besser gesagt ihr Mädchenname, ist Anna Plochl.
Das Festspiel wird nur alle fünf Jahre aufgeführt. Die lebhafte Atmosphäre im Zentrum von Öblarn, die Schauspieler, die sich sozusagen selbst darstellen, die alten Trachten, die Bradlmusi, die Tanzgruppen, die Schulkinder, der Hochzeitszug, die Schützen, Knappen, Hochzeitsgäste, Honoratioren, Tratschweiber und endlich auch der Auftritt von Johann und Anna machen das Ganze zu einem umfassenden Spektakel im positiven Sinn des Wortes.
Paula Grogger lehnt die Handlung ihres Stückes teilweise an die Erzählung des „Brandhofers" an. Johann und Anna lässt sie in einer Szene den folgenden Dialog austragen:

Anna:	*O Hoheit, vor Ihnern fürstlichen Stand* *Macht freilich a jeder sein Buckerl* *Aber zuhaus im Ausseer Land* *Munkeln die Freundinnen untereinand* *Ich hätt schon a Leiter vorm Guckerl.*
Prinz Johann:	*Seit d' Sonn über d' Welt geht und nimmer erlischt,* *Habn sich in Liabsachen d' Leut eingmischt,* *Da möchte die Zukunft nichts ändern.*
Anna:	*Vom Kramer zum Wirt haben s' es weiterdischkriert ...*
Prinz Johann:	*Sie unschuldigs Kindel, der Tratsch kursiert* *Auch zwischen Reichen und Ländern.* *Schelm stecken sogar unter Staatsgewändern.* *Was wird in politicis aufgetischt.* *Ein giftiger Pfeil hat noch jeden erwischt.* *Ein' Ehrendefekt kriegen die meisten.* *Und immer hat die Verleumdung gezischt,* *Grad wo man sein Bestes will leisten.* *Trotzdessen bleib ich ein Erzpatriot* *Und treu untergeben dem höchsten Gebot.*

Eine andere Schriftstellerin, Marianne Wintersteiner, schrieb 1985 unter dem Titel „Gott hat sie mir gegeben" einen biografischen Roman über Anna Plochl. Die aus Mähren gebürtige Dame nimmt sich ebenfalls den „Brandhofer" zum Vorbild, greift aber auch auf einige Schriften des Meran'schen Archivs zurück. In diesem Roman wird vorrangig die Kindheit und Jugend Annas geschildert, über die es freilich außer Johanns eigener Darstellung der Ereignisse nur wenige Quellen gibt. In den letzten Kapiteln geht die Autorin der Frage nach, ob eine „heimliche Hochzeit" des Paares schon bald nach dem Eintreffen Annas in Vordernberg stattgefunden habe. Die Antwort bleibt offen, manches spricht dafür, vieles dagegen. Der weitere Lebensweg Annas wird nur kurz umrissen.

Keine Schilderung erfährt die Entwicklung der Persönlichkeit Annas, die nach der „offiziellen Hochzeit“ 1829 immerhin noch ein facettenreiches Leben im Ausmaß von weiteren 55 Jahren vor sich hatte.
Johann zitiert im „Brandhofer und seiner Hausfrau“ immer wieder Stellen aus Tagebüchern und aus dem Briefwechsel des Paares. Wie aus Annas Briefen zu ersehen ist, befleißigte sich die junge Frau einer höchst originellen Art zu schreiben, da sie ihre Briefe so formulierte, wie sie wahrscheinlich frisch von der Leber weg sprach. Ihre Orthografie ist höchst eigenwillig, auf Satzzeichen und Genauigkeit legt sie geringen Wert. Vermutlich war es für sie nicht einfach, Gedanken und Berichte in der für sie ungewohnten Schriftsprache auszudrücken. Johann unterzieht daher ihre im „Brandhofer“ zitierten Briefe einer Korrektur, wie aus dem Vergleich mit den erhaltenen Originalen zu sehen ist. Manche Briefe aus den Jahren der Wartezeit wurden mit *Limonisaft* geschrieben, Johann leitete Anna an, die nicht für fremde Augen bestimmten Schreiben über eine Glut zu halten, um sie entziffern zu können. In manchen Briefen bezeichnet Johann seine *Braut*, um einer allfälligen Kontrolle durch die Zensur keinen Einblick in Details zu ermöglichen, als *mein lieber Freund*. Im Schriftwechsel mit den vertrauten und in die Geschichte eingeweihten Freunden Huber und Zahlbruckner wird für Anna der Codename *Cirkon* (auch *Zirkon*) verwendet. Jahrzehnte später wird Anna in ihrem Testament erwähnen, dass ein Zirkon das erste Schmuckstück gewesen sei, dass sie seinerzeit von Johann erhalten habe. Der Zirkon sollte nach ihrem Wunsch immer im Besitz des jeweils *ältesten Grafen von Meran* erhalten bleiben.
Annas Situation in diesen Jahren des „Abwartens“ war nicht beneidenswert. Einerseits war sie Johann durch starke Gefühle verbunden. Auf der anderen Seite wollte ihr Vater, der sich wieder zu verehelichen trachtete, seine älteste Tochter ehrbar versorgt wissen. Die Bewerbungen anderer Männer um Annas Hand brachten wohl auch auf ihren Wunsch keine bindenden Ergebnisse. Was sollte aus Anna werden? Eine ewige Braut, die ihre Beziehung verbergen sollte, um vor Tratschereien gefeit zu sein? Eine Mätresse, die mit einem Erzherzog zusammenlebt, um den strengen Richtlinien der habsburgischen Hausgesetze zu entsprechen? Die Erzherzoge waren dem Hausgesetz unterworfen. Dem Kaiser, in Johanns Fall dem ältesten Bruder, war unbedingter Gehorsam zu leisten. Ein Verstoß dagegen und auch gegen kirchliche Vorschriften konnte zum Ausschluss aus dem Hause und zum Verlust aller Privilegien führen. Johann war dazu weder bereit, noch erlaubte ihm sein Pflichtbewusstsein gegenüber der Dynastie, der er angehörte, dagegen zu handeln. Das Paar lebte in einer Zeit, die von der Romantik und der Aufklärung gleichermaßen geprägt war. Beide Richtungen betonten, wenngleich aus verschiedenen Blickwinkeln, das Recht auf persönliches Glück, Liebe und Heirat aus Liebe. Die Legende weiß von dem geduldigen, jeden Spott ertragenden Naturkind Anna zu berichten. War es so? Wollte Anna, aus deren Briefen manch-

Erzherzog Johann in jungen Jahren. Zwischen dem ersten Treffen und der Hochzeit Annas mit Johann verging ein Zeitraum von zehn Jahren.

mal Resolutheit durchklingt, vielleicht mit ihrer beginnenden Beziehung zu dem jungen Pfeifer die Angelegenheit mit den ihr zur Verfügung stehenden Möglichkeiten zu einem sichtbaren Ergebnis bringen? Bewies Johann – vorausschauend für sein privates Glück – durch sein zögerndes Verhalten und die dadurch bedingte Wartezeit mehr Geduld und wohl durchdachtes Überlegen? Der „Brandhofer" wurde von Johann 30 Jahre nach den Geschehnissen niedergeschrieben. Rückblickend und vielleicht auch etwas geschönt legt er dem Protagonisten folgende Worte in den Mund:
40 Jahre bin ich alt, habe so ziemlich alles in der Welt gesehen, so manches versuchet; mein halbes Leben ist vorüber ...
... Er entwickelte seine Lebensweise, seine Abneigungen gegen das Leben und Treiben in den Städten, daß er seine Lebensweise nicht ändern (werde), wie aber diese mit seinen höheren Verhältnißen zu vereinbaren möglich sey? Er wolle sich um ein Weib umsehen, ohne die Rücksichten, welche er haben muß, zu verletzen, sie soll sein Weib, seine liebe treue Gefährtin werden, ohne so hochgestellt zu seyn. Er entwickelt darauf die Beweggründe, warum er keine seines Standes nehmen will; die wichtigeren davon sind: die höheren pecuniären Ausgaben, die er seines Vermögen wegen nicht bestreiten könnte, er auch weder seinen Verwandten noch dem Staate zur Last fallen wolle; weil bereits so viele seines Hauses lebten, dadurch die Nachfolge gesichert, für die gesorgt werden muß; weil er keine Kinder auf die Welt setzen wolle, die noch beschränkter als er leben müßten ...

... Endlich weil er kein Weib seines Standes findet, die ganz für seine Ansichten passen würde, die so einfach leben, die Hausfrau und Hausmutter seyn, die Hauswirthschaft nach alter Sitte führen würde und so Aufwand und die Zerstreuungen der Welt verachten würde wie er.
Mit „er“ ist Johann selbst gemeint, seine angeführten Motive beziehen sich, wie er weiter ausführt, auf die Person Annas.

Im Jänner 1822 hatte Johann bereits sein 40. Lebensjahr vollendet, im Herbst dieses Jahres fasste er endgültig – wie er sagte – den Entschluss, sein Leben und sein Hauswesen zu ändern. Wie in jedem Jahr verbrachte er die Wintermonate in der Residenzstadt Wien, wo er beinahe täglich mit *seinem Herrn*, dem Kaiser, oder mit einem anderen Mitglied der kaiserlichen Familie zusammentraf. Ein Brief an Anna schildert sein Dilemma, seine Heiratsabsichten dem Bruder vorzutragen und dabei eine Absage zu riskieren:
hier (in der Residenz) *stehe ich allein ohne irgend einen Beystand ... Wäre mein Herr nicht beym Leben, so würde ich niemand fragen, aber diesen, der mein zweyter Vater ist, den ich mehr als mein Leben liebe, kann ich nicht übergehen, ich könnte dieses nicht über das Herz bringen; da lieget das Schwierige in der Sache, wie es anzubringen? denn ohne Gewißheit des Erfolges, des ja, – rede ich nicht; und wie, bevor ich rede, diese Gewißheit haben? Ich muß es Gott überlassen, mir die Gelegenheit zu geben, ich muß aufpassen und sie gleich ergreifen und benützen.*

Ein weiterer Brief vom 1. Februar 1823 spiegelt seine Unruhe wider:
Ehe ich diese Stadt verlasse, muß ich rücksichtlich meiner Zukunft im reinen seyn, sonst weiche ich keinen Schritt von hier. Meine gute Schwägerin (Henriette, die Gattin Erzherzog Karls) *frägt mich alle Tage, wann ich mit dem Kaiser reden werde.*

Am 5. Februar kommt es endlich zur Aussprache zwischen den Brüdern. Johann berichtet wieder an Anna, spricht von seiner Ehrfurcht gegenüber dem *Herrn*, erzählt von seinem Zagen, erwähnt, dass sein Gewissen der Billigung seines Tuns zustimme. Er schildert, dass er dem Kaiser die Gründe für seine Heirat, für sein Verhalten als Christ und ehrlicher Mann vorgetragen habe, dass er aber wohl wisse, was er seinem Stand, der Welt und der Familie schuldig sei. Weiters schreibt er, dass der Kaiser sich sodann genau nach der Familie Plochl und nach Johanns Plänen erkundigt habe und wie er sich verhalten solle, falls aus der Verbindung Kinder entstehen sollten.
Auf die Frage *Wer wird euch verbinden?*, antwortet Johann: *Ein Geistlicher*, darauf der Kaiser: *Ja freilich, aber da muß er eine Erlaubnis haben.* Johann berichtet erleichtert, dass *der Herr* zugesagt habe, diese Erlaubnis auszustellen.

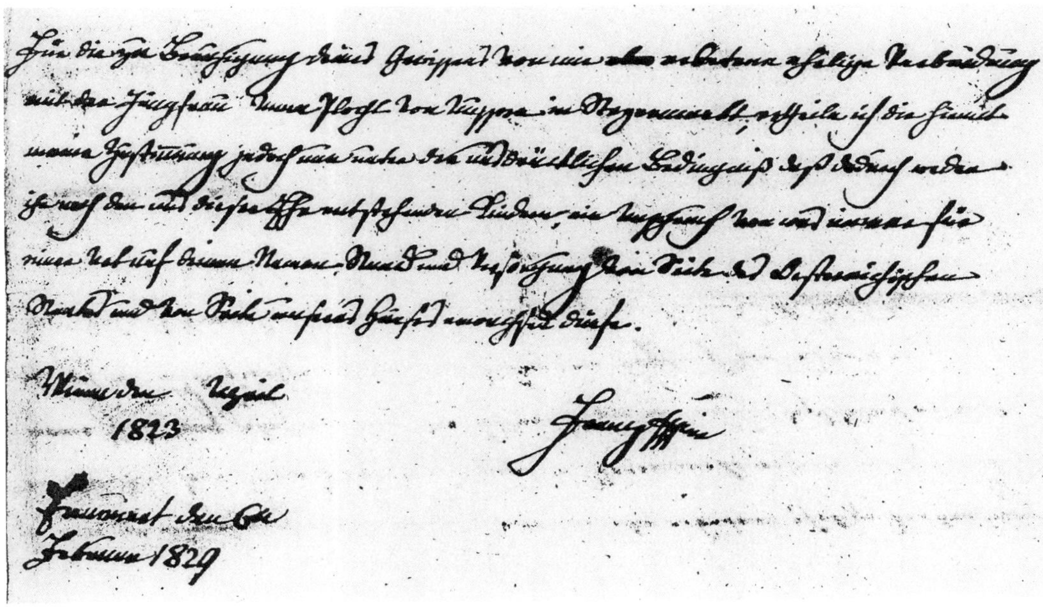

Die schriftliche Heiratserlaubnis von Kaiser Franz, dem Bruder Johanns. Die bereits 1823 erteilte Genehmigung wurde 1829 erneuert.

Diese Genehmigung, die der Erzherzog selbst entwarf, ist im Original im Haus-, Hof- und Staatsarchiv in Wien und in einer Abschrift auf Pergament – ebenfalls aus dieser Zeit – im Archiv Meran erhalten. Am 4. April erhielt er das Dokument endlich zurück – unterzeichnet vom Kaiser. Der Wortlaut des für Johann unentbehrlichen Schriftstückes lautet:

Für die zur Beruhigung Deines Gewissens von mir erbetene eheliche Verbindung mit der Jungfrau Anna Plochl von Aussee in Steyermark, ertheile ich Dir hiemit meine Zustimmung, jedoch nur unter der ausdrücklichen Bedingnis, daß dadurch weder ihr noch den aus dieser Ehe entstehenden Kindern ein Anspruch von was immer für einer Art auf Deinen Namen, Stand und Versorgung von Seite des österreichischen Staates und von Seite unserer Hauses erwachsen dürfe.

Franz — *Wien, den ... April 1823*

Schon im März hatte sich Johann mit Anna und ihrem Vater in Neuhaus im Ennstal getroffen, um die Einzelheiten der geplanten Hochzeit, die auf Burg Strechau in der Nähe von Rottenmann stattfinden sollte, zu besprechen. Danach kehrte Anna wieder nach Aussee zurück, Johann aber besuchte seinen Bekannten Anton Stary, Pfleger auf Burg Strechau, um ihn über die Details der Hochzeitsfeier zu informieren.

Heute ist Burg Strechau im Privatbesitz, die ausgedehnte sehenswerte Burganlage kann zwischen Mai und Oktober am Wochenende und nach Voranmeldung besichtigt werden. Von der Geschichte Annas und Johanns ist allerdings wenig zu erfahren. Höhepunkte eines regionalen Event-Programms sind heute Ritteressen, Kutschenfahrten und Goldwaschen in der nahen Gemeinde Oppenberg.

Zurück zu Johann und Anna, die sich beide mit unerwarteten Schwierigkeiten auseinander setzen mussten. Johann, der sich im Mai dieses Jahres wieder in Wien aufhielt, erfuhr von seinen Brüdern Karl und Ludwig, dass der Kaiser sie ersucht hatte, ihm die Heirat mit Anna wieder auszureden. Von einer Aussprache mit dem Kaiser berichtet er: *... der Kaiser habe zwar seine Einwilligung gegeben, sehe aber diese Heirath nicht gerne aus vielen Rücksichten ...* Er zitiert weiter den Wunsch seines Bruders und *Herrn, ... nemlich für dermalen auf unbestimmte Zeit vom Heirathen nichts zu reden ...* Johann antwortet darauf, dass er an dem Mädchen seine Pflicht erfüllen werde, dass dies eine Sache des Gewissens sei, dass er Anna in sein Haus nehmen werde und dass das niemanden etwas anginge. Auch ein weiteres Gespräch zwischen dem Kaiser und Johann brachte keine neuen Ergebnisse, Johann verteidigte seinen Standpunkt, der Kaiser empfahl ihm noch zu warten.

Johann hatte nun Anna und ihren Vater schriftlich gebeten, die Pfingsttage für eine Fahrt nach Mariazell zu nutzen und ihn anschließend auf dem Brandhof zu besuchen. Bei diesem Treffen wurde die veränderte Lage besprochen – Vater Plochl begann wegen der neuerlichen Verzögerung der Hochzeit ungeduldig zu werden. Die ganze Angelegenheit mit dem Erzherzog ging ihm zu langsam, denn er trug sich ja selbst mit Heiratsplänen.

Die Liebesgeschichte zwischen Johann und Anna wurde inzwischen zum Tagesgespräch. Spott, Verleumdung, Tratsch, Verdrehung der Tatsachen schlugen sich in Gerüchten und Gstanzln nieder. Eines davon lautete: *Da drobn in Aussee geht die Nani spazieren – der Prinz an der Seiten, der tät sie verführn.* Oder: *Auf der Hüttn is lustig, im Stroh is es warm, dort hält der Herr Johann unsre Nani im Arm.*

Im Juli 1823 kam es auf Burg Strechau zu einem neuerlichen Treffen zwischen Johann, Anna und ihrem Vater. Zwei Tage lang dauerten die Gespräche, bei denen Johanns Vertraute Huber, Zahlbruckner und der Maler Loder anwesend waren und wo man sich *wechselseitige Rechenschaft ablegte.*

... Da die Witterung schön war, hielt man sich viel im Freyen auf. Im kleinen Schlossgarten unter der offenen Laube saßen der Brandhofer und das Mädchen, alles beredend, ersterer sie von allem in die Kenntniß setzend, was seine Verhältnisse betraf, über seine Besitzungen und über alles, zu dessen Führung sie als Hausfrau berufen war, sie hinwieder Fragen stellend, Bemerkungen machend, angebend, was ihr zweckmäßig schien ...

... Diese Unterredungen und der gepflogene Briefwechsel hatten zur Folge, daß das Mädchen, von allem unterrichtet, ihre neue Bestimmung antreten konnte, zu jeder Stunde. So verflossen die Stunden auf der Strechau im Kreise treuer Seelen. Am 23. verließ das Mädchen mit ihrem Vater die Strechau, nach Aussee zurückkehrend; man war übereingekommen, um allen Bemerkungen auszuwei-

Burg Strechau bei Rottenmann. Ursprünglich war die Hochzeit schon 1823 auf Strechau vorgesehen, auf Wunsch von Kaiser Franz wurde die Verbindung aber verschoben.

chen, daß der Brandhofer seinen Besuch nach Aussee für dermalen aufgebe. Der Brandhofer kehrte, noch einige Gegenden besuchend, nach Vordernberg zurück, da brachte derselbe alles in Ordnung und schrieb, was die Führung der ganzen Wirthschaft betrifft, alles nieder, damit seiner Zeit dem Mädchen die Übernahme erleichtert werde.

Die darauf folgenden Briefe Annas zeigen bald, welch schweren Stand sie allmählich auch im väterlichen Haus hatte, Vater Plochl dauerten die Verhandlungen zu lange, er befürchtete, die ganze Sache könnte im Sand verlaufen. Daraus erklärt sich auch seine Forderung, Anna finanziell abzusichern, falls sie nur als „Hausfrau" und nicht als Gattin mit Johann in einem Haushalt zusammenleben sollte.
S. K. H. wollen geruhen zu verwilligen und Herrn Plochl zu versichern
a) Jungfrau Annette Plochl soll in dem Fahle, als Sie bey S. K. Hoheit als Wirthschaftsführerin in Vordernberg eintritt, in dem Fahle als Sie bis zu seiner K. H. Absterben verbleibet, ein disponibles unbeschränktes Capitall aus S. K. H. Vorlaß von 40 fm SM. baar empfangen. (als eine freye bey Lebzeiten gemachte Donation).
b) Jungfrau Annette Plochl soll in dem Fahle als S. K. H. ihrer Wirthschaftsführung früher endbehren, und Sie davon endhoben würde, daß Sie einen Disponiblen Capitals Betrag von 20/m SM. von S. K. H. als eine gänzliche Endfertigung empfangen solle.

c) Jungfrau Anna Plochl, die bey dem Besiz ihrer vollen Freyheit auch dieße Wirthschaftsführung aufkünden und verlaßen kann soll in diesem Fahle nach ihrem Willen einen Capitalsbetrag von 16/m f. W. W. von S. K. H. erhalten, worauf Sie ebenfahls wie über die früher bestimmten Capitals Betrag in den bestimten Fählen a) u. b) frey schalten und walten können soll.
d) Hat Jungfrau Annette Plochl die Wahl, im Fahle daß Sie früher als K. H. versterben würde, über diese bestimten 10/m f. WW zu disponieren, und darüber zu testiren.
e) wurde bestimmt, daß diese dem Herrn Plochl geschriebene Beruhigung doppelt gefertigt, beygelegt, Deponirt und aufbewahret werden solle.
Vordernberg den 20t Okt. 823

Johann war mit allen Forderungen seines misstrauischen Schwiegervaters in spe einverstanden. Wie groß auch das Misstrauen des kaiserlichen Hofes gegenüber Johanns Heiratsplänen war, zeigt ein von Metternich ein Jahr zuvor (1822) geschriebener Akt der Polizeihofstelle. Darin wird der Salzoberamtmann Hofrat Lenoble aus Aussee beauftragt, über die Familie Plochl Auskunft zu geben. Die Begründung lautete:
Man hat nämlich Kunde, daß Se. kaiserl. Hoheit, der Erzherzog Johann mit der Tochter des Postmeisters zu Aussee sich in ein so enges Liebesverhältnis eingelassen hat, daß Höchstderoselben sogar mit dem Vorhaben sie zu ehelichen, sich beschäftigten. Ob und wielange das Verhältnis bestehet?
Metternich war nicht bekannt, dass Lenoble mit Johann befreundet war, der Ausseer wusste daher auch nur Gutes zu berichten.

Liebfrauenkleid Nr. 73, weiß mit Goldstickerei, aus dem Brautkleide der Spenderin, Baronin Anna von Brandhofen, der Gemahlin des Erzherzogs Johann, gespendet 1846 – so lautet die nicht näher erläuterte Eintragung in einem Verzeichnis der Schatzkammer von Mariazell aus dem Jahr 1908.
Dieses kostbare Kleid, inzwischen zugeschnitten auf das Format der Magna Mater Austriae, wurde im Zuge der Spurensuche im Jahr 2004 wieder entdeckt. Die romanische Marienstatue aus Lindenholz macht Mariazell seit Jahrhunderten zum bekanntesten Wallfahrtsort Österreichs. Nach uraltem Brauch werden die Mutter Gottes und das Jesuskind an verschiedenen kirchlichen Festtagen mit jeweils verschiedenen Liebfrauenkleidern geschmückt, ohne dieses Gewand ist sie nur am 8. September (Mariae Geburt) und am 21. Dezember, dem Gründungstag von Mariazell, zu sehen.
Die Messkleider für den Klerus und auch die Liebfrauenkleider wurden zumeist von Damen des Hochadels oder Ordensangehörigen mit viel Mühe und großer Sachkenntnis hergestellt. So sind beispielsweise in dem vorhin genannten Schriftstück Liebfrauenkleider angeführt, die eigenhändig von Maria Theresia bestickt und gespendet wurden. Ein Messkleid spendete

etwa zu Ende des 15. Jahrhunderts Mathias Corvinus, König von Ungarn, ein anderes aus Goldstoff und rotem Samt – reich mit Perlen bestickt – ist ein Geschenk Kaiser Franz Josephs.
Nur zwei der Liebfrauenkleider wurden im 19. Jahrhundert aus Brautkleidern geschneidert, das eine stammt von Anna, das andere ließ Fürstin Wilhelmine Auersperg 1878 aus dem Brautkleid ihrer Tochter anfertigen. Das Kleid Annas aus dem Jahr 1846 wirft einige Fragen auf. Trug Anna jemals ein Brautkleid? Im „Brandhofer" ist nachzulesen, dass Zahlbruckner oder dessen Frau sich 1823 für die geplante Hochzeit auf Strechau um die Anschaffung eines Brautkleides für Anna bemühten. Die Hochzeit auf Burg Strechau kam nicht zustande. Trug Anna das Kleid bei ihrem Einzug in Vordernberg? Wohl kaum – da es dort ja keine Hochzeit gab. Hatte sie das aufwändige Kleid im Jahr 1829 bei der tatsächlichen Hochzeit am Brandhof an? Vermutlich nicht, denn die Heirat fand ohne große Vorbereitung und Feier nur im Beisein eines Priesters und der zwei Trauzeugen statt.
Zwei Bilder von Johanns Kammermaler Ludwig Schnorr von Carolsfeld mit dem Titel „Der Bund hinter dem Vorhang", datiert 1825, und „Der Vorhang ist gefallen", datiert 1829, werfen noch mehr Fragen auf. Das erste Bild zeigt einen Engel, der sich leicht über zwei sich ihm entgegenstreckende Hände eines Mannes und einer Frau beugt. Die Personen selbst – mit Ausnahme der grau-grün bekleideten Arme – bleiben hinter dem Vorhang verborgen. Wird hier eine Hochzeit dargestellt? Eine Verlobung? Ein Versprechen vor Gott? Das wird wohl immer ein Rätsel bleiben, ebenso wie die am Brandhof aufbewahrten schlichten Ringe von Anna und Johann, in die das Jahr 1823 eingraviert ist. Das zweite Bild zeigt das Paar in voller Größe, ohne Vorhang, der Engel trägt nun eine Stola als Symbol für die kirchliche Zeremonie. Die Jahreszahl und der schriftliche Zusatz *ein Zeichen göttlicher Liebe ist offenbar geworden*, sowie der Brautkranz Annas weisen eindeutig auf eine Hochzeit im Feber 1829 hin.
Von einem weißen Brautkleid ist nichts zu sehen. Exakte Hinweise, was das rein Textile betrifft, ergeben sich bei einem ausführlichen Gespräch mit der Restauratorin Gabriele Klein in Mariazell. Die Textiltechnikerin gilt als Spezialistin für die Konservierung und Restaurierung alter Gewebe. Zu ihrer Arbeit gehört zuerst eine penible Zustandsbeschreibung des Objekts, die fast mit einer medizinischen Anamnese und anschließender Diagnose zu vergleichen ist.
Das Marienkleid besteht aus feinstem weißen Seidendamast mit aufwändiger Goldstickerei. Deutlich zu sehen die Initialen A. B. (Anna Brandhofen). Vermutlich ließ Anna diese Buchstaben nachträglich zur Zeit der Schenkung einsticken.

Zustandsbeschreibung (gekürzt):
Die Verschmutzung des seidenen Grundgewebes und des Futters ist sehr groß – beide Gewebe sind „ergraut", weisen zahlreiche Flecken (Schmutz- und Stock-

flecken) und Schmutzränder auf. Auf Grund der Kombination von feinem Seidengewebe und relativ schwerer Goldstickerei, bei der nur in Teilbereichen ein Unterlagegewebe verwendet wurde, sind im Grundgewebe Falten entstanden. Diese Überweite führt bei falscher Aufbewahrung zu Bildung von zusätzlichen Falten und Knicken.

Bei allen Teilen ist die Goldstickerei sehr gut erhalten; die Borten sind teilweise lose, an den Enden ausgefranst und abgescheuert, d. h. die gelben Seelenfäden liegen frei.

Arbeitsschritte bei der Reinigung/Restaurierung (gekürzt):

1. Zertrennen und Reinigung: Bei beiden Kleidern wurde das Futter heruntergetrennt; die Bänder und der Einlagestoff des Marienkleides wurden im destillierten Wasser gewaschen. Das Grundgewebe beider Kleider wurde nach dem Absaugen mit einem Gemisch aus Aceton und destilliertem Wasser am Absaugetisch gereinigt – ein Waschen der Teile war nicht möglich, da die Rückseite der Stickerei mit Knochenleim eingestrichen ist. Die Teile des Baldachines wurden nicht zertrennt und vorsichtig mit angefeuchteten Wickeln gereinigt und so gut wie möglich geglättet.

2. Nähtechnische Arbeiten: Scheuerstellen im Grundgewebe wurden mit passend eingefärbten Fäden fixiert. Lose Borten und einzelne lose Fäden in den Borten wurden angenäht. Der Halsausschnitt beider Kleider und der Durchschlupf wurden mit einem Paspol aus Seidentaft verstärkt.

3. Zusammennähen: Fehlende Einlagestoffe bei den Kleidern wurden mit einem Seidentaft ergänzt. Beide Kleider wurden mit einem Seidentaft gefüttert, d. h. das Originalfutter wurde wegen seines schlechten Zustandes nicht mehr verwendet. Abschließend wurden die Bänder (Marienkleid = original, Jesuskleid = Ergänzung) angenäht

Die Bezeichnung *beide Kleider* bezieht sich auf das eigentliche „Marienkleid" und das aus dem gleichen Stoff hergestellte kleine „Jesuskleid".

Die Restaurierung von Annas Liebfrauenkleid war nicht nur aufwändig, sondern auch teuer. Mariazell ist auch bei der Restaurierung seiner Schätze auf Spenden angewiesen: *Gespendet vom Club Soroptimist, Bruck/Mur* ist, mit Seidenfäden eingestickt, im Futterstoff des Marienkleides zu lesen, dessen Restaurierung im Jahr 1999 erfolgte.

Die damalige Mode zeigte noch deutlich die Standeszugehörigkeit und spiegelte gleichzeitig die Einstellung dieser Zeit zur Weiblichkeit. Die Kleider waren – angelehnt an die Empire-Mode aus Frankreich – einfach, fließend, hell, sie wirkten freundlich, lieblich und verspielt. Noch trugen die Frauen und Mädchen dieser Zeit, in der das Schlagwort „zurück zur Natur" als Lebensstil noch seine Geltung hatte, Kleider, die die natürlichen Linien betonten. Bald jedoch sollte das Modediktat die Verwendung von beengenden, ungesunden Miedern und unnatürlichen Krinolinen fordern, um den weiblichen Körper umzuformen.

Anna Plochl, spätere Freiin von Brandhofen und Gräfin von Meran.

Annas Mädchenjahre in Aussee fallen in die Biedermeierzeit. Dieser Begriff charakterisiert eine Kunstepoche und eine von den Künstlern zumeist idyllisch dargestellte bürgerliche Lebensweise, die sich innerhalb der Familie oder im Freundeskreis entfaltete. Parallel dazu verlief die industrielle Revolution mit dem Einsatz von Maschinen, der Entwicklung moderner Verkehrsmittel und dem Anwachsen des Arbeiterstandes. In dieser Epoche ergab sich zumeist eine räumliche Trennung zwischen Arbeitsplatz und Heim für die Familie. Annas unmittelbare Umwelt war davon nicht betroffen, Poststation, Warenspedition und Familie waren unter einem Dach in einem großzügig angelegten Haus untergebracht. Annas Vater sorgte für den Unterhalt, die Mutter für die Großfamilie und den Haushalt. Die Frage, ob junge Frauen an eine andere Rollenverteilung denken konnten, stellte sich für Anna sicher nicht. Das Schlagwort „Selbstverwirklichung“ war sowohl als Formulierung als auch als Lebensziel noch unbekannt. Anna war es gewohnt, im Haushalt zuzupacken, zu organisieren und in diesem Bereich selbst Entscheidungen zu treffen. Als Johanns Partnerin und Gattin sollten sich diese Fähigkeiten als unentbehrlich erweisen.

War Anna frei in ihrer Entscheidung für Johann? War sie eher von der Aussicht auf eine ungewöhnliche Standeserhöhung fasziniert oder war sie von den Gefühlen für den Mann überwältigt?

Anna war ein typisches Kind ihrer Zeit und ihres Milieus, einerseits praktisch veranlagt, naturverbunden, natürlich, ohne aufgesetzte Allüren, andererseits romantisch, gefühlvoll, geduldig, bescheiden und doch bestrebt, trotz aller Hindernisse das gemeinsame Lebensziel zu erreichen, das ihr von Johann vorgegeben und ermöglicht wurde.

4

„Mein lieber Alter"

Tagebücher und Briefwechsel zwischen Anna und ihrem Radmeister

Gottlob daß Sie da sind, hier ist unser Haus, welches sie nun betreten, um es nie mehr zu verlassen, sagte Johann im September 1823 zur Begrüßung Annas, die ihr Vater von Aussee über Traboch und weiter über *Trofayach* nach Vordernberg begleitet hatte. Nach Landesbrauch sollte ihre Anrede ab nun „Frau Mutter" oder „Hausfrau" sein.

Johann berichtet in seiner Autobiografie über alle Vorbereitungen, die im Vordernberger Haus für Annas Ankunft getroffen wurden. Herr und Frau Peball, er seines Zeichens Verweser der Radmeister-Communität, sollten die ersten Ansprechpersonen für Anna sein und sie im Ort allmählich in die Gesellschaft einführen.

Neun Tage ließ sich Johann Zeit, bis er nach Annas Ankunft wieder die Ereignisse in seinem Tagebuch schilderte. Anna übernahm den Haushalt, Johann erklärte ihr die Tagesordnung. Bei einem Spaziergang auf den Gipfel des Erzberges wurden *in ernsten Gesprächen* alle guten Vorsätze erneuert.

Johann bewohnte zwei ebenerdige Zimmer, für Anna und die weiblichen Dienstboten gab es Räumlichkeiten im ersten Stock. Die Mahlzeiten wurden gemeinsam eingenommen, die Abende vergingen mit Gesprächen. Man trennte sich, jeder ging auf sein Zimmer. Noch im Oktober verließ Johann die neue „Hausfrau", um nach Wien zu reisen. Die Heiratserlaubnis des Kaisers war stets in seiner Tasche, trotzdem wurde das Thema mit seinem Bruder nie berührt. So erzählt es zumindest der „Brandhofer":

... *Nun dränget die Erzählung eine längere Zeitperiode zusammen. Der Brandhofer befolgte streng das, was er sich vorgenommen; dieses war folgendes: ruhiges Streben, das zu erreichen, was er vom Anfange gewollt, des Herren freywillige Einwilligung zu des Priesters Segen zu erreichen; allmählige Einführung seiner Hausfrau in die Kreise seiner Bekannten; daher sehen wir anfangs sie in Vordernberg sich aufhalten, während der Brandhofer seine übrigen Besitzungen besuchet, späther ihn auf diesen begleitend, auch da alles übernehmend, noch späther zugleich in Gratz, jedoch in einem fremden Hause, und wieder späther ebenso Wien, wenn der Brandhofer sich daselbst aufhielt, besuchend; anfangs kürzere Zeit, späther auch während mehreren Monathen von ihm getrennet, wenn er in Gratz oder in der Residenzstadt sich aufhielt, und dieß bis zu dem Augenblicke, wo die Beharrlichkeit des Brandhofers, das tadellose Benehmen des Mädchens siegten und Gott, das Herz des Herren rührend, die Sache zu*

Fest der Kreuzeinweihung auf dem Gipfel des Erzberges. Johann, der in Vordernberg Radwerke besaß, ließ den Erzberg vermessen, in Vordernberg eine Montanschule errichten und eine Erzförderbahn anlegen.

Ende brachte. Bis dahin vergiengen fünf volle Jahre in Übung der größten Selbstverläugnung von Seite des Mädchens, in peinlicher, schmerzlicher Geduld von Seite des Brandhofers.

Johann war die meiste Zeit des Jahres unterwegs. Das Paar schrieb sich fast täglich. Manche Briefe sind so abgefasst, dass sie jedermann lesen konnte, die beiden siezten sich, und Anna verwendete die damals üblichen Wendungen in der Anrede. Das *Eure kaiserliche Hoheit* unterblieb allerdings bei den noch zahlreich erhaltenen Briefen, die nicht mit der Post, sondern durch Vertraute und Freunde befördert wurden. *Mein lieber Alter, lieber guter Herzensmann, mein lieber Erz, mein lieber Hans* lauteten die Anreden, *Nanni, Nanette, deine threue Anna, dein thr. W., deine thr. Alte* die Unterschriften.
Im Folgejahr 1824 besuchen beide gemeinsam die ihnen bekannten Orte im Ennstal und das Ausseer Land. Bei einem Aufenthalt in Graz übernachtete das Paar bei Bekannten in verschiedenen Quartieren.
Johann spricht in dem folgenden Brief die Probleme des Getrenntseins an:
Wien, 5. Jänner 1824
Es ist besser, die Leute kennen es Dir an, was Dir abgehet, als daß diese etwas anderes sagen könnten. Ersteres ist der beste Gegenbeweis gegen manches, was dumm geredet wurde und die Besseren freuet es gewiß. Daß Du mich schon angewohnt bist, glaube ich, aber es wird noch mehr werden. Je länger wir uns kennen werden, je mehr die Herzen sich öffnen und verstehen, je mehr Du aus meiner Erfahrung schöpfen (wirst), *desto mehr wirst Du Dich entwickeln, aber auch desto inniger an dem hängen, der Dir sein Herz gegeben, dann wird das Getrenntseyn immer schwerer werden. So bitter es mir ist, so giebt mir doch meine Liebe zu Dir und die Überzeugung Deines Werthes eine Ruhe, welche, mich fähig machet, jedem unter das Gesicht zu tretten und entweder zu schweigen oder trocken die Wahrheit zu sagen. Lasse uns künftiges Frühjahr, Sommer und Herbst beysammen*

zubringen. Das wird noch mehr die andern überzeugen, wie richtig ich geurtheilt. Ich werde Dich einmal daran erinnern.

Anna übernahm in diesem Jahr auch die Führung des Brandhofes. In den nächsten Jahren zwangen sie ihre Pflichten als „Hausfrau", mehrmals im Monat die Baufortschritte am Brandhof zu kontrollieren und am Glöckelhof, einem weiteren Besitz Johanns bei Trofaiach, nach dem Rechten zu sehen. Wie aus den Briefen zu entnehmen ist, fühlte sie sich als „Hausfrau" ganz in ihrem Element. Probleme bereiteten der jungen Frau, die eben erst Johanns Gratulation zu ihrem 20. Geburtstag bekommen hatte, nur die langen Monate des Alleinseins. Der folgende Brief ist eine erfrischende Mischung aus hausfraulichen Berechnungen und tiefem Abschiedsschmerz.
Brief Annas an den Erzherzog, 15. Oktober 1824
Lieber guter Herzensmann!
Wie hart wahr mir diesmahl daß Scheiden von Dir; o Gott, wie gerne häte ich mich in waß imer verstekt, wenn ich nur bey Dir in Wien auch se(in) *könte, wenigstens doch in Deinen freyen Stunden! Hier ist mir alles, alles wie tod,* (w)*an Du nicht d*(a) *bist. Überhaubt diesmahl ver*(mi)*ße ich Dich ga*(r) *so hart, den mir ist, als ginge mir etwaß ... Ich bitte Dich, bleibe mir nur so threu, wie Du es bi*(s) *jezt warst, laße mir Dich ja nicht enthreißen! Ach, wüßte ich nur schon, wie alles geht bey Dir thraußen; schreibe mir ja recht bald und alles, auch das Geheimste! Daß bin ich aber so überzeigt, daß Du aufrichtig gegen mich* (bi)*st, welches mich aber auch Dich gar* (so) *li*(ebmac)*hat. – Ich bin seit Deiner Abreiße n*(icht aus d)*em Hauße gekomen, als heut*(e) (werde) *ich zur Schraglin, Steierin, Bra*(nt)*stetterin gehen, welche alle eine herzli*(che) *Freude da*(r)*über zeigten.*
Lieber guter Mann, mit dem mir hiergelaßenen Geld werde ich vermuthlich nicht so lange ausg(efo)*lgen, bis du kömst, den ich zahlte gestern den Kaufman hiermit 59 f 18x, dan den Fleischhauer mit 48 f 25x, hernach Deinen Hut mit 5 f, hernach werde ich auch hübsch waß brauchen.*
Vermutlich versetzte Anna die Nachricht, dass der junge Vinzenz Pfeifer in Schemnitz plötzlich verstorben war, in trübe Stimmung. Fühlte sie sich schuldig, dass er Vordernberg ihretwegen verlassen musste? Allerdings wird dieses Thema weder in ihren Briefen noch im Tagebuch erwähnt.

In einem anderen Brief aus den nächsten Monaten beklagt sich Anna bitter darüber, dass andere junge Leute ihren Fasching *einbringen* dürften, ihr dies allerdings *streng verbothen* sei.
Vordernberg, am 8ten Hornung 825
Liebster Herr von Huber!
Daß ich die Freude nicht haben durfte, zu Ihnen diesen Fasching zu kommen, werden Sie vom gnädigsten Herrn selbst erfahren haben, man will mich durch-

aus mit die Mürzthaller nicht zusam lassen. Dieser Fasching ist für mich, wie der vorigjährige furchtbar, wie es hier zugeht wissen Sie, und anderswo hinzugehn, ist streng verbothen, und auf solche Art kont man am leichtesten, und nach dem andern entbehren, währe ich um etwelche Jahre älter, würde es mir vielleicht besser behagen so ganz allein zuhauße zu sitzen – indessen sich andere, um mich herrum, in andern Orten, ihren Fasching einzubringen suchen, doch weil es so dem Herrn recht, und am liebsten ist, gebe ich mich mit Willen darein.
Diesen beygelegthen Brief, ersuche ich Sie, an Ort und Stelle zu befördern.
An Ihre gute Frau, und Fraillein Schwägerin bitte ich meinen herzlichen Gruß auszurichten.
Ihre aufrichtige Freundin Nannet
Den rothen Wein gethraute Pfeifer, wegen der so starken Kälte nicht zu senden, weil Pfeifer daß gefriren fürchtete.
Obige

Im gleichen Monat erkrankte Anna an den Blattern. Johann, der dies über Freunde erfahren hatte, eilte von Wien über Mürzzuschlag und Leoben ans Krankenlager. Nach ihrer Heilung trennte sich das Paar wieder, Anna blieb in der Obersteiermark. In der zweiten Jahreshälfte boten Reisen nach Graz, später nach Preßburg (heute Bratislava), wo Krönungsfeierlichkeiten stattfanden, und schließlich in die alte Heimat Aussee eine willkommene Abwechslung. Johann, der all diese Reisen ebenfalls absolvierte, berichtet im „Brandhofer“, dass er und Anna getrennte Quartiere bei verschiedenen Bekannten bezogen.
Aus Annas Tagebuch, 4. April 1826
Um 8 Uhr bekam ich durch einen Führer einen Brief von meinem lieben Alten. Mein Gott, wenn der Hans nur mit unserer Sache den Kaiser böse macht und für uns beyde mehr böse als gute Folgen haben kann. Ich denke wohl gar oft daran, vorzüglich, wenn ich ein Kind sehe. Wären wir verheyrathet, so könnte ich die Freude haben, auch ein eigenes zu besitzen, so aber welche Schande, ich kann so was gar nicht denken, wie die Leute schimpfen würden über mich. Ich getraute mich nicht mehr unter die Menschen. In diesem Fall würde mich mein guter Hans zur Unglücklichsten machen. Ich weiß man würde mich in Zeit von einem Jahr vor Gram und Scham dahinwelken sehen. Gewiß aber ihm zu Liebe will ich auch dieses Opfer bringen, dann bin ich aber erschöpft und nur das Bewußtseyn könnte mich für die Welt noch leben machen, daß man alles, was man für eine menschliche Seele, die man liebt, thun kann, im strengsten Sinn vollzogen habe, und ich vor ihm rein stehe. Ob es aber zu unserem Seelenheil gelanget, das will ich nicht untersuchen. Mein Hans ist selbst ein guter Christ und weiß zu beurtheilen. Warum mußte er gerade mich finden und ich ihn? Hätte es der Zufall nicht so gewollt. Vielleicht lenkt Gott, der er so wunderbar geschehen ließ, doch noch einmal alles für unser Beyder Bestes ein. Ich

gebe mich ganz meinem Geschicke hin und verthraue auf die Güte meines mir über alles lieben Hans. Nachmittag war ich zu Hause und arbeitete, es kam Peintinger von Leoben und frug mich über meine Gesundheit aus. Es will nicht recht gut werden, immer schrecklich verstopft und dies macht mir Schmerzen, der Kopf ist aber besser. Gegen Abend kam die Post und brachte mir einen Brief, wiederum vom guten Hans. In selben ersah ich, daß er zufrieden ist mit dem, was ich ihm alles schrieb. Er schrieb mir auch alles, was ich dem Brandhof-Mayer zu sagen habe. Er unterrichtet mich bey dieser Gelegenheit auch in Bausachen, welches mir recht lieb ist.

Die angesprochenen Probleme blieben vom Einzug in den Brandhof bis zur Hochzeit 1829 unverändert. Die Überlegungen Annas verraten vieles über ihre Situation: Das Paar ist nicht verheiratet, ob und wann die Hochzeit stattfinden wird, hängt vom Kaiser ab. Anna fürchtet die Laune des Kaisers, *Hans* hält sich wochenlang in der Residenzstadt auf. Anna ist in steter Sorge um seine Gesundheit. Sie ist bemüht, in der Haushaltsführung und Verwaltung der Güter alles richtig zu machen, und sie laboriert ständig an kleinen Unpässlichkeiten. Fast in jedem Brief, in jeder Tagebucheintragung ist die Rede von Schlaflosigkeit, Kopfschmerzen, Verstopfung, *Strauchen* (Verkühlung), Stechen und allgemeinem Unwohlsein. Nach heutigem Verständnis hatte die junge Frau psychosomatische Beschwerden. Bedingt durch die unsichere Situation und die häufige lange Abwesenheit Johanns neigte sie zu Depressionen. Manchmal scheint sie vor Sehnsucht zu *vergehen*. Nicht selten klagte sie über Langeweile, ihr ist *zeitlang*, wenn im Haushalt nichts zu erledigen ist und es ihr mit ihrer Tüchtigkeit immer wieder gelingt, alle Verwalter und Dienstboten unter Kontrolle zu halten. Ihre Briefe wirken sehr spontan, sie wählt die Worte, ohne lang zu überlegen. Neue Themen oder Gedanken erhalten keine Betonung durch einen neuen Absatz.

Anna und Johann schickten sich im Jahr 1826 viele, zum Teil sehr lange Briefe. Beide pflegten außerdem ein Tagebuch zu schreiben, das dem jeweiligen Partner immer wieder zum Lesen übergeben wurde. Mehr als 450 Aufzeichnungen, teils in Briefform, teils als Eintragung in die Tagebücher, beziehen sich auf dieses Jahr. Einige nach Kriegsende 1945 schwer beschädigte Originale sind noch erhalten. Die zitierten Briefe und Tagebücher wurden bereits vor mehr als 50 Jahren transkribiert. Leider modernisierte man damals die höchst eigenwillige Orthografie Annas und glich sie der Schreibweise des 20. Jahrhunderts an. Abgesehen von der Liebesgeschichte zwischen Johann und Anna geben die Schriftstücke einen Einblick in die Gewohnheiten der von Johann als *Gebürgsbewohner* bezeichneten Bevölkerung der Obersteiermark im Jahreslauf. Parallel dazu schilderte Johann seine Tagesabläufe in Wien, wo er fast täglich bei seinen Verwandten aus der kaiserlichen Familie *gespeiset hat*. Johann fühlte sich in

Wien nicht wohl, er verachtete die Etikette und *all die hohlen Veranstaltungen*. Häufig besuchte er seine Nichte Marie Louise, die Gattin bzw. Witwe Napoleons, und ihren Sohn. *Der kleine Reichstadt* war im Jahr 1826 gerade 15 Jahre alt. Johann sinnierte über die Regierung, über Metternich, die Zensur, den Freiheitskampf der Griechen, die Thronfolge in Russland und berichtete all dies auch an Anna, die allerdings in ihren Briefen nicht darauf eingeht und sich mit ihren Alltagsproblemen beschäftigt, die wiederum bei Johann auf großes Interesse stoßen. Der Erzherzog war immer um Annas seelisches, gesundheitliches, gesellschaftliches und finanzielles Wohlsein besorgt. Die Sehnsucht nach ihr und die Hoffnung, dass ihre *Geschichte durch die Gnade des Herrn zu einem guten Ende komme,* werden in vielen seiner Briefe ausgesprochen.
Den Jahreswechsel 1825/26 schildert Anna in ihrem Tagebuch, sie berichtet vom Verlauf der Tage, erzählt vom Ärger mit den *Menschern,* wie sie die Dienstboten nennt, und macht sich Gedanken über ihren *Alten*:

Silvester 1825
Im großen Zimmer herunten ist es gar so traurig, ich möchte abends allezeit weinen um den der sonst mit uns beym Ofen stand. Gute Nacht lieber Herzens-Alter bleibe gesund.

Am 1. Jänner (1826)
Um halb 6 Uhr war ich auf, gieng dann in die Kirche und betete recht aus Grund meines Herzens für dich mein Guter und für mich und die Meiningen alle, bat Gott, er möge mir in diesem neueintretenden Jahr auch so viele ruhige Stunden gönnen, wie im verflossenem und mir meinen lieben Rad(meister) *immer gesund erhalten, auch seine Gegenwart* (mir) *recht oft, ja meistens, schenken. Ich lebe ja nur für ihn und kann sonst nicht lustig seyn, als wenn er in meiner Nähe ist.*
Nachmittag gieng ich in die Kirche und dann zur Borin. Dort blieb ich bis 5 Uhr, dann, da ich hörte, daß (die) *Peballin schlechter soll seyn, zu ihr. Es war aber schon wieder besser. Ich gieng dann um 1/2 7 Uhr zu Haus, da war aber Josephine und gieng mir nicht von der Seite, ich mußte mit ihr in das Kasino gehen. Wir spielten Karten. Um 8 Uhr zu Hause, eine Suppe aß ich und gieng dann schlafen. Ich werde heute gewiß vom Hans träumen.*

Am 2. (Jänner 1826)
Ich konnte diese Nacht nicht gar gut schlafen, ich hatte Zahnschmerzen. Den Hiasel habe ich heute schon nach Bruck geschickt. Ich will es wiederum so machen, wie mit dir das letzte Mal, um recht früh im Brandhof zu seyn und noch den nämlichen Tag alles auszugleichen und den anderen zu Hause zu fahren.

Vom Herrn Vater bekam ich durch die Post heute einen Brief, in welchem er mir sagte, daß es bestimmt sey wegen einem Verwes(er)*amt errichten in Aussee. Es soll schon einige Tage eine Untersuchung bey denen Ämtern in Aussee gewesen seyn, wobey viele Beamte Verdruß hatten.*
Tausend Küsse von Deiner Alten

Am 4. (Jänner 1826)
Ich fuhr schon um 1/2 6 Uhr von hier weg und kam um 1/2 10 Uhr in Bruck an. Da aßen wir ein wenig was und fuhren schnell mit Hiasel in einen Zug, unaufgehalten bis Seewiesen. Dort nahm ich mir zwey Pferd auf den Brandhof und ließ den Hiasel in Seewiesen über eine Nacht, um nicht die armen Pferde (über) *den Berg zu plagen.*

Am 6. Jänner 1826 feierte Anna in Vordernberg ihren 22. Geburtstag. Nach dem morgendlichen Kirchgang kamen ihre Bekannten, die Familien Steyrer, Peball und Ebenthaler, um Glück zu wünschen. Johann, der wie immer um diese Jahreszeit für einige Wochen in Wien war, hatte schriftlich gratuliert und eine Schachtel mit Geschenken durch Freunde überbringen lassen – neben Ausseer Zuckerln, einem Hofkalender, *Juxbilleter*, die beim Öffnen *knallen*, auch Ansichten vom Vaterhaus in Aussee und vom ersten Treffen am Toplitzsee. Johann versprach, noch weitere Bilder ihrer gemeinsamen Geschichte anfertigen zu lassen, es sollten die ersten Illustrationen zur Geschichte des „Brandhofers" werden. Er betonte mehrmals Annas Funktion als Vertreterin seines *Werkes* und ihre für alle Bediensteten sichtbare Kompetenz als „Hausfrau". Er ermahnte sie, eifrig Tagebuch zu schreiben und wenn möglich zumindest jeden zweiten Tag einen Brief an ihn zu senden. Nach verschiedenen sachlichen Instruktionen schließt Johann die Zeilen *an sein Weib* mit den Worten: *Lasse dich manchmal bey den Leuten sehen und sage dann, du hättest von mir den Auftrag als Hausfrau zu sehen, wie es ihnen gehe und mir es zu schreiben, denn alle sollen wissen und erkennen, daß nach mir du das Erste bist. Ich schließe meine Zeilen, liebes, theures, bestes, braves W., schau auf deine Gesundheit, denn das ist, was mir am meisten am Herzen lieget. Halte ordentlich und genau Tagebuch, schreibe mir alles und denke daran, wie ich mich zu jeder Stunde nach dir sehne und um dich kümmere. Ich küsse dich viel 1000mal herzlich und empfehle dich nach täglichem Gebrauche der Gebether, welchen ich niemals ausser Acht lasse, früh und spät unserem Herrn im Himmel.*

Schon fünf Tage später schickte der Erzherzog einen langen ausführlichen Brief nach Vordernberg. Diesmal war die offizielle Post der Überbringer. Daher wird Anna mit *Sie* angesprochen. Aus *Dein Alter* wird in der Unterschrift *Ihr aufrichtigster Johann*, der diesmal auf alle unter Liebesleuten üblichen Wendungen verzichtet.

Johann hört im schneereichen Wien den ganzen Tag das Klingeln von vorbeifahrenden Schlittenglöckchen, was ihn an Fahrten über den Seeberg und den Präbichl erinnert. Er vermisst das Eisschießen und sitzt *fleissig in seinem Zimmer*, um möglichst viel zu lesen. Für Anna hat er einige Bücher besorgt, *da Sie gerne vergnügte Stunden bei Reisebeschreibungen haben*. Wie er Annas Geburtstag in Wien verbrachte und welche anderen Themen für den Briefwechsel als wichtig erachtet wurden, schildert der Brief vom 11. Jänner 1826.

Ich speiste bey meinem Herrn (dem Kaiser), *wo ich, so lange ich hier bleibe, beynahe täglich bin. Seine Gesundheit ist, Gottlob, gut und verspricht lange Dauer. Wo ich am 20.* (Johanns Geburtstag) *speisen werde, weiß ich nicht. Vermuthlich bey meinem Herrn oder bey meinem Bruder Anton, welcher sich fleissig um alle Vordernberger erkundiget und dem ich einen Handkuß von allen brachte.*

Sie werden nächstens zwey Kisten bekommen, die eine enthält einen süßen Wein, so wie wir bereits einige Flaschen haben, diesen bitte ich zu dem übrigen in die Speise zu thun, wo es gewiß dermalen frisch wie im Keller ist. Die andere enthält Portugiesen, welche süßer seyn sollen als alle bisherigen. Da es meine Lieblingsfrucht ist, so bitte ich sie, wenn von mehreren Gattungen darunter wären, dieselben zu sortieren, die schlechten wegzuthun, Peintinger kann sie in seiner Apotheke brauchen und die Frau dieselben brennen, die anderen aber einige Gute für mich aufheben, denn ich glaube, daß sie sich gewiß so lange werden halten lassen. Nun aber muß zu den zwey Kisten noch etwas beygefüget werden, und sollten diese abgegangen seyn, durch den Führer nachgesendet werden. Es ist der ihnen bekannte Plan vom Erzberg, welchen Schmidt machte, der sehr schwarz gezeichnet auf Leinwand aufgezogen ist. Dieser muß nebst den in demselben sich befindlichen Papieren, so wie sie liegen, aufgerollet und in eine blecherne Büchse, welche in der Kanzley oder auf dem Boden zu finden ist, eingepaket, zugesiegelt und die Aufschrift an mich gemacht werden. Dieser Plan befindet sich, wie sie wissen, im Kasten zwischen Ofen und meiner Schlafzimmerthür. Die Schlüssel sind an einem Reif, sie wissen schon wo, er ist auf der 3. oder 4. Stelle und seiner Länge wegen leicht zu finden. Diesen sehen sie darauf, daß er gleich in die Büchse komme und diese versiegelt werde, sonst wird er die längste Zeit angesehen und kömmt nicht weiter.

Schnell sendet erst heute das Packet mit Zahlungen ab, indeß hoffe ich, daß sie dasselbe bis übermorgen mit diesem Briefe, nämlich am 13.–14. erhalten werden.

Daß sie am 6. noch keinen Brief hatten, wundert mich sehr, da ich schon am 3. schrieb. Dieser, sowie jener vom 5. und vom 9. müssen bereits in ihre Hände gekommen seyn. Ich bitte nur jeden anzumerken, damit ich von einer vielleicht möglichen Postunrichtigkeit oder Nachlässigkeit gleich in Kenntniß kommen könne.

Meine Gesundheit ist gut, ich sehe auf mich ganz ausserordentlich, ein wenig Strauchen ausgenommen, welches niemand in Wien vermeiden kann, befinde ich mich recht.

Ist die neue Köchin gekommen oder nicht? Das möchte ich auch wissen. Erhalten sie ihre Gesundheit und berichten sie mir über alles recht fleissig.
Ihr aufrichtigster
Johann.

Schon am nächsten Tag fand Johann Zeit, wieder einen privat zugestellten Brief an Anna zu senden. Die Abkürzungen in der ersten Zeile bedeuten *Liebes gutes theures Weib, geliebte Nanni.*
Wien am 12. Jänner 1826
L. G. th. W. g. N.
In der Anlage der Anfang meines Tagebuches. Ich bitte denselben gut aufzubewahren und in der grossen Schublade unter die anderen zu verbergen. Lese es aufmerksam, du findest darinnen vieles, was dich mehr als alle Reden über die dermaligen Ereignisse belehren wird. Ich lege die letzten Zeitungen bey, die auch was Rußland betrifft zu lesen sind. Hebe mir diese ebenfalls auf.
Durch den Postwagen wirst du das Geld mit 2747 f erhalten haben, oder eben erhalten. Zahle alles so, wie es die von mir dir mitgetheilten Verzeichnisse enthalten, aus. Schreibe mir über den Empfang und die Ausgaben.
Zahl(bruckner) *ist hier, obgleich ich es ihm gesaget, daß ich es nicht gerne sehe, wenn Fremde in mein Haus kommen, wenn ich nicht da bin, so könnte es ihn doch versuchen, da er durch Leoben gehet, nach Vordernberg zu kommen. In diesem Falle in das mittlere Amtshauszimmer, da erst im Frühjahre/wenn er die Zahlmeister-Stelle nicht behalten sollte/das Stüberl im Amtshause mit einem Öferl zugerichtet wird. Ich brauche dir nicht zu betonen, daß du die Frau im Hause bist und dir von niemand etwas befehlen lassen sollst, folglich auch nicht von der Hausordnung abzugehen. Du verstehst mich, was ich meine.*
Mir gehet es so so, ich sitze den ganzen Tag zu Hause, lese und schreibe und da die Kälte anfängt recht stark zu werden, gehe ich wenig aus. Damit du aber von allem wissest, so ist meine Tagesordnung folgende. 6 Uhr aufstehen, Gebeth, Frühstück, an Feyertagen 7 Uhr Kirche, wo ich meine Meinung mit der deinigen vereinige, Leute sehen, Geschäfte abthun, Briefe schreiben bis 12 Uhr. Ist es schön, 1/2 Stunde spazieren, Briefe und Zeitungen lesen, 1/2 2 oder 2 speisen, als 1 Tag in der Woche zu Bruder Anton, den Samstag zu Bruder Karl (Erzherzog Karl, der Sieger über Napoleon bei Aspern, 1809), *4 Tage bey meinem Herrn, 1 Tag bey mir. Nachmittags 1/2 Stunde spazieren, dann zu Hause bleiben, lesen und schreiben bis 8 Uhr. Einen Abend meinem Kaiser im Burgtheater aufwarten, wo ich dann, hinten sitzend, meinen Gedanken freyen Lauf gebe und dann um 10 Uhr zu Bette komme. Den anderen Abend um 8 Uhr essen, um 9 Uhr zu Bette gehen, um bey der alten Ordnung zu bleiben. Und da ist es aber alle Tage, daß, wenn ich liege, das Kreuz mache und gute Nacht wünsche, als wäre ich zu Hause. Die Witterung ist kalt, trüb, neblicht, keine Sonne zu sehen, bis 9 Uhr muß ich Lichter brennen, um 4 Uhr wieder anzünden. Das*

und das Getrenntseyn stimmt mich düster. Hätte ich meinen Ofen, die Eisbahn, die Bekannten, mein Haus, Kost, Ruhe, vor allem dich! Das gehet mir alles ab, da bist du weit besser dran als ich. Am 10., den Dienstag, wußte ich noch gar nichts von dir, früh war ich auf die Jagd gegangen und kam um 6 Uhr abends recht ausgefroren zu Hause, denn es war 9 Grad kalt und der Schnee fußtief, da fand ich deinen ersten Brief. Du hattest noch nichts von mir und ich schrieb dir doch von Mürzzuschlag durch den Hiasel, am 3. durch die Post, am 6. durch den Führer, am 9. durch die Post, am 10. sandte ich Geld und wieder einen Brief, heute schrieb ich wieder durch die Post und dieser ist durch den Führer mein siebenter. Du siehst also, wie fleissig ich bin. Du glaubst nicht, wie sehr mich dein erster Brief erfreuet hat.
Jetzt aber liebe Nanni bitte ich dich, nachdem du bey der Kälte herumgefahren bist, schön zu Hause zu bleiben und dich ordentlich zu schonen und zu halten, bis ich komme.
Thue ich es für dich, so kannst du es die 5 Wochen thun bis ich wieder komme. Wenn dir mein leeres Zimmer im Brandhof so hart war, wie müßte mir es erst seyn, wenn ich dich krank wüßte und dich dort nicht sehen könnte. Du wirst aus meinen Briefen wieder entnehmen, wie gleich unsere Gesinnung ist und daß es mir so gehet wie dir und ich auch so für dich besorget bin und bethe, wie du für mich.
Schreibe mir fleissig, denn du siehst, wie ich es thue, und es freut mich so sehr, wenn ich etwas von dir erfahre. L. g. N. g. l. W. behüte dich Gott, ich k. dich viel 10— so recht von Herzen. Möchte ich doch bald wieder auf dem Wege seyn.
Dein treuer
H. Radm.
Die Abkürzung *H. Radm.* bedeutet Hans, Radmeister und bezieht sich auf Johanns Tätigkeit als Inhaber eines Radwerkes in Vordernberg.

Wie schon erwähnt, sind die Anreden und natürlich auch die Inhalte der Briefe davon abhängig, ob das Paar befürchten musste, durch Metternichs allgegenwärtiges System polizeilich überwacht zu werden. Im folgenden Brief vom 13. Jänner 1826 wählt Anna eine offizielle Anrede, ganz wie man sie von einer angestellten „Hausfrau" oder „Hausmutter" erwarten konnte:
Euer Kaiserlichen Hoheit
allergnädigster Herr Herr!
Den so gnädigen Brief von E. k. H. erhielt ich am 10ten und wundere mich, aus selben ersehen zu müssen, daß E. k. H. noch kein Schreiben von mir in Händen haben, da ich doch am 6ten schrieb. Die Kiste mit Bücher und das Geld ist bis zu dieser Stunde noch nicht angekommen. Herzlich danke ich aber für die gesanden Zetteln, wo so pünktlich alles von E. k. H. aufgeschrieben wurde. Ich werde ganz genau den Befehl von E. k. H. volziehn, und alles nach Erhalt übergeben und besorgen, E. k. H. sogleich Rabort erstatten. Daß der Kranke (Kaiser Franz)

sich bessert freuet mich recht herzlich. Ich habe von selber vor 8 Tagen wiederum einen Brief bekommen, bin aber leider jezt nicht in der Lage, selben beantworten zu können. Ettliche Tage haben wir jezt Schnee und dabey die schönsten Wintertage, wohl sehr kalt, das gehört aber dazu. Da ich vermög meinem Finger (der aber heute aufbrach) ohnedies nicht viel thun kann, so werde ich heute Nachmittag in die Haindlhuben fahren und dort nachsehen. Der Fasching vergeht auch hier ganz stille. Man weiß gar nicht, welche Zeit ist. Im Kasino findet sich noch immer alles ein, es wird nichts als Karten gespielt. Ich glaube diese Unterhaltung wird unsere Faschingsfreude ausmachen.

Von allen Herrn und Frauen soll ich viele Handküsse an E. k. H. ausrichten, wie auch alle Hausleute legen sich E. k. H. zu Füssen.

Ich lege mich E. k. H. zu Füssen und verbleibe Euer Kaiserlichen Hoheit allergehorsamste Dienerin N-

Anna laborierte an einer Verletzung am Finger und erwähnt, dass niemand da war, um den Gänsekiel zu spitzen. Die Haindlhube gehörte ebenso wie der Glöckelhof, bei dem ein Glashaus angelegt wurde, um Versuche mit Gemüse und Blumen zu machen, die eher im wärmeren Klima gedeihen, zu den Besitzungen Johanns. Kasinos gab es in der Biedermeierzeit in vielen Ortschaften und Städten. Man traf sich dort zum geselligen Stelldichein, spielte Karten oder Glücksspiele mit geringem Einsatz. Anna betrachtete das Kasino eher als einen Treffpunkt für alte Leute, die junge Frau bevorzugte Tanzveranstaltungen und Bälle, zu denen sie allerdings nur in Begleitung von älteren Ehepaaren gehen konnte, die zum Bekanntenkreis Johanns gehörten.

Zu Johanns Geburtstag am 20. Jänner lässt sich Anna trotz der drohenden Kontrolle der Briefe zu folgenden überschwänglichen Worten hinreißen:

Nehmen E. k. H. von der getreuen Dienerin ihre Wünsche zu dem großen Geburtstagsfeste E. k. H. gütigst an, überzeugt, das E. k. H. sich denken können, das alle aus meinem Herzen kommen. Gott, den ich täglich, ja stündlich für die lange Dauer E. k. H. Gesundheit bitte, möchte mir nur auch diese Freude zu theil werden lassen, diesen für ganz Steiermark so wichtigen Tag bis ans Ende meines Lebens in E. k. H. Nähe verleben zu dürfen, und E. k. H. durch meine threuen Dienste beweisen zu können, wie sehr ich das hohe Glück weiß, mich unter E. k. H. Angehörigen zählen zu dürfen.

Da die Post, ich glaube wegen Schnee, nicht Samstag sondern Sonntag in der Früh ankam, so erhielt ich erst dort den Brief von E. k. H.. Was wegen den neuen Leuten im Brandhof betrifft, kann ich freylich im Voraus nicht für alles gut stehen. Versprochen haben mir alle, brav zu seyn.

Herzlich froh waren alle, zu vernehmen, daß E. k. H. nicht soviel wie gewöhnlich jagen, denn allen liegt die Dauer E. k. H. Gesundheit so am Herzen.

E. k. H. beschämen mich durch das unverdiente Lob in E. k. H. lezten Brief. Es ist ja meine Schuldigkeit, soviel in meinen Kräften liegt auf E. k. H. Haus und Wirthschaft zu sehen, und werde es mir gewiß angelegen seyn lassen, jedem kleinsten Wunsch E. k. H. in dieser Sache zu stande zu bringen. Welche Freude für mich wäre das.

Nur wenige Tage später beklagte sich Anna wieder, dass der Fasching so schnell vergehe. Bei Gesprächen mit den Frauen und Dienstboten sei ihr *zeitlang. Ohne meinen guten Alten könnte ich nicht lange aushalten, wenn ich auch viel zum Nähen und Ausbessern habe, so kommt es mir doch vor, ich thue nichts.*
Anna zeigte sich als tüchtige Verwalterin, die alle Belange unter Kontrolle hatte, sei es der Ankauf von Vieh, die Prüfung von Rechnungen, das Auszahlen von Löhnen, die Organisation von Fahrten zwischen Vordernberg, Leoben, Seewiesen und dem Brandhof bis zur Beschaffung eines *blechernen Behälters*, um das *Schweineschmalz* hin und her zu senden. Ihre Stimmung schwankte zwischen Stolz über ihre Aktivitäten, dem Ehrgeiz, alles zur Zufriedenheit Johanns zu leisten, bis hin zu depressiven Stimmungen: *Mein Alter hat nur einen so guten Brief geschrieben – ich bin es wohl nicht werth.* Oft klagte sie über Unpässlichkeit – Schlafmangel, Kopfschmerzen, Übelkeit machten ihr große Sorgen. Immer wieder betonte sie das Wiedersehen mit *Hans* herbeizusehnen. *Jetzt wird mir wohl gewaltig zeitlang. Ich bete innig für mich und meinen Alten, alles geduldig ertragen zu können.*

Ende Jänner erlitt Anna einen Unfall bei einer Schlittenfahrt mit dem Gewerken Peball.
Peball hat die Gewohnheit immer so gach zu fahren, so auch bey dieser Reise. Es schleuderte daher den Schlitten, ich fiel auf die Knie und er auf den Hintern. Ich war wegen seiner in einer schrecklichen Angst und er wegen mir. Allein keines haben wir uns, weil das Pferd gleich stehen blieb, etwas gethan. Er hatte es aber so ungern, denn er hatte oft zu mir gesagt, er will mich einmal ausführen und da würde ich sehen, wie er das Kutschieren kann. Wir lachten nicht wenig.
... Nachmittag schrieb ich an Hans und die übrige Zeit zeigte ich der Nani (einer Magd) *wie es hier gewöhnlich ist, Schmalz zu läutern.*
... Abend erhielt ich von meinem lieben Hans ein Briefchen und Geld. Er sorgt wohl gar sehr gut für seyn Weib, könnte ich nur Alles vergelten. Gesund ist er, Gott sey gedankt, auch ich noch immer. Gute Nacht mein größtes Glück und liebstes Mandel.

Am 31. Jänner nahm Anna an einem Schützenball teil, bereits am nächsten Morgen bringt sie ihre Erlebnisse zu Papier:
Aus dem Tagebuch Annas:
... Ich saß bey Bohrin und Ebenthalin und Prandstätterin, ganz oben an. Ich kümmerte mich mal gar nicht, was sonst bey der Tafel vorgieng oder wie die anderen saßen, ich aß was mir schmeckte und sprach, was ich gefragt wurde. Saßen um 1/2 12 Uhr noch alle. Dann fingen sie zum Tanzen an, ich mit Ebenthal. Ich

tanzte nichts als steyrisch, einmal teutsch, suchte mir aber nur solche Tänzer aus, die ruhig und wo ich überzeugt war, daß ich gewiß von meinem Alten aus mit diesen tanzen darf. Es war eine ordentliche Gesellschaft beysamm und (die) *Prandstätterin tanzte auch. Als die Frauen und Madalen zu Hause gingen schloß ich mich an. Ich habe mich unterhalten, so wie man sich ohne seinen Liebsten ganz natürlich nicht am besten kann. Das Tanzen geht nur mit ihm gut, man merkte es, und ich nahm mir doch vor, mich verstellen zu wollen, aber das Ding geht bey mir nicht. Bohrin war mir immer sammt ihm zur Seite und waren, wie mein Vater und Mutter, besorgt um alles. Das kann ich sagen, daß mir nie warm war, also kann man sich denken, was ich tanzte. Mir ist heute recht gut und thut mir gar nichts wehe. Ich war um 1/2 7 Uhr schon beym Fleisch-Einsalzen. Dann lasse ich heute das Inschlicht* (Rindertalg) *zusammenhacken und auskochen. Nani* (eine Magd) *ist dabey recht gut zu brauchen. Tausendmahl danke ich nur schon jezt, ach wäre mein Alter schon bald bey mir.*

Am 1. (Februar 1826)
Um 8 Uhr war ich auf. Ich ließ der Nani Würst machen, welche sie so ziemlich gut, wie ich es ihr ansagte, fertigte. Folglich bin ich von dieser Batzerey doch ziemlich befreit, das wird meinem Alten recht seyn, denn er hat so immer gegreint, wenn ich so etwas gethan habe. Ich bin es halt von zu Hause das selbst überall Mithelfen so gewöhnt. Den ganzen Tag war ich zu Hause.

Am 2. (Februar 1826)
Um 7 Uhr Kirchen, dann zu Hause frühstücken. Den Vormittag brachte ich mit Leutschauen und Lesen zu. Ich lese jezt Agathokles und weine fleissig dazu, doch es gefällt mir recht sehr.
Am Abend kam ein Brief von meinem guten, lieben Hans. Ich ersehe aus selben, daß er mir wegen dem Kuhkaufen nicht recht traut. Denn das ist ganz gewiß, daß er es am besten ausführen kann. Ich warte daher bis mein Hans kommt und gehe dann mit ihm kaufen. Wem wär es lieber gewesen wie mir, wenn der Schützenball nach Ostern gewesen wäre! Allein alle sagten, wenn dieser auch nicht im Fasching gehalten wird, so weiß man ja gar nicht, welche Zeit jezt ist, denn sonst ist auch nichts zum Tanzen, und ein solcher Ball ist bey Gott nicht viel für hier.
Wegen meiner darf sich mein guter Alter nicht fürchten. Fürs Erste tanze ich deutsch höchstens einmal, trinken thue ich jezt nie mehr, essen auch nicht, und wenn ich mit dem Stei(re)*rischen zu Hause gehe, so ist bey Nichts was zu befürchten, denn diese sind gewiß nie die Lezten, sondern meistens die Ersten.*

4. Februar 1826
... oder ist er böse, daß ich beym Schützenball war. Da hat er wohl nicht URSACHE. Tanzen thue ich ja nur Steirisch, ich setze da so oft den einen aus, obmalen ich hinsichtlich meiner Gesundheit gewiß nichts falsches thun würde.

Allein ich nahm mir so kräftig vor, wenn mein Hans nicht da oder neben meyner ist, so will ich, sey es bey was immer für einer Unterhaltung, nur miztzusehen und (mich) *mit gut Bekannten herum, meinerseits unterhalten. Da finde ich doch nicht einen Stoff, um darüber* (zu) *reden, oder* (dass) *mein Hans böse könnt seyn. Mit Männern gebe ich mich so wenig als nur möglich ist ab, denn mir ist ausser meinen guten lieben Hans ein Mann gerade als wie ein alter abgeschobener Pölz, oder wie ich mich ausdrücken soll. Denn ich mag von gar keinen reden. Wann werde ich doch nunwohl meinen Hans ganz überzeugen können, daß mir keiner ausser ihm nur angenehm/denn dies dürfte auch nicht seyn/zu schweig*(en)*, daß mich einer nur ein kleinwenig an sich ziehn könnt. So wahr Gott im Himmel ist, ein junger Herr ist bey mir nur wie eine Sache, die ich wohl ansehe, aber mir dabey gar nichts denke, als höchstens, daß er ein Esel ist. Nur bald ein Brief vom Hans, sonst ist mit mir nichts zum anfangen. Tausend Busserln schicke ich ihm. Gute Nacht! Ich kann gewiß heute nicht schlafen.*

6. Februar 1826
Vormittag gab ich den Huben Leuten ihr Faschingessen und dann gieng ich zum Peball. Ich gieng dann zu Hause, da brachte mir die Schwoagerin vom Glöckelhof Blumen. Ich stellte sie vor die Fenster in Ordnung. Der Hans sieht zwar draussen schönere Blumen, allein ich bin überzeugt, daß ihm die unserigen noch lieber sind. Ich werde soviel wie möglich schauen, sie guter zu erhalten. Nachmittag kam Jurkowitz und brachte einen Koffee. Er war sehr schön und Pfd. 2 f. 15 xr. folglich auch nicht theuer.
Ich freue mich schon gar so herzlich auf den Brandhof. Nur bald komme! Ich gehe Dir keinen Schritt von der Seite, ich kann gar nicht sagen, wie mir jezt ist, wenn Du nicht bey mir bist. Nie hätte ich geglaubt mich an einen Menschen so zu gewöhnen, daß ich fast nicht mehr leben kann ohne ihn. Wohl mit Leib und Seele gehöre ich meinen lieben Hans.

Am 15. Februar betrat Johann von Wien kommend wieder den Boden der Steiermark. Kurz vermerkt er in seinem Tagebuch:
Früh 9 Uhr fuhr ich ab, über Reichenberg durch Kindberg nach Mürzhofen und von da durch Lorenzen und den engen, einförmigen Graben über Pogusch nach Turnau und Seewiesen. Dort kam ich um 1 Uhr an, besah meine Wirtschaft. Um 2 Uhr kam meine Hausfrau, die zu sehen mir wahre Wohlthat war. Ich speiste etwas, dann fuhren wir nach dem Brandhofe, wo wir den Abend in traulichem Gespräch zubrachten.

Schon zwölf Tage später nahm Johann Abschied von seiner *lieben, braven, treuen Nani*, um an verschiedenen Filialsitzungen der Landwirtschaftsgesellschaft im Großraum von Graz teilzunehmen. Anna blieb in Vordernberg. Zu ihrer Unterstützung oder besser gesagt Unterhaltung wohnte nun ein alter Herr, Graf Nimbscht, im Haus. Anna beklagt sich im Tagebuch und in ihren Briefen, dass Kartenspielen mit ihm gar so langweilig sei.

Am 2. (März 1826)
Heute ist das Wetter besser. Ich war vormittag mit Schweineschlachten beschäftigt. Nachmittag gieng ich mit Nani Frühbett (Frühbeet) *machen, es war gar so schön warm, dann zu Hause. Da wartete der alte Herr schon auf mich im Zimmer. Da hieß es wieder spielen. Ich habe jezt schon bis über die Ohren genug vom Spielen. Wir saßen bis 8 Uhr wiederum, dann zum Speisen und um 9 Uhr zu Bette.*

4. März
... Ich mußte mit dem alten Herrn, so lang die Sonne schien, immer bey ihm auf dem Bankerl sitzen. Da dachte ich mir, wäre lieber der Hans an meiner Seite, wo wird er wohl seyn? Wenn er nur gesund ist. Wie freue ich mich, in zu sehen. Ich bin nur begierig, was noch einmal werden wird, wenn mein Hans noch länger von mir weg seyn muß; Ich glaube, eine Gemütskrankheit, denn fast nicht zum Aushalten ist es ohne ihn. Nachmittag um ½ 5 Uhr kam Eckart, da mußte ich schon wieder mit denen alten Herren spielen. Mir wird es täglich seckanter, allein weil ich dadurch dem alten Herrn eine Freude machen kann, in Gottes Namen.

Am 5. März fuhr Anna inkognito nach Graz, wo sich auch Johann aufhielt.
Bey der Linie passiere ich als eine Steyrerische Tochter und Kathi meine Schwester, Madlen unsere Tante. Bleiben thun wir im Stanzerhof bey dem Dr. Jud. Ich glaube so wird Dir mein Incognito recht seyn. Das heißt für die Mauthbeamten bin ich im Stanzerhof zu finden, den wahren Aufenthalt von mir weißt Du so. Auf jeden Fall muß ich Dich Mittwoch sehen, denn in Graz seyn und so nahe bey Dir und (Dich) *nicht sehen können, das wäre gar nicht möglich zum Aushalten. Ich bitte Dich, studiere indessen aus, wie und auf welche Art ...*
Am 15. März erhielt Johann in Graz durch eine Eilstafette, die nur 26 Stunden unterwegs war, aus Wien die Nachricht, dass der Kaiser schwer erkrankt sei. Ein Brief an Anna zeigt seine Besorgnis:
Du mein gute Alte kannst dir denken, mit was für beklemmte Herzen ich gehe. Um meinem Herrn ist mir nicht wenig Angst. Wir haben darüber oft geredet. Ich kann mir nicht denken, was entstünde, wenn Gott ihn zu sich nähme, dieses ist nicht zu berechnen. Du sollst beynahe täglich erfahren, wie es stehet. Wie wünsche ich, Dir nächstens Gutes schreiben zu können. Du und ich, die wir gewiß den Herren herzlich lieben, können nichts anderes thun als für ihn bethen. Bis er nicht ganz aus der Gefahr ist und herumgehet, harre ich in Wien aus. Dann

ist mein erster Gang zu dir, mein l. g. W., Gott wird mich auch hierin stärken und alles auch da so wenden alles zum Besten. Jezt muß ich aufhören. Ich k. dich vieltausendmal und fahre mit Gott weg. Der anbrechende Tag sieht mich in Österreich (Niederösterreich)
Dein treuer M. H. Radm.

Schon am nächsten Tag folgt ein weiterer Brief:
... Hast du mir mein Tagebuch noch nicht gesendet, so behalte es. Sollte es schon unterwegs seyn, so wird es mir nach Wien gesendet. Sorge gut für den alten Herrn. Wäre es nicht um meinen Herrn, so hielte mich nichts ab, zu dir zu kommen. Von Wien sende ich nach Gratz eine Staffette, was ich gefunden. Diese wird auch an dich kommen, denn du sollst alles wissen. Da morgen die Gebethe hier für den Kaiser anfangen, so wäre es auch schön, wenn es in Vordernberg geschehe, bringe da meine Alte es in Anregung. Beyliegend 200 f auf Verrechnung.
Gott hat mich recht belohnet durch dich meine gute liebe Nani. Gott gebe, daß ich bald sagen könne, das was du mir vor Gott bist. Seine Wege sind wunderbar, er verläßt nicht den, der auf ihn vertrauet. Schreibe mir auf unsere gewöhnliche Art, du verstehst mich schon.
Und nun gehab dich wohl theures W., ich steige in den Wagen ein, es ist 9 Uhr Abends.
M. H.
ich werde dich ja immer vor Augen haben, denn was im Herzen so tief sizt ist überall bey einem.

Johann berichtete über die langsame Genesung des kranken Kaisers. In St. Stephan zu Wien wurde ein Dankgottesdienst gehalten. Viele Pfarrer im ganzen Reich erhielten vorgedruckte Gebete und Vorschläge, wie für die Gesundheit des Kaisers zu beten sei. Auch Anna erhielt von Johann solche *Gebether-Zetteln* zum Verteilen zugeschickt.

Kurze Zeit später schreibt er voll Zuversicht:
Gott Lob! Ich habe Ihn gesehen! Heute hatte der Herr eine gute Nacht und die Ärzte fanden seinen Zustand so, daß sie Ihm keine Arzney mehr geben, sondern öfters Nahrung, damit die Kräfte wieder zunehmen. Er hat einen natürlichen Puls, hustet nicht mehr, kurz es gehet der Genesung entgegen. Um 11 Uhr fuhren wir nach St. Stephan, die ganze Stadt war in Bewegung, die Kirche voll wie ein Ey.
Damit sie nun wissen, wie es gehet und sie es allen Bekannten, kurz allen, sagen können, so schreibe ich täglich. Ich sende ihnen hier das bekannte Volkslied (Kaiserhymne)*, welches im Theater gesungen wurde mit Veränderungen die einfach aber gut gelungen. Heute Abend wird es wiederholt. Wir gehen alle*

in das Theater nächst der Burg. Das bekümmerte Wien ist jetzt beruhiget und wieder gutes Muthes. So wird auch um diese Stunde das liebe Gratz seyn, da ich dahin regelmäßig schreibe, wie es dem Herren gehet, damit die Leute aus guter Quelle alles erfahren.
Nun aber zu unseren Belangen. Wein der von Bruck kömmt, lassen sie 14 Tage ruhig stehen. Da es ein Muskat ist, so darf nichts daran gemacht werden, dann wird er in Flaschen abgezogen. Der Blumenkohl wird hoffentlich gut angelanget seyn. Mich belanget es gewaltig darnach. Indes da es Fasten ist, muß man entbehren. Nun beantworte ich ihren langen Brief. Ich vermuthe, daß das Kalb, was im Glöckelhof genommen werden mußte von der Brandhofer Kalben ist. Der Fehler lieget darinnen, daß diese Kalben noch zu jung sind und daß die Schwaigerin nicht verstehet, wie sie zu füttern sind. Wenn das zu Hause gefallene Kuhkalb schön ist, so sollte es gezogen werden, sonst aber bin ich der Meinung, es zu schlagen, auf Ostern brauchen wir ohnedies Fleisch. Sandner können sie beruhigen, Mayer versprach mir, die Bäume zu senden, ich hoffe, er wird es bald thun, ich habe ihn gestern erinnern lassen. Allein vor allem anderen ist es nothwendig, daß hinlänglich Erde da sey, gelblichte, so wie sie unter der schwarzen auf der Amtshaus-Wiese lieget für die Birnbäume, schwarze für die Äpfelbäume.
Dieser Monath ist immer der gefährlichste und da bitte ich inständigst, auf sich selbst achtzugeben und nicht der trügerischen Wärme zu trauen sondern sich warm zu kleiden, langsam zu gehen, Wind und jeder Erhitzung und Erkühlung zu meiden, in der Bethwoche sich warm halten und vor der Kälte in der Kirche (sich) *zu bewahren.*
Grüssen sie mir die Peballischen und alle Bekannten und empfangen sie die Versicherung meiner besonderen Werthschätzung mit der ich bin ihr aufrichtigster Johann.

Die Antwort Annas:
... Heute war hier auch alles in der Kirche versammelt. Die Betstunden werden morgen angefangen. Möchte Gott unser und so vieler Menschen Gebeth für die Wiedergenesung unseres allerbesten Kaisers erhören und wir uns bald guter Kunde erfreuen dürfen. Was E. k. H. mit den Briefen zu thun befahlen, geschah sogleich und (es) *ist bereits heute alles in gehöriger Ordnung, auch die Arbeiten im Glöckelhof betrifft. Den Brandhof-Mayer bestellte ich eben heute durch ein meiniges Schreiben als am Osterdienstage hieher, um mit ihm mündlich sprechen zu können, da man sich öfters bey seinen Briefen nicht auskennt. Was die Dienstleuthe auf die Osterfeyertäge zu bekommen haben, schrieb ich auch heute alles auf ein*(en) *Zettel und schickte ihn der Mayerin.*
Der alte Herr ist recht gesund und die Andern im Hause ziemlich alle, nur Cirkon konnte heute Nacht vor Angst fast nicht schlafen, vielleicht aber die künftige Nacht besser, besonders wenn gute Nachrichten einlaufen.

Von Allen im ganzen Orte an E. k. H. viele Handküsse, alles läßt bitten E. k. H. möchten doch nur bald über das Befinden des guten Kaisers Nachricht ertheilen lassen.
Ich lege mich E. k. H. zu Füssen und bin ewig
Euer Kaiserlichen Hoheit
gehorsame Dienerin N.-
Am 17. März 1826

Den 25. (März 1826)
Um 9 Uhr war ich Kirchen mit Nimbtsch, dann zu Hause, da war von Graz eine Kiste mit Blumenkohl und eine mit Samen und Büchern angekommen. Ich ordnete alles, dann gab ich den Mayerleuthen in beyden Huben ihr Fleisch und Sachen, was sie auf die Feyertage haben. Bis ich all abgefertigt hatte, war es zum Speisen. Der Kopf ist heute Bischen besser gewesen, um 3 Uhr gieng ich in die Kirche, war dort bis 4 Uhr, dann zu Hause. Ich richtete den Weihkorb mit dem Weihfleisch und Eyer und Flecken zusamm, bis um 5 Uhr alle zur Auferstehung gehen. Ich bethete indessen zu Hause. Um 1/2 7 Uhr erst kamen sievon der Kirche, da gieng ich auf einen Augenblick zum Steyrer. Bey diesen guten Herzen bin ich jezt am allerliebsten, mit (der) *Peballin kann ich mich nicht mehr recht vergleichen, denn sie ist nicht mehr so wie zuvor. Ich war dort bis 1/2 8 Uhr, dann zu Hause zum Speisen. Ich fühlte heute etwas Stechen in der linken Seiten, da gab mir die Steyrerin eine Salbe zum schmirrn.*

Am 26. (März 1826)
Ich konnte doch einmal gut schlafen. Um 7 Uhr gieng ich Kirchen, dann zu Hause. Ich frühstückte, es schmeckte mir aber gar nicht, der Magen war mir durch die Fastenspeisen verdorben. Der Vormittag vergieng mit Leute schaun, weil alles in Galla war. Um 4 Uhr gieng ich auf unsere Hauswiese, wo eine Menge Leute versammelt waren und wie gewöhnlich zu Ostern kurze Spiele machen. Es war mir ganz was Neues, so alte Leute herumfliegen zu sehen.

Am 28. (März 1826)
Ich fuhr in der Früh Kirchen, vormittags war ich dann meistens im Zimmer bey dem alten Herrn. Um 12 Uhr aßen wir, nach Tisch fuhr ich mit Lois (Magd) *in* (den) *Glöckelhof und gieng von dort hinab nach Trofaiach, dort war Markt. Pfeiffer fuhr schon Vormittag hinaus, auch Peball. Ich kam gleich zu diesen beyden, sie giengen mit mir Häfendeckeln und Geschirr kaufen.*

30. März 1826
Da war ein Wetter draussen! Es schneite und regnete. Ich blieb schön im Zimmer und da ich nichts anderes thun konnte, so strickte ich. Nachmittags mußte ich mit dem alten Herrn spielen bis 7 Uhr. Zum Glück wurde mir nicht gar so

1: „Begegnung am Toplitzsee", Matthäus Loder, Aquarell.
Im Sommer 1819 begegnete hier Erzherzog Johann der 15-jährigen Anna.

2: Fahrt über den Toplitzsee im Sommer 2004.

3: Der Gedenkstein am Toplitzsee wurde noch zu Lebzeiten des Paares errichtet.

4: Der Gasthof „Ladner“ am Grundlsee: Anna und Johann trafen sich hier mehrfach.

5: Die Erzherzog Johann-Stube beim „Ladner“: Viele Besucher spüren hier dem Mythos der Liebesgeschichte nach.

6: Schützenscheibe im Gasthof „Ladner“: „Das Bestschüssen“ wurde von Franz Graf Meran, dem Sohn von Anna und Johann, „gegeben“.

7: „Ankunft beim Ladner am Grundlsee“, Matthäus Loder, Aquarell.

8: Die Schützenscheibe entstand zu Ehren des Namensfestes von „Anna Freiin vom Brandhof".

9: In Johanns Autobiografie finden das „große Schiff" und der Fischmeister am Grundlsee wiederholt Erwähnung. Heute kann man hier Saiblinge und Forellen erwerben.

10: „Abschied bei Aussee“, Matthäus Loder, Aquarell.

11: „Spaziergang bei Gössl am Grundlsee“, Jakob Gauermann, Aquarell.

12: „Abschied bei der Traunmühle bei Aussee“, Matthäus Loder, Aquarell.

13: Das Diorama „Polsterltanz am Grundlsee“ im Kammerhofmuseum in Bad Aussee.

14: Das Erzherzog Johann-Denkmal im Kurpark von Bad Aussee. Unweit davon markiert der „Mittelpunktstein" die Mitte Österreichs.

15: Kammerhofmuseum Bad Aussee: Das Bett, in dem Erzherzog Johann genächtigt haben soll, kaufte der Volkstumsforscher Konrad Mautner dem „Ladner" ab und schenkte es dem Museum.

16: Die Festtagshaube der Anna Plochl, später Freiin von Brandhofen und Gräfin von Meran, befindet sich noch heute im Familienbesitz.

17: Der Grabstein für Annas Eltern, Jakob und Maria Anna Plochl, an der Pfarrkirche in Bad Aussee.

18: Diese Galionsfigur befand sich auf jenem Schiff, das Erzherzog Johann bei seinen Fahrten über den Grundlsee benutzte. Im Hintergrund die Tafel des k. k. Postamts in Aussee.

19: In der Spitalskirche von Bad Aussee steht der mit der Devise AEIOU gekennzeichnete, von Kaiser Friedrich III. gestiftete Flügelaltar.

20: „Gespräch im Schlosshof von Strechau“, Matthäus Loder, Aquarell. Ursprünglich sollte die Hochzeit von Johann und Anna auf Burg Strechau stattfinden.

21: Das Meran-Haus in Bad Aussee. Hier wurde Anna Plochl 1804 geboren – hier verstarb sie 1885 als Gräfin von Meran.

22: „Mein lieber Radmeister" – so lautete die Anrede in vielen Briefen, die Anna in diesem Haus in Vordernberg an den abwesenden Johann schrieb.

23: Deckel einer Schatulle mit persönlichen Erinnerungsstücken. Die Initialen A und M (Meran) wurden eigenhändig von Anna eingestickt.

24: Am Brandhof fand 1829 die Hochzeit von Anna Plochl und Erzherzog Johann statt.

25: Der zwischen dem Seeberg und Mariazell gelegene Brandhof galt als landwirtschaftliches Mustergut. Im Sommer 1828 fand im Beisein vieler geladener Gäste die Einweihung statt.

26: Frau Keil-Meran, eine Ururenkelin von Anna und Johann, erklärt die Motive an den Glasfenstern im Speisesaal des Brandhofes.

27: Erzherzog Johanns „grauer Rock“ befindet sich – neben vielen anderen Erinnerungsstücken – heute noch am Brandhof.

schlecht gegen Abend. Um $^1/_2$ 8 Uhr speisten wir und dann gieng ich mit der Hoffnung zu Bette, heute schlafen zu können, betete recht herzlich für meinen Hans und empfahl auch mich in seine Hände.

Am 31. (März 1826)
Die Nacht war ziemlich gut. Ich ließ heute eine große Schwein vom Glöckelhof schlachten und zwar die letzte für dieses Jahr. Ich denke mit geselchtem Fleisch und Speck auszulangen. Der Vormittag vergieng mit diesem Schlachteln. Durch Lenz-Führer bekam ich, Gott Lob, einen langen Brief von meinem lieben, lieben Hans, er wünschte mir in diesem ein glückseliges Alleluja an. Ich wünsche es ihm gewiß auch von ganzem Herzen. Auch er hat keinen rechten Appetit, so wie ich, fast in dem Kleinsten sind wir zugleich. Gott gebe, daß wir nochmalen eins werden. Nachmittag schrieb ich ihm. Könnte ich nur zu der Zeit alles, wie ich es wünsche, hineinschreiben! Aber so immer nur halb ausgedrückt.
Dieser Tage wäre es wohl gut gewesen, wenn mein Hans hier bey mir seyn könnte. Das weiß Gott, was ich hatte, über alles mußte ich weinen, jedes Wort schmerzte mich, kurz mir war nicht wie sonst zu Muthe. Das Warum weiß ich selbst nicht recht. Lange so allein seyn, ist für mich nicht gut.

Am 1. April (1826)
Ich konnte ziemlich gut schlafen. Vormittag machte ich Leber- und Bratwürste. Der alte Herr machte sich einen Spaß und wollte immer haben, ich soll im April geschickt werden, allein bis 12 Uhr gelang es ihm nicht; endlich doch. Ich saß beym Schreibkasten und er stund beym Fenster, da ließ er durch das Zimmermensch am Thore klopfen und sagte zu mir: Was das für fremde Herren seyn müssen, die herein wollen? Ich mit einem Sprung zum Fenster, und es war nichts. Beym Essen führte er Schröder an. Nämlich der Graf ließ zuvor einen leeren Suppentopf hereintragen, Schröder wollte in aller Eile Suppen vorlegen und fand nichts darin. Da wurde gelacht, nicht zu wenig.

Mitte April trat Johann seine Rückreise nach Hause an, die er im folgenden Brief ankündigt:
Wien, am 12. April 1826.
Heute kann ich ihnen etwas Bestimmtes schreiben. Da ich mich nicht mehr in des Arztes Hand befinde, die Witterung warm und gut ist und ich die Wirkung kenne, welche die heimische Luft steets auf mich gemacht, so werde ich am Samstag, am 15. April, von hier abgehen, in Mürzzuschlag über Nacht bleiben und Sonntags am 16. April in Vordernberg einlangen. Ich bitte, mir mein Zimmer, vorzüglich in den warmen Stunden, recht auswärmen und auslüften zu lassen, damit keine Mauerkälte mehr darinnen sey. Ich komme mit Binner im Tortur-Wagerl.

1841 besuchte Kaiser Ferdinand seinen Onkel Johann in Vordernberg. Die Familie mit Erzherzog Johann, Anna und dem kleinen Franzi begrüßte den hohen Besuch an der Haustür.

Die nächsten Wochen verbrachte Johann in Vordernberg. In kurzen Tagebucheintragungen berichtet er über Besuche, seine Landwirtschaft, die Radwerke, über Jagden und Ausflüge mit Anna.

Am 8. May 1826.
Früh war ich zu Hause, schrieb meine Briefe und Expeditionen, sah überall nach, fuhr nachmittags in den Glöckelhof und begleitete meine gute, liebe Hausfrau, welche nach Leoben fuhr, da sie zu einer Hochzeit geladen war, gieng dann zu Fuß zu Hause, welches mir sehr gut anschlug. Abends war ich bey Peball und bis halb 12 bey meinem Schmelzofen.

Am 25. May 1826.
Früh 5 Uhr war ich auf, um 6 Uhr fuhr ich nach Zell. Dort als Fronleichnamstag hörte ich das Amt und hielt den Umgang, speiste, kehrte dann über das Gusswerk nach dem Brandhofe bey warmer stiller Witterung zurück, wo ich um 5 Uhr Nachmittags anlangte.

Am 26. May 1826
Früh gieng ich auf die Graualpe auf dem Schildhahn bey einem schönen Morgen. Der Vormittag vergieng zu Hause. Nachmittags gieng ich, nachdem ein Gewitter vorüber gezogen, auf die Zeller Staritze den gewöhnlichen Weg über das Thurm-Thal. In der Hütte am Hoch-Grau wurde geblieben, ich, Nani, Egyd Peng, die Jäger.

Am 19. Juni 1826 nahm Johann wieder Abschied, um seine Brüder in Wien zu treffen und um sich beim Kaiser für seine Kur nach Gastein abzumelden. In einem Brief kündigte er Anna Besuche seiner Brüder Erzherzog Rudolf und Erzherzog Anton in Vordernberg, am Erzberg und im noch nicht fertig gestellten Brandhof an.

Mein Bruder Rudolf, mit ziemlichen weltlichen und geistlichem Gefolge, wird am 7. Juli von hier abreisen und über Maria Zell nach Ischl gehen. Da er mich besuchet, so habe ich seines Tageseintheilung gemacht, so daß er einen Tag von Zell über den Brandhof, Aflenz nach Leoben gehet, den zweyten über Vordernberg nach Eisenerz. Auf diese Art er den ersten Tag auf dem Brandhofe zu Mittag auf ländliche Art speisen und ich Zeit haben, während er von Aflenz nach Leoben fährt und dort übernachtet, nach Vordernberg zu kommen, ihn dort zu empfangen. Er würde dann da speisen – um 11 Uhr! – Dann über den Erzberg nach Eisenerz fahren und dort bleiben. So würde er alles sehen, und ich zweymal ihn zu Mittag haben, die Verlegenheit der Unterbringung wegen beschränkten Raum aufhören. Das Ganze bestehet aus 5 Wägen, nämlich meinem Bruder, 1 Obersthofmeister, 2 Kammerherren, 1 Geistlichen, 1 Arzten, 1 Kammerdiener und bey 6–8 Bedienten. Ich frage sie nun, ob sie vielleicht wünschen, daß zur Aufwartung Schröder komme, der dann nach Hause zurückkehren könnte. Darüber bitte ich um eine Antwort. Im Laufe des Juli erwarte ich auch Bruder Anton, der aber, wie voriges Jahr, ganz einfach auf ein paar Tage kommen wird.

Im Juli kamen der Sohn Kaiser Franz' I., Erzherzog Franz Karl, und dessen Gattin Sophie (die Eltern des späteren Kaisers Franz Joseph) nach Mariazell, wo sie sich mit Johann trafen.

Johanns Tagebuch am 17. Juli 1826:
...wenn unser Kaiser einmal kommen sollte, so weiß ich schon, wie Ihn zu empfangen der Herr hat ein Herz. Um 7 Uhr fuhr ich in das Gußwerk, um 9 Uhr kamen Neffe Karl und Nichte Sophie. Es wurde alles angesehen, sie nahm an allem Antheil und ließ sich alles erklären. Er redete viel, viel Gehaltloses und nahm wenig Antheil..

Am 18. Juli 1826
Fuhr ich um 4 Uhr früh nach Vordernberg, wo ich um 12 Uhr anlangte. Nachmittags war ich zu einer Hochzeit geladen, wo der Chyrurg Blau von Bruck des Chyrurgen Tochter von hier heirathete, alle Vordernberger waren dabey. Die Kirchenfeyerlichkeit war rührend. Mir riß sie alte, nie vernarbte Wunden auf, diese bluten und werden bluten bis Gott hilft.
Anna, die beim Treffen mit dem Neffen Johanns nicht dabei war, sah dem Besuch seiner Brüder mit Freude entgegen. Die Organisation des Aufenthalts, die Unterbringung und Verpflegung der Reisegruppe bereiteten ihr keinerlei Kopfzerbrechen: *Wie sehr freue ich mich, seine kaiserliche Hoheit, den Herrn Bruder Anton hier zu sehen. Ich wäre auch gefasst gewesen, wenn Seine kaiserliche Hoheit der Erzherzog Rudolf über Nacht hier geblieben werden,* lautete ihre Antwort.

5

Alltag und Feste

Die heimliche Hochzeit am Brandhof

Aus dem Tagebuch Annas vom 11. September 1826, Vordernberg.
... Gestern kam ich vom Brandhof, traf alles in Ordnung. Ich habe nicht am besten schlafen können wie es mir gewöhnlich geht, wenn ich vom Brandhof hieher komme. Nur dort schmecket es mir gar so gut. Zu thun giebt es jezt ziemlich viel und ich bin froh, so vergeht mir die Zeit als mein Hans nicht da ist desto geschwinder, sonst wäre es nicht zum Aushalten. Ich kann ihm so nicht genug danken, daß er meine zwey Schwestern indessen bey mir läßt, diese arbeiten fleissig mit mir. Da gar so ein kalter Wind mit Regen vermischt draussen war, so ließ ich in meinem Zimmer ein wenig nachheitzen und da saßen wir drey mit unserer Stickerey beysammen bis 1/2 10 Uhr, dann gieng jedes zur Ruhe.

Am 12. (September, 1826)
In der Frühe Kirche. Vormittag kam Bohrin und besuchte mich, blieb bis gegen 12 Uhr. Nach Tische fuhren wir in Glöckelhof. Ich gieng im Garten und dann auf den Acker, wo die Mayrin war. Diese mußte mit mir nach Trofaiach gehn, um beym Dunhart Kaufmann auszusuchen, was wir zum Kühaufputzen brauchen. Als wir fertig waren giengen wir zurück im Glöckelhof und fuhren zu Hause. Ach Gott! Da traf ich einen Brief von der Fanny, in welchem sie uns schreibt, daß unsere Stiefgroßmutter gestorben sey. Mich machte dieser Brief so traurig, ich und Pepi wir weinten den ganzen Abend bitterlich. Wirklich viel verlohren meine kleineren Schwestern an dieser Frau. Sie war auch mir eine zweite Mutter. So gehet der Eine nach dem Anderen von meinen Lieben. Gott! Welch schreckliche Szenen warten vielleicht noch meiner, wenn z. b. mein Vater gäch so sterbe. Ich würde es nicht vermögen, zu überleben. Mein Trost ist, daß ich vorangehen werde, denn alt werde ich nicht, das fühle ich nur zu gut. Möchte ich nur meine Aufgabe noch früher vollenden, dann wäre ich zu jeder Stund bereit. Doch nein, ich könnte jezt gar nicht sterben. Es gehet mir ja so gut. Ich lebe mit einem edlen, guten, ja dem besten, Wesen von der Welt, den zurücklassen könnte ich nie, nie thun, doch mit ihm jederzeit alles , alles, was es auch seyn möge. Ich lebe ja nur für ihn.

Die beiden Tagebucheintragungen zeigen die Probleme Annas ganz deutlich: Sie ist unpässlich, fühlt sich trotz der Anwesenheit der Schwestern allein, verzehrt sich in ihrer Sehnsucht nach Johann, den sie immer wieder als den besten Mann der Welt bezeichnet, und schwankt zwischen tiefer Depression und dem Hochgefühl, doch in seiner Nähe leben zu können. Wie immer gelingt es ihr aber, sich durch hausfrauliche und organisatorische Aktivitäten von ihren Kümmernissen abzulenken. Sie erwähnt die drei zentralen Orte ihrer Tätigkeit: den Glöckelhof (auch Glöggelhof), das Haus in Vordernberg und den Brandhof, der sich damals noch im Umbau befand. Johann hatte den nördlich von Trofaiach gelegenen Glöckelhof, der vermutlich mit dem „Stampferhaus" in Vordernberg als Wirtschaftseinheit verbunden war, schon im April 1822 gekauft. Er ließ auf dem Grundstück des landwirtschaftlich genutzten Glöckelhofes ein Glashaus erbauen, um mit Nutzpflanzen zu experimentieren, die unter natürlichen Bedingungen in dieser Höhe nicht gedeihen können. Anna übernahm nach ihrem Einzug in Vordernberg auch die Betreuung des Glöckelhofes und leitete und überwachte die dort wohnenden Angestellten. Eine Erbschaft hatte es Johann im Jahr 1822 erlaubt, nicht nur die Landwirtschaft und das Haus, sondern auch das Radwerk II in Vordernberg zu kaufen. Er gehörte damit zum Kreis der 14 Radgewerken oder Radmeister, die zugleich mit ihrer Konzession für die Eisenschmelze auch einen Anteil am Erzberg erwarben. Anna bekam während der Abwesenheit des Erzherzogs mehrfach brieflich den Auftrag, sich in seiner Vertretung im Radwerk zu zeigen.

Vater Plochl bestellt gelegentlich *Flossen* (Roheisen aus den Hochöfen), um damit Handel zu treiben und sie zur Weiterverarbeitung zu transportieren. Anna hatte Einsicht in alle privaten Geschäfte Johanns und war durchaus in der Lage, aus dem weit verzweigten Archiv seiner Korrespondenzen, das sie in Ordnung hielt, ein gesuchtes Schriftstück herauszufinden und es ihm bei Bedarf durch Boten, Post oder sogar Eilstafette zu schicken. Gemeinsam war ihnen außerdem die Sorge um die ihnen anvertrauten Menschen, seien es Verwandte Annas, die vorübergehend bei den beiden wohnen konnten, oder Verwalter und Angestellte im Haus und in der Landwirtschaft. Auch wenn das Paar längere Zeit getrennt war und Johann naturgemäß das Sagen hatte, kann man die Tätigkeiten Annas durchaus als partnerschaftliche Zusammenarbeit bezeichnen. Partnerschaft in dieser Form und die Übertragung wichtiger Kompetenzen auf die Frau waren in der Biedermeierzeit nicht üblich. Anna gelang es aber dadurch, ihre unsichere private Position und die endlos lang erscheinende Wartezeit auf die Hochzeit zu ertragen.

Das Jahr 1827 verlief ähnlich wie das vorhergehende. Anna führte Johanns Haushalt, übernahm immer mehr Verantwortung während seiner oft lang andauernden Abwesenheit und verlegte den Schwerpunkt ihrer Tätigkeit langsam auf den Brandhof, dessen Fertigstellung voranschritt.

Anna hatte Heimweh nach Aussee, was durch den Aufenthalt von Angehörigen aus ihrer Familie etwas gemildert wurde. Johann gestattete jedoch meistens nur den Besuch von einer Schwester. Wie immer in den Wintermonaten war er in Wien. Wie sehr Anna sich über Abwechslung im Alltag freuen würde, geht aus einem Brief an Vinzenz Huber hervor.

Anna, Freiin von Brandhofen, in Jagdtracht. Das in Grau gehaltene Kleid mit grünem Kragen, Knöpfen und Manschetten wurde in ähnlicher Art in Modeblättern als Reitkleid oder Amazonenkleid bezeichnet.

Anna Plochl an Vinzenz Huber (Original, eigenhändig):
1827 Februar 12, (Vordernberg)
Bester – Liebster Herr von Huber!
Recht herzlich bitte ich Sie, den beygebogenen Brief zu übergeben – aber nur recht bald nach der hochen Ankunft des gnädigsten Herrn. Auch diesmahl kan ich die Freude nicht haben, zu Ihnen hinaus zu komen, da ich hier so manches noch früer, als der Herr komt, in Ordnung bringen möchte, überhaupt diese Woche nicht elicht weck kann, da wir schlachteln und allerhand dergleichen Sachen im Gange gebracht haben.
Daß meine Schwester Pepi nicht bey mir, sondern in Aussee ist – werden Herr von Huber ohnedies schon wissen – wie auch, daß Fanny indessen sich hier befindet, allein bis 23ten wird letztere wiederum hinauf – und nach günstigster Erlaubniß des Herrn die Pepi zurük herab kommen. – O! So gerne möchte ich Fanny hinauf begleiten – aber ich mußte leider aus einigen Briefen des gnädigsten Herrn

bemercken, daß ich mir abermahlen den Gusto vergehn muß lassen, obwohlen mir eine Reisse in meine Heinmath schon im Herbst versprochen wurde.
Ich bitte Sie, lieber Herr v. Huber, dem Herrn ja nichts zu sagen – er könte bösse werden, und das will ich bey Gott nicht – jedoch ich ehre Sie als meinen besten Freunde – und es thut mir so gut, wenn ich zu jemand aufrichtig sprechen kann, nochmahlen bitte ich, nichts zu sagen.
Werde ich die Freude nicht bald haben, Sie, und wenn doch auch die Frau Gemahlin hier oder im Brandhof zu sehn? In der größten Hoffnung, daß bey Ihnen im Hause alles gesund seyn wird und des baldigen Wiedersehns bin ich immer mit größter Achtung
Ihre aufrichtige Nannette
An Frau von Huber und Fräule Nannette bitte ich alles mögliche Liebe und Gute zu entrichten ...

Annas Aufgaben als „Hausfrau" wurden in diesem Jahr durch einige Reisen unterbrochen. Sie unterzog sich gemeinsam mit einigen Vordernberger Damen und dem Hausarzt Dr. Peintinger einem Kuraufenthalt in Gastein, besuchte danach ihre Familie in Aussee, unternahm mit Johann ausgedehnte Wanderungen im Toten Gebirge und verbrachte schließlich einige Tage in Wien, wo sie alle Sehenswürdigkeiten besichtigte und – ohne Johann – vermutlich mit einigen Damen beim bereits erwähnten Grafen Nimbtsch, dem Obersthofmeister des Erzherzogs, Quartier nahm.
Ihren Bericht über Wien hat Anna der Nachwelt hinterlassen (Original, eigenhändig).

Meine erste Wiener Reise
Am 5. July um 11 Uhr in Wien angekommen und beim Grafen von Nimptsch abgestiegen. Es wurden Nachmittag das P. P. Zeughaus, die P. P. Porzelainfabrick (Augarten), *die fürstlich Liechtensteinsche Bildergallerie, dann dessen Garten besehen, im Volksgarten gejausent und in die italienische Oper in das Theater nächst dem Kärtnerthor gegangen.*

Den 6. July wurden besehen: der Kaisergarten nächst der P. P. Burg und auf der Terasse, das Kabinett des Professor Stelzhammer, die camera obscura mit der Musick ..., die P. P. Zimmer, die P. P. Schatzkammer, die Kammer Sr. Kaiserlichen Hoheit des Erzherzog Johann, die P. P. Silberkammer und den Mailänder Salon, die Zimmer Sr. Kais. Hoheit des Erzherzog Karl mit dem Musikspielwerk, es wurde in den Nuowischen Kassenhause gejausent und in das Ballat (Ballett) *nächst dem Kärtnerthor gegangen.*

Den 7. July wurde im Augarten gefrühstückt, dann wurden besehen: das brasilianische Kabinett (existierte seit der Hochzeit der Erzherzogin Leopoldine mit

Dom Pedro von Brasilien mit Exponaten aus diesem Land), *die P. P. Bibliothek, die P. P. Kapelle in der Burg und die Schatzkammer derselben, ferners die Augustiner Kirche, die St. Stephans Kirche, die Maria Stiegenkirche, das Gewölb der frischen Blumen bey den Augustinern, dann jenes mit gemachten Blumen unter den Tuchlauben, endlich das große Zuckerbäckergewölb. Gejausent wurde auf der Mineralwässer Trink Kur Anstalt vor dem Karolinenthor.*

Den 8. July wurde nach Schönbrunn gefahren, und da besehen: der Garten des P. P. R.. Zoo (Tiergarten Schönbrunn*), der Garten beym Bründl, bey der zerfallenen Grotte, das Glorieth* (die Gloriette), *der Garten des ..., und endlich wurde der Kammermahler Knapp besucht, um dessen großes Bild zu besehen. Nachmittags wurde im Prater gefahren, die Kettenbrücke, das Lusthaus, die englische Reitter besucht, dann Spazieren gegangen in der Hauptallee ab den Kassenhäusern, und Rüchwerts die Gasthäuser, die Ringelspiele und andere Gaukeleyen besehen und bey der Rückkehr den Volksgarten und die Mineral Trinkkur Anstalt passiert.*

Den 9. July wurde auf den St. Stephansthurm gegangen und allda Kegel geschoben (sic!), *das Naturalien Kabinet besehen, und in der P. P. Hof Kapelle der Vermählung der Comtesse Laschansky beygewohnt, die P. P. Ordensguardrobe in Augenschein genommen; ferner nach Nussdorf, Heiligenstadt und Döbling gefahren, in letzterem Orte Sr. Kais. Hoheit* (Erzherzog Johann) *und Eminenz Erzherzog Rudolf begegnet und das Theater in der Leopoldstadt besucht.*
Den 10. July wurde das Tyrolerland (das Tirolerhaus, eine kleine Landwirtschaft, die Erzherzog Johann in seiner Jugend in Schönbrunn anlegen ließ) *und die P. P. Zimmer in Schönbrunn, wie auch die Gärten neben den P. P. Schloße, die gewöhnlich zugesperrt sind besehen; von da wurde der Herr Baron von Schel* (Hauptmann Schell, der Adjutant Johanns) *in Grintzing besucht, in seinem Garten das zweite Frühstück genommen, dann wurde in Gesellschaft des Herrn Baron und der Frau Baronin und deren Gesellschafterin mit seinem herrlichen Postzug nach Laxenburg gefahren allda die Zimmer des P. P. Schlosses, das Ritterschloß, alle Gärten, und was noch Sehenswürdiges, besehen, im Stern gespeißt, eine Stunde auf dem Wasser gefahren, Ihre Majestät, die Kaiserin und Ihre. Kais. Hoheit die Erzherzogin Marianna gesehen, endlich in der Meyerei* (Verwaltung) *gejausent, und in der Nacht um 11 Uhr nach Hause gekommen.*

Der 11 July war zum Einkaufen bestimmt; auch wurden besehen: die P. P. Gruft bey den P. P. Kapuzinern nebst der Schatzkammer, der Garten des Grafen v. Morzin; ferners wurde in der Stadt herumgefahren und die merkwürdigen Gebäude, Plätze, den Obst- und Grünmarkt zu besehen, endlich das Theater an der Wien besucht.

Den 12. July 1827 um Acht Uhr früh abgereist.

Die oft verwendete Abkürzung P. P. war eine Formel, die einen Titel ersetzt. Anna, die das Geschehene nur aufzählt, ohne ihre Eindrücke zu schildern oder ihren Gefühlen Ausdruck zu geben, berichtet nichts über Kontakte mit der Kaiserin. Wahrscheinlich konnte sie die Gattin des Kaisers in der weitläufigen Anlage des südlich von Wien gelegenen kaiserlichen Lustschlosses Laxenburg nur von weitem sehen.

Was die Hochzeit anbelangte, so gehorchte Johann dem Kaiser aus *freyen Willen, nicht weil er mußte, sondern weil er es wollte.* Bei einer Aussprache zwischen den Brüdern bekräftigte Johann seinen Vorsatz, von dem Mädchen, das ihm dereinst in seinem Haus *die Augen zudrücken würde,* nicht zu lassen.
Im April 1828 traf Anna ein schwerer Schlag. Ihr Vater war plötzlich erkrankt. Anna, die sofort nach dem Eintreffen der Nachricht nach Aussee fuhr, kam zu spät. Sie nahm an der Bestattung teil, sprach mit ihrer Stiefmutter und versuchte, die kleineren Geschwister, die noch im Haus lebten, zu trösten.
Die Sommerwochen verbrachte Anna mit Johann am Brandhof, um bei den Vorbereitungen für die Eröffnung zu helfen. Johann schreibt im Juli 1828 an Vinzenz Huber, die Einladung zur Einweihung des Brandhofes betreffend (gekürzt).
Vodb am 21. Julius 1828
Ich bin seit 2 Tagen wieder hier – und bleibe nur noch sehr kurze Zeit – weil ich dann, während meine Hausfrau das Gasteiner Bad brauchet ebenfalls herumfahre um nunmehr Geschäfte für Vordernberg in Wald Sachen zu schlichten. Bis 18. August werden wir alle zurück seyn –. Am 24. August ist die Einweihung des Brandhofes –. Am 23. August versammeln sich daselbst die geladenen Gäste – am 24. ist die Einweihung und das Mittagmahl – am 25 wird im Seewieser Revier gejaget. Am 26 fährt alles nach Vordernberg. Am 24 beginnt daselbst das grosse Schießen welches ich dort gebe weil ich auf dem Brandhofe keinen Raum habe. Zu der Einweihung habe ich die besseren Bekannten eingeladen – Zeller, Aflenzer die zur Pfarre gehören kommen.
Also es ergehet einmal meine Einladung an Ihnen – Sie bestimme ich, um für die Mürzzuschlager dieselbe in meinem Namen zu machen – nemlich Stöckl, Anker, Wallner, Reichenberg als die ältesten Brandhofer Genossen, wir erscheinen in unserem grauen Rocke – wer den Tag derweil jagen will bringe seinen Stutzen. Für das Schießen in Vordernberg lade ich alle Gewerken von Steyermark, Ob- und Nieder- der Enns, Kärnthen ein, dann aber die Landwirthe in so weit solche Schützen sind. Da ich aber alles Gesindel entfernen will – so habe ich es so veranstaltet – daß in jeder Gegend die besseren welche eine Freude dazu haben geladen werden – bitte ich sie also nach Erhalt des Rundschreibens, ohngerechnet die bezoichneten bekannten – dasselbe in Spital, Mürzzuschlag, Neuberg, Langenwang, Krieglach, Veitsch bis Kindberg jenen mitzutheilen und der Klasse der Besitzer und Landwirthe welche eine Freude dazu haben, und sie in meinem

Namen zum Schießen nach Vordernberg einzuladen. Auf diese Art – da so allgemein vorgegangen wird erhalten wir eine zahlreiche aber auch gewählte Gesellschaft und die besseren Leute zusammen, und es wird keine besoffene Meute daraus. Bey Gelegenheit des Schießens ist auch zugleich das Bergfest auf dem Erzberge – Was die Unterkunft in Vordernberg betrifft so wissen sie wo sie Dach und Fach finden nemlich bey mir.
Jetzt habe ich zu viele Briefe zu schreiben um mich weiter einzulassen. Von meiner Hausfrau so von mir meinen herzlichen Gruß an ihr ganzes Haus – ich wünsche daß das Badner Bad gut anschlage.
Ihr Johann

Einer der geladenen Gäste, der k. k. Hofschauspieler F. C. Weidmann, verfasste über die Einweihung des Brandhofes eine Festschrift in Form eines kleinen Buches, das noch im selben Jahr in Wien verlegt wurde. Weidmann, der mit Johann befreundet war, beschreibt alle Einzelheiten des Brandhofes und schildert minutiös den Ablauf des mehrtägigen Festes, das bereits am Samstag, dem 23. August, mit ersten Vorbereitungen begann. Jäger, Hausleute und Dienstgesinde mussten sonntäglich gekleidet erscheinen, um ihre Instruktionen zu erhalten. *Pöller-Schüsse* sollten das Nahen der Gäste anzeigen. Bald hallte die sonst so stille Alpengegend von dem rollenden Donner der Böller wider, dann strömten aus beiden Richtungen, vom Seeberg und von Mariazell her, die Gäste, teils in Kutschen, teils zu Fuß, in malerischer Tracht und Festtagskleidung. Johanns Freund, Vertrauter und Wandergefährte aus Gastein, der Patriarch von Venedig, Ladislaus Pyrker, der vom Stift Lilienfeld hergereist war, übernachtete an diesem Tag in Gusswerk bei Mariazell. Der Fürstbischof von Seckau, der Abt von Rein und der Hauptmann des Brucker Kreises schlugen ihr Nachtquartier in Aflenz auf. Die hohen Herren sollten erst am nächsten Tag, am Sonntag, das Fest mit ihrer Anwesenheit beehren.
Bei Tagesanbruch am 24. August begann am Brandhof reges Leben. Johann versammelte seine Hausleute, hielt eine Rede und ermahnte alle, sich stets der Zucht, Ordnung, Treue und Redlichkeit zu befleißigen.
Sodann versammelten sich alle geladenen Gäste zum Frühstück in der Meierstube (im Haus des Verwalters). Als Erkennungszeichen zur Berechtigung des Eintritts dienten Steirerhüte, die mit weißen Schleifen und Sträußen von *Zirm* und Alpenblumen geschmückt waren. Von Bruck war eine Abteilung Militär hierher beordert worden, bestehend aus *eingeborenen Steyermärkern*, um für Ordnung zu sorgen und den Andrang der Schaulustigen in Zaum zu halten. *Landvolk* aus den benachbarten Gemeinden Mariazell, Turnau, Gusswerk, Aflenz und Seewiesen war mit Musik, Kreuz und Fahnen herbeigezogen.
Um sieben Uhr trafen die hohen Gäste ein und wurden mit dem krachendem Salut der Böller begrüßt. Der Fürstbischof von Seckau, Roman Zänger-

le, eröffnete die offizielle Feier, indem er im Freien an der Außenseite der Kapelle eine Messe las und darauf eine kurze Rede hielt.
Danach versammelte sich die Gesellschaft im Hofraum zwischen dem Wohnhaus und den Wirtschaftsgebäuden und formierte sich zu einem feierlichen Zug, der von den Vertretern der Gemeinden und den Hausleuten eröffnet wurde. An diese schlossen sich paarweise die geladenen Gäste. Der lange Festzug umkreiste das Gebäude, betrat das Haus und verblieb im Saal, da die einzuweihende Kapelle nur für wenige Gäste Plätze bot. Die Kapelle wurde nunmehr unter dem Namen Zum heiligen Kreuze mit aller Feierlichkeit nach dem gebräuchlichen Zeremoniell eingeweiht.
Nach den kirchlichen Feiern setzten sich die Gäste an eine ländlich festlich dekorierte Tafel mit mehr als 100 Gedecken. Nach dem Festmahl, bei dem Produkte aus der Obersteiermark und Wein aus dem Weingut des Erzherzogs angeboten wurden, folgte ein Toast auf den Kaiser, die kaiserliche Familie, die Gäste und Gastgeber. Selbstverständlich ertönte das *Volkslied* „Gott erhalte Franz den Kaiser". Danach hielt Johann eine Rede, die seine Motive für die Gründung des Brandhofes darlegte.
Einige Gäste verblieben noch einen weiteren Tag, andere reisten gegen Abend ab. Am übernächsten Tag fuhr ein Teil der Gesellschaft nach Vordernberg, wo das Fest mit einem Freischießen seinen Ausklang fand.
Obwohl Johann in seinem „Brandhofer" betont, dass Anna bei diesem Fest allen als die offizielle „Hausfrau" vorgestellt wurde, erwähnt weder Weidmann noch Erzbischof und Patriarch Pyrker, der das Fest in seinen Memoiren ebenfalls beschrieb, die Gefährtin Johanns mit einem Wort. Tagebucheintragungen aus dieser Zeit, die Annas Funktion bei diesem Fest umreißen könnten, sind leider nicht erhalten.
Was die Ausstattung des Brandhofes betrifft, so nahm Johann allerdings auf Anna und die Geschichte ihrer Liebe Bezug. Ihr zu Ehren zeigt das Zentrum des Glasfensters im Speisesaal die Stätte ihres ersten Treffens, den Grundlsee. Deutlich und naturgetreu ist das Fischmeisterhaus, der Fischkalter im See und ein Paar in einem Boot zu sehen. Im Hintergrund kann man den schroffen Backenstein erkennen, dessen Ausläufer bis zum Ufer reichen, wo sich der dem Paar wohlbekannte Gasthof „Ladner" befindet.
Eine andere symbolische Bedeutung haben auf dem Brandhof die mehrfach zu findenden Motive von Heckenrosen und „Mannstreu-Distel". Die Heckenrose war die Lieblingsblume Annas, die auch „Alpen-Mannstreu" genannte Distel (lat. Eryngium Alpinum L.) erwählte Johann für sich als Symbol.
Die Anfänge des Brandhofes, ursprünglich ein Lehenshof des Benediktinerstiftes St. Lambrecht, reichen bis in das 14. Jahrhundert zurück. Johann konnte das Anwesen im Juli 1818 bei einer Versteigerung um 2560 fl erwerben. Sein Ziel war es, hier, in beinahe 1100 Metern Seehöhe, ein Landgut einzurichten und – als Vorbild für die Bauern der Umgebung – eine Musterwirtschaft für

Details aus dem Arbeitszimmer am Brandhof. Möbel und Täfelung sind aus dem Holz der in der Steiermark heimischen Zirbelnusskiefer gefertigt – so vermeldet der Chronist aus dem Jahr 1849.

Viehzucht zu betreiben. Zu diesem Zweck sollten zunächst moderne Wirtschaftsgebäude errichtet werden, das kleine Wohngebäude sollte nach einer gründlichen Renovierung vorerst genügen.

Die bereits erwähnte Erbschaft nach seinem Onkel Herzog Albert von Sachsen-Teschen (dem Begründer und Namensgeber der Albertina) ermöglichte es Johann, größere Umbauten zu beginnen und das Gut in vier Bauphasen in einen ansehnlichen Landsitz mit schlossähnlichem Charakter umzuwandeln. Den in den Jahren 1822 bis 1828 erfolgten Umbau hielten die Kammermaler Johanns, allen voran Matthäus Loder, in Bildern dokumentarisch fest. Loder war übrigens, bevor er in Johanns Dienste trat, Zeichen-

lehrer seiner Lieblingsnichte Marie Louise gewesen, noch vor jener Zeit, als sie die Kaiserin der Franzosen wurde.
Loder wurde zu Johanns Vertrautem und häufigem Begleiter auf allen Reisen, den Kuraufenthalten in Gastein und in den Wintermonaten in Wien. 1823 verlegte er – etwa zur gleichen Zeit wie Anna – seinen Wohnsitz nach Vordernberg. Anna erwähnt den *braven Loder* gelegentlich in ihren Briefen. Der Maler war wie auch Jakob Gauermann, Joseph Böhm, Gottlieb Mohn und Ludwig Schnorr von Carolsfeld für die Ausgestaltung des Brandhofes verantwortlich, für die Johann ein exaktes künstlerisches und vor allem inhaltliches Programm vorgegeben hatte. Der Bau sollte seine im Vergleich zu anderen Mitgliedern des Kaiserhauses bewusst einfache Lebenshaltung symbolisieren.
Ein Zeitgenosse und Biograf Johanns, C. A. Schimmer, beschreibt 1849 das Wohngebäude:
Das Innere des Gebäudes besteht aus einem Speisesaal, der Capelle, den Wohnzimmern des Erzherzogs und dem Jägerzimmer. Geläuteter Kunstsinn, Achtung vor der Geschichte, Ehrfurcht für das Heilige, Liebe zum Vaterland durchweht das Ganze. Der Saal im altdeutschen (neugotischen) *Style gebaut, erhält sein Licht von Westen durch drei Fenster, die mit Bibelsprüchen und mit trefflichen Glasmalereien verziehrt sind. An den Wänden stehen Bildsäulen aus Sandstein, einige des erhabenen Besitzers Ahnen darstellend, auf deren Eigenschaften durch passende Devisen aus der Bibel hingedeutet wird. Die Capelle, ebenfalls im mittelalterlichen* (neugotischen) *Geschmacke erbaut, trägt den Stempel einfacher und erhabener Würde. Sie enthält schöne Glasmalereien, einen einfachen Altar aus grauem Marmor, einen Tabernakel aus echten Libanon-Zedern. Die Wohnzimmer des Erzherzogs sind durchaus mit Getäfel aus dem Holz der in der Steiermark einheimischen Zirbelnusskiefer bekleidet, aus welchem Material auch die Möbel verfertigt sind. Die Fenster des Arbeitszimmers gehen auf ein Alpengärtchen. Das Jägerzimmer ebenfalls mit schönen Glasgemälden versehen, umschließt eine auserlesene Waffensammlung, darunter die Büchse des Sandwirthes Andreas Hofer, dann Alpenstöcke, Geweihe, Federnschmuck und anderes Beiwerk, welches den Alpen- und Jagdfreund charakterisiert. Außerdem enthält der Raum Portraits, deren Zusammenstellung an diesem Ort einen ganz eigentümlichen Charakter macht. Dies begeisterte einen vaterländischen Dichter zu einem gelungenen Gelegenheitsgedichte, das ich nicht unterlassen kann, seiner Gemüthlichkeit wegen, dem Leser mitzuteilen:*

„Zu Brandhof im Stübchen des Prinzen
Johann von Österreich,
Da hängen zwei schöne Bilder,
Seh'n wackeren Männern gleich.
Der Eine mit ernster Stirne,
Im Auge der Hoheit Blick,
Darunter steht zu lesen
Gar kurz: „Der edelste Schütz!“
Der Andre mit großem Barte,
Das Auge der Frommheit Sitz,
Darunter steht zu lesen
Gar kurz: „Der getreueste Schütz!“

Von diesen beiden Schützen
Wer war der edle wohl?
Das war Herr Max – der Kaiser,
Der Schütz im Land Tyrol.
Er trug eine Kron' auf dem Haupte,
Ein Heldenschwert in der Hand,
Er trug aber auch im Herzen
Sein liebes Volk und Land.
Von diesen beiden Schützen
Wer war der getreue wohl?
Das war der Andreas Hofer,
Der Sandwirth aus Tyrol.
Er trug einen Bauernkittel
Er trug eine Büchs' in der Hand,
Er schrieb den fremden Gästen
Die Zeche mit Blut an die Wand.
Das sind die beiden Schützen
Zu Brandhof dort im Bild,
Darunter steht ein Dritter
Mit Augen ernst, doch mild.
Der trägt einen Rock von Loden,
Der trägt einen Jägerhut,
Ein Fürstenhut und Mantel
Läßt ihm nicht minder gut.
Der Schütz ist edel durch Ahnen,
Ist edel durch eigene That,
Ist edel durch frommen Willen,
Ist edel durch weisen Rath.
Doch ist auch der edle Schütze
Getreu seinem Gott dabei,
Getreu seinem Kaiser und Lande,
Seinen lieben Alpen getreu.
Wer ist drum der edelste Schütze,
Der auch der getreu'ste zugleich?
Es ist der Prinz in Brandhof,
Johann von Österreich!"

Abschließend zitiert der Biograf noch die Worte Johanns, die, wie er mitteilt, die Eingangssätze zur Stiftungsurkunde des Brandhofes bilden und schon im Jahr 1822 aus Johanns Feder flossen:
Vierzig Jahre habe ich erreicht, manche Länder bereiset, die Menschen beobachtet; obgleich ich überall des Guten viel fand, so zog mich keines besonders an… überall vermißte ich jene Einheit der Natur des Lebens … Auf die Berge hatte ich meinen Sinn gewendet, das Wie und Warum vermag ich selbst nicht zu erklären, kurz dahin zog es mich von frühester Jugend hin … Als 1810 schwerer Kummer mich beinahe ins Grab gebracht, Tirol, Krain, ein Teil von Kärnten, Salzburg verloren gegangen, blieb mir noch die Steiermark übrig … Ich fand in den Bergen Kraft, Treue, Einfalt, ein noch unverdorbenes Geschlecht.
Im vierzigsten Jahre meines Lebens, nach gemachten reiflichen Erfahrungen in einer vielfach bewegten Zeit, beschloß ich, Johann, Erzherzog von Oesterreich, in den schirmenden Alpen mir ein Haus der Ruhe, der thätigen, dem Frommen meines kaiserlichen Herrn und Bruders und seiner unerschütterlichen Bergvölker gewidmeten Zurückgezogenheit – sowie auch als Beleg, wie sehr jederzeit mein Gemüth ehrgeizigem Streben fremd war – einfach und prunklos zu erbauen.

In Annas Briefen und Tagebuchaufzeichnungen aus den Jahren 1826 bis 1828 findet der Brandhof oft Erwähnung. So ersuchte Anna den in Wien befindlichen Johann, Kerzen, Zucker und Porzellan für den Brandhof zu kaufen, sie selbst ließ bei Bedarf Lebensmittel, vor allem Fleisch, Würste

Johann war ein geübter Bergwanderer. Außer seiner Naturverbundenheit und seiner beruflichen Tätigkeit als Generaldirektor des Festungsbauwesens zog ihn sein wissenschaftliches Interesse an Geologie, Botanik und Mineralogie in die Berge.

und Fett, vom Brandhof nach Vordernberg oder fallweise in anderer Richtung transportieren. Die Kutschenfahrt zwischen den beiden Domizilen nahm etliche Stunden in Anspruch. Die Fahrt vom Brandhof über den Seeberg ins Mürztal und nach Bruck und wieder bergauf nach Vordernberg war beschwerlicher als in umgekehrter Richtung. Im Winter ließ Anna den Kutscher in Seewiesen übernachten, um am nächsten Morgen die Fahrt auf den Brandhof fortzusetzen.

Der Brandhof befindet sich heute noch immer im Besitz der Familie Meran, private Besucher erhalten keine Erlaubnis, ihn zu besichtigen. In Ausnahmefällen – so etwa bei einem von der Urania Graz organisierten Tagesausflug – hat man im Rahmen einer Führung durch ein Familienmitglied die Möglichkeit, die seit Johanns und Annas Zeiten kaum veränderten Räume zu sehen. Esszimmer (Speisesaal), Arbeits- und Jagdzimmer entsprechen

Im November 1827 wurde der unweit vom Brandhof gelegene Wallfahrtsort Mariazell von einer Feuersbrunst heimgesucht. Die kaiserliche Familie und Erzherzog Johann spendeten einen namhaften Betrag für den Aufbau der Kirche und des Ortes.

fast genau den über 150 Jahre alten zitierten Beschreibungen, sind allerdings durch eine Menge bemerkenswerter Gegenstände bereichert. Ein Porträt zeigt die Gattin des Erzherzogs im steirischen grau-grünen Jagdgewand. Der oder besser gesagt einer von Johanns *grauen Röcken* ist über die Lehne eines Sessels gebreitet. Eine Sammlung mit homöopathischen Mitteln in Glasphiolen liegt neben einer Sammlung von Taschenmessern und allerlei Geräten, die das Bergsteigen und die Jagd komfortabler machen. Im Arbeitszimmer Johanns, mit seinem Schreibtisch und einem Sessel mit nur einer Armlehne (der andere Arm wurde zur Schienung von Johanns Schulter nach einer Verletzung durch einen angreifenden Stier verwendet), steht eine Schale mit Untertasse und mit einem Zettel, auf dem Anna vermerkte: *Schalle aus der mein Erzherzog imer sein Frühstück nahm als ich 823 zu ihm das Erstemahl in Brandhof kam. Anna.*

Fühlte sich Anna am Brandhof wohl? War das häufige Alleinsein ohne Nachbarn noch schwerer zu ertragen als in Vordernberg? Hier wird sie endlich – nach zehn Jahren – ihre Hochzeit feiern, hier wird sie nach weiteren zehn Jahren einen Teil des Jahres mit Franzi, dem gemeinsamen Sohn, verbringen.

Johann vermerkt in seinem „Brandhofer", dass Anna auch beim Schießen in Vordernberg und Wochen später beim herbstlichen Aufenthalt im *Weingarthen bei Mahrburg* offiziell als „Hausfrau" aufgetreten sei. Damit war der Bann gebrochen, und seine Nichte Marie Louise war die Erste, die Anna in diesen Monaten *freundlich begegnete.*

Im Jänner besuchte Anna einen Ball der Radwerks-Communität, bei dem Johanns Porträt – sozusagen als Vertretung der Person – aufgestellt wurde. Grund für diesen Ball mit Festessen (*Fras*) war der 47. Geburtstag Johanns am 20. Jänner 1829. Die gut gelaunte Anna erzählt dem vertrauten Vinzenz Huber von diesem gesellschaftlichen Ereignis:

Liebster Herr von Huber!

Indessen ich glaubte, Sie samt den lieben Angehörigen – würden den Botzner Zelten schon bald verzehrt haben, kam mir Ihr liebes Schreiben zu – aus welchen ich ersehen mußte – daß der Hüferer nichts muß gemeldet haben – was ich ihm an Ihnen auszurichten zugleich mit dem Kistl aufgab – ich hatte dazumahlen so viel zu thun und konnte Ihnen dacher nicht schreiben – mit Heutigen erinnere Ihnen also – daß das Kistl samt Inhalt einzig und allein für Ihr Hand bestimmt ist – und ich bitte die kleine Gabe gütigst anzunehmen, und recht wohlbehagend zu verzehren – und den guten Willen für das Werck anzuerkennen.

Da Sie mir erlaubten ich dürfte einmahl diesen Fasching zu Ihnen hinaus kommen, so werde ich gewiß Gebrauch davon machen, und daß zwahr – gegen 13ten oder 14ten Februar herum, der gnädigste Herr schrieb mir das Er um selbe Zeit in Mürzzuschlag einzuthrefen gedenke.

Wir hatten erst diese Woche einen wirklich sehr elleganten Ball hier – und zwahr auf Veranstaltung der Komonität – daß Geburtstagsfest unseres Erz: wahr die Veranlassung – es wahr alles sehr schön und Nobel Deckuriert – ganz natürlich auch ein großer Fras – bey welchen uns der gnädigste Herr abbortretirter – und mit Blumen verzirter zusah – sowohl von Eisenärzt, als Leoben und Bruck wahren geladene Gäste hier anwesend – und es wahr wirklich alles sehr schön und auch lustig, meine einzige Freude wahr dabey – endlich einmahl zu sehen – daß die Vordernberger einsehen anfangen – was der gute Herr für sie thut – und daß sie anfangen erkentlich zu werden – möchten ihnen doch einmahl die Schubladen alle im Kopf aufgehen.

Ich freue mich schon recht von Herzen Sie und ihre Frau Gemahlin und Fräulein Schwägerin zu sehen – da werde ich wiederum recht viel erzählen –.

Ich empfehle mich in Ihre sehr werthe Freundschaft – und bitte an Ihre Frau Gemahlin und Fräulein Schwägerin recht viell Schönes zu entrichten.

Ihre
ergebenste Nannete P –
Vord: am 24ten Jänner 829

Schon wenige Tage später verfiel Anna in eine Depression und schickte Johann einen verzweifelten Brief. Das Schreiben, das auch im Archiv Meran verwahrt ist, wurde ebenfalls im „Brandhofer" veröffentlicht und ist daher, wie alle Briefe Annas in diesem Buch, orthografisch und stilistisch korrigiert.

(Vordernberg) *am 28. Jänner* (1829)

Mein guter Bester M – Gestern erhilt ich deinen lieben langen Brief und heute habe ich die Freude, dir eben auch durch eine gute Gelegenheit schreiben zu können. Ich kann doch auch einmahl recht von Herzen an dich schreiben – welches ich durch die andern Wege nie konnte –

Diesmahl dauert dein Ausbleiben wohl gar so lange – ich kann nicht sagen, wie schrecklich Zeit lange mir um dich ist – es packt mich oft so – daß ich mir kaum zu helfen weiß – ich kann dir gar nicht sagen, wie ich das Gefühl nennen soll, welches mich gar so oft jezt schon bemeistert – mir wird bange – beklommen – es kommen mir die Thränen in die Augen, und ich weiß nicht wegen waß – da muß ich denn mich vom Sitze aufmachen, muß in die Luft – muß sehen, daß ich mein Auge auf etwas anderes richte, sonst würde ich oft ganz schrecklich melancholisch. Weiß Gott wie es mit uns beyden noch werden wird, ist dann immer mein einziger Gedanke – besonders jezt bin ich immer für dich gar so sehr in Sorgen, ich denke immer, wenn du nur in unserer Sache den Kaiser nicht recht aufgebracht machest – und dir dadurch seine Ungnade zuziehest. Es ist freylich schrecklich, daß gerade wir zwey so unendlich weit von Geburt auseinander sind, und sehe nur zu gut ein – wie hoch du – wie niedrig ich bin, sehe auch ein, welch Ärger es deiner so erlauchten Familie seyn muß, daß du dich gerade an ein so unbedeutendes Wesen hängest – oder wie ich sagen soll – es ist nun einmahl so, daß ihr so großen Herrn nur nach eures gleichen heurathen sollet – leider wird bey euch so wenig um gegenseitige Liebe und Neigung gefragt. Mein Gott das ist es eben, was so vielle unaussprechlich unglücklich macht …

… ob Er dann auch noch über seyn Herz bringen könnte, Seinem besten Bruder die Bitte abzuschlagen, die du mit Entsagung aller Rechte von Ihm dir erbittest? Und mein Inneres sagt mir auch da noch: der Kaiser kann nicht ja sagen; da wird mir so weich ums Herz – manchesmahl ist es mir, als müsste es mir zerspringen, vor Schmerz, denn ich sehe nur zu gut ein, daß ich deiner nicht werth bin – verstehe mich aber gut, was ich meine – und es ist immer schrecklich, wenn ich denken sollte: Unser guter Kaiser ist gerade vielleicht mir nicht gut – sondern er haßt micht vielleicht sogar. Und hätte er auch nicht das Recht dazu? Bin ich nicht diejenige, die dir so viellen Kummer verursacht? Dann bethe ich recht innigst zu Gott, er möchte es so machen, wie es für dein und mein Geschick am besten ist – besonders aber um die einzige Gnade, daß nur dir kein Haar gekrümmt wird – Gott möge nur mir alles Ungemach zukommen lassen – nur dich mein Alles verschonen …

… – Ich bitte dich, schreibe wenn du kannst – gestern brachte mir ohnedies die Post nichts von dir. Recht vom Grunde meines Herzens küsse – und umarme ich dich – wenn du nur schon bey mir währest – ewig nur deine Nanni.

Johann, der in diesen Tagen sein Testament verfasste, traf sich in Wien mit dem Kaiser zu einem längeren Gespräch, legte dieses Dokument vor und

bekräftigte seinen unveränderlichen Entschluss, *das Mädchen zu ehelichen.* In den Erinnerungen des „Brandhofers" wird das entscheidende Gespräch zwischen den Brüdern geschildert:
Erkennend, daß des Brandhofers Entschluß durch den langen Zeitraum von Jahren unverändert geblieben, daß sogar Liebe und Achtung sich vermehret hatten; er, der geregelteste Mann, fürchtend, es könnte doch etwas zulezt erfolgen, was nicht streng sittlich wäre, und selbst jeden Schein vermeiden wollend, die ihm als Familien Oberhaupt zustehenden väterlichen Rechte ausübend,- geboth, und dieß ist wörtlich wahr, dem Brandhofer, der Sache durch des Priesters Segen ein Ende zu machen; übrigens solle er die Rücksichten, welche er der Welt schuldig sey, beobachten.

Johann, der *eine drückende Last abgewelzt* sah, konnte sich schwer fassen. In einem mit *chemischer Tinte* geschriebenen Brief berichtet er über die überraschende neue Situation:
L: B: Weib, ich bin ganz verwirrt – erst nach ein paar Tagen wird alles in Ordnung kommen. Freude greifet so wie Leid an. Wisse also, theure liebe Nani, Gott war und ist mit uns. Der Kaiser hat das Testament, kurz alles gelesen, hat mich wie ein Vater über alles ausgefragt, sein Jawort gegeben, es schriftlich bestättiget, mich ermahnet, es bald zu thun, aber vor der Welt zu schweigen. Was wollen wir mehr? – Was alles gesprochen wurde, mündlich auf dem Brandhof. Dein Vater, der izt bey Gott ist, wird sehen, daß ich mein Wort gelöset. Nun also höre: ich gehe den 13. – 14. über Zell, wo ich meine Andacht verrichte, auf den Brandhof; dort bey Ruhe und Nacht wirst du vor Gott mein rechtmäßig Weib. – Sorge für gar nichts – die Stolla der Klosterfrauen nimm mit – mache ja nichts auffallendes mit Einpacken von Kleidern, denn es darf niemand etwas wissen. Ich werde für Geistlichen sorgen.

Johann verließ Wien während eines Schneesturms, reiste mit dem Schlitten über Wiener Neustadt und den Semmering, um am 13. Februar 1829 *bey Freund Huber* in Mürzzuschlag zu übernachten. Zwei Tage später traf er sich mit dem greisen Dechant Pillipp von St. Lorenzen im Mürztal, um ihm die Urkunde des Kaisers mit der Heiratserlaubnis vorzuweisen. Am Abend dieses Tages nächtigte Johann in Aflenz, zu Mittag des nächsten Tages traf er am Brandhof ein.
Am 18. Februar kam Anna mit einem Schlitten aus Vordernberg angereist, bald darauf folgten Zahlbruckner, der Dechant und Huber. Nachdem die Hausleute, die von der bevorstehenden Hochzeit nichts wussten, zu Bett gegangen waren, zog Johann seine *Jagdtracht* an und begab sich in die Kapelle, um alle Kerzen anzuzünden. Nun, in der Stunde vor Mitternacht, erfolgte *nach den Vorschriften und Gebräuchen der Römisch-Katholischen Kirche* die Trauung. Die neu Vermählten blieben eine Weile allein, Johann begleitete

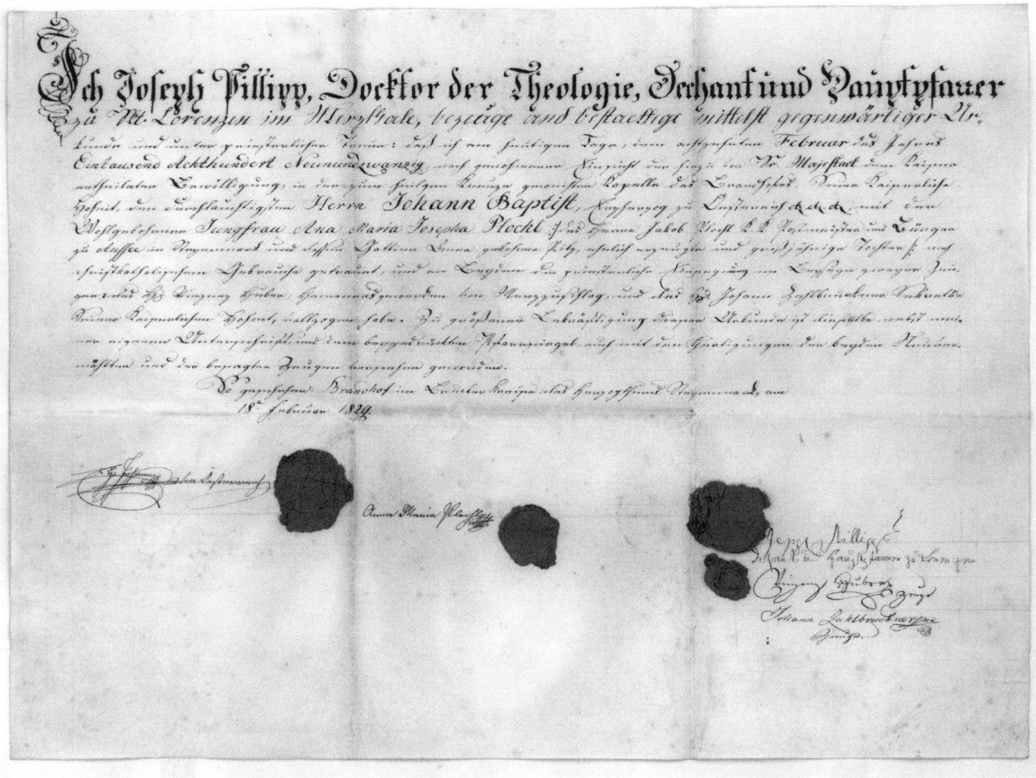

Ich Joseph Pillipp, Docktor der Theologie, Dechant und Hauptpfarrer zu St. Lorenzen im Merzthale, bezeuge und bestaettige mittels gegenwärtiger Ur-

Die Urkunde, die von Josef Pillipp, Dechant zu St. Lorenzen im Mürztal, ausgestellt wurde, bestätigt die Trauung am Brandhof am 18. Februar 1829.

seine Frau bis vor ihr Zimmer und, *von ihr Abschied nehmend, ging er auf seine Stube.*

Die Hochzeit wurde nicht verkündet, allmählich aber drang die Kunde durch. Im Volk verbreitete sich hartnäckig das Gerücht, dass Johann und Anna schon seit Jahren verheiratet gewesen wären. Selbst C. A. Schimmer, der Biograf, meint, dass die Vermählung bereits 1823 erfolgt war. Der Kaiser habe damals für die eigens ausgestellte Bewilligung zur Heirat von allen Mitwissern strenges Stillschweigen verlangt. Für diese Theorie gibt es allerdings keinen Beweis.

Das Original der Heiratsurkunde wurde im Rahmen meiner Recherchen im Frühjahr 2004 in einem unscheinbaren Kuvert in einem Schuber des Archivs Meran in Graz wieder entdeckt. Eine Kopie der Urkunde ist gerahmt und hinter Glas in der Volksschule von St. Lorenzen im Mürztal zu sehen. Graf Gudenus transkribierte diese Kopie im Mai 1997 und übergab sie darauf dem Landesarchiv in Graz. Der Text der Heiratsurkunde lautet:

Ich Joseph Pillipp, Docktor der Theologie, Dechant und Hauptpfarrer zu St. Lorenzen im Merzthale, bezeuge und bestaettige mittels gegenwärtiger

Urkunde und unter priesterlicher Treue: daß ich am heutigen Tage, dem achtzehnten Februar des Jahres Eintausend Achthundert Neunundzwanzig nach genohmener Einsicht derjenigen von Sr Majestaet dem Kaiser ertheilten Bewilligung, in der zum heiligen Kreuze geweihten Kapelle des Brandhofes, Seine Kaiserliche Hoheit, den durchlauchtigsten Herrn Johann Baptist, Erzherzogen zu Oestereich etc etc etc, mit der Wohlgeborenen Jungfrau Anna Maria Josepha Plochl (des Herrn Jakob Plochl K. K. Postmeister und Bürger zu Aussee in Steyermark und dessen Gattinn Anna Pilz, ehelich erzeugte und großjährige Tochter) nach christkatholischen Gebrauche getrauet, und an beyden die priesterliche Einsegnung im Beyseyn zweyer Zeugen: des H. Vinzenz Huber Hammersgewerken von Merzzuschlag, und des H. Johann Zahlbruckner Sekretär Seiner Kaiserlichen Hoheit vollzogen habe. Zu größerer Bekräftigung dieser Urkunde ist dieselbe nebst meiner eigenen Unterschrift, und dem beygedruckten Pfarrsiegel, auch mit den Fertigungen der beyden Neuvermählten und der besagten Zeugen versehen worden.
So geschehen: Brandhof im Brucker Kreise des Herzogthums Steyermark, am 18. Februar 1829.

Die Urkunde ist unterschrieben und gesiegelt von Erzherzog Johann, von Anna Maria Plochl, Dechant Pillipp und von dem Zeugen Vinzenz Huber, Hammergewerke von Mürzzuschlag. Ohne Siegel unterschrieb auch der Sekretär des Erzherzogs, Johann Zahlbruckner, der als zweiter Trauzeuge fungierte. Das Siegel Anna Plochls zeigt den rot-weiß-roten Bindenschild und im weißen Querbalken die Initialen N. P. (Nanette Plochl).

Der Kaiser hatte die schon 1823 gegebene Bewilligung mit dem Zusatz: *Erneuert 6. Februar 1829* bekräftigt. Auch diese Urkunde wird im Archiv Meran aufbewahrt.
Dechant Pillipp sandte die Heiratsurkunde wenige Tage nach der Hochzeit an Johann, der den Erhalt am 28. Februar bestätigte. Pillipp bedankt sich außerdem überschwänglich für die Geschenke.
(Erhalten 28. Feb 1829)
Eure Kaiserliche Hoheit!
Durchlauchtigster Herr, Herr Erzherzog etc etc
In tiefster Unterthänigkeit gebe ich mir die Ehre, die bekannte Urkunde mit dem Aufdruck meines Siegels zu übersenden, und für die gnädigsten litteraryschen Beylagen nicht nur, sondern auch für den köstlichen zarten, ohne meine Wahrnehmung mir angebundenen Riesenschinken die Höchste Hande zu küssen.
In tiefster Ehrfurcht
Eurer Kaiserlichen Hoheit etc etc etc
Lorenzen 27 Feb: 829 unterthänigst gehorsamer Diener
Jos: Pillipp Dechant

Erzherzog Johann war im Sinne von Verantwortlichkeit und Verpflichtung ein politischer und sozial eingestellter und engagierter Mensch, was seine unzähligen Gründungen, Förderungen und freiwillig eingegangenen Verpflichtungen beweisen. Er wirkt – auch für uns – geradlinig, überzeugend und glaubwürdig. Dieses Verhalten stand diametral zu den Usancen seiner Zeit, in der Verschleiern, Verhindern und Aufrechterhalten einer Fassade auf der politischen Tagesordnung (und wohl auch im privaten Bereich) war. Aus dieser Tatsache heraus muss auch sein biografischer Bericht über die Geschichte seiner Liebe zu Anna, trotz der Subjektivität, die naturgemäß allen Autobiografien eigen ist, weitgehend als glaubwürdig und zutreffend gelten.
Als weniger oder gar nicht zutreffend kann hingegen – aus gleicher biografischer Sicht – das meist mündlich tradierte Gerücht über die zahlreiche illegitime Nachkommenschaft des Erzherzogs, die während seiner langen legitimen Beziehung mit Anna das Licht der Welt erblickt haben soll, abgetan werden. In Annas Schriften findet sich nirgendwo ein Hinweis auf eine begründete Eifersucht.

6

Franz Graf von Meran

Der lang ersehnte Sohn

Der kleine Franz, Ludwig, Johann, Jakob (Letzteres des mütterlichen Vaters wegen) *war stark und gesund.* Diese Worte stehen auf der letzten Seite der Geschichte des „Brandhofers und seiner Hausfrau“ und beenden somit die Erzählung über die ersten 20 gemeinsamen Jahre des Paares – 20 weitere sollten noch folgen. Zehn Jahre hatte das Ehepaar auf das freudige Ereignis gewartet, schon nach einiger Zeit war der Gedanke aufgetaucht, einen der zahlreichen Neffen Johanns zu adoptieren.

Nach der Hochzeit begann Johann nach und nach Anna als seine Frau vorzustellen, sei es auf Reisen, in der Residenzstadt und natürlich auch bei Treffen mit allen Bekannten innerhalb der Steiermark. Er unternahm vieles, um seine Frau dem Adel und dem Hof zur Kenntnis zu bringen. Mehr noch, er wünschte, dass sie nicht nur anerkannt und geachtet würde, sondern auch geliebt – wegen ihrer Bescheidenheit, Offenheit und Natürlichkeit. Auf dem Weingut bei Pickern traf 1830 Kaiser Franz auf Anna, zu einem Gespräch zwischen Schwägerin und Schwager kam es aber erst in Graz. *Sie möge Johann glücklich machen*, war nach der Überlieferung der damals formulierte Wunsch des Kaisers. Ein angekündigter Besuch von Kaiser Franz in Vordernberg oder am Brandhof kam nie zustande. Erst seine Nachfolger, Kaiser Ferdinand I. und noch später Kaiser Franz Joseph, sollten der Einladung Folge leisten.

Anna hatte in den ersten Ehejahren keinen offiziellen Familiennamen. Nach den Familienstatuten des Erzhauses konnten gültige Ehen von Mitgliedern der kaiserlichen Familie nur mit Zustimmung des Familienoberhauptes (des jeweiligen Kaisers) geschlossen werden. Das galt nicht nur für standesgemäße Ehen, sondern auch für solche zur „linken Hand“ oder morganatische Verbindungen, deren Nachkommen eindeutig vom Erzhaus ausgeschlossen blieben. Als standesgemäße Ehen wurden diejenigen angesehen, *welche Mitglieder des Erzhauses mit wiederum einem Mitglied des Erzhauses eingehen, mit einem Mitglied eines anderen christlichen, gegenwärtig oder vormalig souveränen Hauses oder mit Mitgliedern solcher fürstlicher Häuser, denen das Recht der Ebenbürtigkeit zusteht.*

Schon bald nach der Eheschließung war Johann bemüht, beim Kaiser Annas Erhebung in den Adelsstand durchzusetzen. Vergeblich, denn auch noch später legt er dem Kaiser in einem Memorandum seine Gründe vor, warum seine Besitzungen unter dem Namen eines „Freigutes von Brandhofen“ vereinigt werden sollten und seine Gattin in den erbländischen Freiherrenstand mit dem Namen „von Brandhof(en)“ zu erheben sei.

... – so tritt nun der Zeitpunkt ein, diesem Besitzthume einen Namen zu geben, welcher von der Art seyn muß, daß meine Frau denselben führen könne. Bisher hat Sie keinen Namen und stehet mir durch einige Zeit, als ich mit Ihr verheiratet bin als persona dubia zur Seite; ein Missstand welchem ein Ende zu machen nicht allein mein Gewissen, sondern auch die allgemeine Stimme, und die Meinung vieler rechtlicher Leute aus allen Ständen auffordern. Die Gründe dieser, welchen ich beypflichten muß sind folgende

a. die Schicklichkeit, bey moralisch Christlichen Menschen darf keine zweifelhafte Stellung walten, um so mehr als ich diese leicht beseitigen, und mit allen übrigen mich betreffenden Rücksichten vereinbaren läßt.

b. Ist es eine Gewissens Sache – denn was geschähe wenn ich stürbe und das Zweifelhafte nicht aufgehoben wäre – welche Lage für die arme Frau.

c. Muß dieser Zweifel gehoben werden – damit niemand mehr daran glaube – oder Bosheit daran zu glauben Anlaß suche; daß ein unkristliches, unmoralisches Verhältniß bestehe vorzüglich nothwendig des Beyspieles wegen, bey der sinkenden oder sehr laxen moralität unserer Zeit.

Bey jedem neuen Anlaß als zum Beyspiel wenn jemand zu mir, oder dahin kömmt wo meine Frau hingehet der nicht damit bekannt ist – wird jederzeit Ihre und Ihrer Bekannten Verlegenheit erneueret; denn da heißt es wer ist diese? – die Frau des Herrn – Wie heißt Sie? – Nanette – wie soll man Sie nennen? auf dieß letzte weiß niemand etwas zu sagen und nun bildet sich jeder einen Namen, eine Redensart, wonach Verschiedenheit der Ansichten, Gutes aber auch Ungereimtes entstehet, welches zu regeln wünschenswerth ist.

Was die Sache betrifft:

Sie fällt in die Cathegorie der vielen von dem Landesfürsten ertheilten Adelsverleihungen. Sie gehöret zu den Deutsch Erbländischen Gegenständen folglich zu dem Bereiche jener Behörde, nemlich der K. K. vereinigten Hofkanzley.

Was den Namen betrifft:

Brandhof – die vereinigten Besitzthümer werden unter diesem Namen ein Ständisches Freygut – folglich der geeigneteste – Brandhof.

Was die Ausführung betrifft:

Seine Majestät bedarf nur ein Handbillet zu erlassen.

Erst vier Jahre später waren die unermüdlichen Bemühungen Johanns von Erfolg gekrönt. Eines der Glanzstücke des Meran’schen Familienarchivs ist ein Libell mit aufgeprägtem kaiserlichen Wappen. Der Inhalt dieser Schrift betrifft die Erhebung der Anna Plochl in den erbländischen Freiherrenstand:

1834 Juli 4, Wien
Kaiser Franz I. bestätigt in feierlicher Form, daß er in Erwägung, daß Erzherzog Johann nach dem Beispiel anderer erlauchter Personen, „aus gewissen hochbeweglichen Ursachen“, auf Grund der unterm 6. Februar 1829 erteilten kaiserlichen Genehmigung die Jungfrau Anna Plochl ehelich geheiratet hat, am 10. März 1834 Frau Anna Plochl und ihre „in deren dermaligen Ehe zu erzeugenden Kinder beiderlei Geschlechts“ in den deutsch-erbländischen Freiherrenstand mit dem Namen von Brandhofen erhoben hat. Er verleiht ihr weiters als dauernden Beweis seiner Gnade ein Wappen.
Unterschrift des Kaisers Franz I. und des Obersten Kanzlers Anton Friedrich Grafen von Mittrowsky. Anhangendes großes Majestätssiegel in vergoldeter Messingkapsel.

Anna signierte ihre Briefe seit Juli 1834 mit A. B. (Anna Brandhofen). Auch das in späteren Jahren der Schatzkammer von Mariazell gespendete Brautkleid trägt diese Initialen.
Die Bestätigung vom Eintritt einer Schwangerschaft erreichte Johann an den Ufern des Comer Sees, wo er sich in Begleitung seines Neffen Kaiser Ferdinand I. aufhielt, um an dessen Krönungsfeierlichkeiten zum König von Lombardo-Venetien teilzunehmen.
Anna stand bereits im 35. Lebensjahr. Für Johann war die medizinische Vorsorge für die optimale Betreuung der Schwangeren selbstverständlich. Zwei Ärzte, Dr. Marenzeller und Dr. Hussian, überwachten Annas Zustand. Das Kind sollte im so genannten Michaelerhaus zur Welt kommen, in Johanns Wiener Domizil, das sich unweit der Hofburg zwischen Michaelerkirche und Kohlmarkt befand. Anna war diese Wohnung bekannt, da sie hier seit der Hochzeit bei ihren Wiener Aufenthalten Quartier zu nehmen pflegte, während Johann bei offiziellen Anlässen gelegentlich in der Hofburg logierte.
Was die Geburtshilfe anbelangt, so gab es damals in Wien zwei medizinische Richtungen. Die „französische Schule“ verwendete gerne Geburtszangen und ein Arsenal verschiedener stumpfer oder spitzer Werkzeuge. Die „englische medizinische Schule“ wurde von Johann Lucas Boër vertreten, der in Wien als Wegbereiter der *natürlichen Geburtshülfe* galt. Hygiene, gute Pflege, und die *Kraft der Natur* standen bei ihm im Vordergrund, Aderlass und operative Eingriffe während der Geburt waren seiner Meinung nach abzulehnen. Obwohl der junge Dr. Boër seinerzeit die Gattin Kaiser Josephs II. bei der Entbindung nicht retten konnte, erhielt er Jahre später die Professur für *Theoretische Geburtshülfe*. Das „Gebärhaus“ für arme ledige Wöchnerinnen am Allgemeinen Krankenhaus in Wien wurde zu seinem erfolgreichen Betätigungsfeld. Wiens Medizinstudenten hatten hier auch die Möglichkeit, zu jeder Zeit bei Geburten anwesend zu sein und von erfahrenen Hebammen die Praxis zu erlernen. Annas Arzt, Dr. Marenzeller, gehörte ebenfalls dieser

Richtung an, die eine „natürliche Geburt" als normal erachtete. Bei Anna, einer für das 19. Jahrhundert sehr späten Erstgebärenden, war *alle Vorsicht geboten.*

Im tiefen Winter verließen Johann und die hochschwangere Anna mit einem Pferdeschlitten die Obersteiermark, um für die bevorstehende Entbindung nach Wien zu reisen. Den Umständen entsprechend wurde auf kurze Wegstrecken Wert gelegt. Obersthofmeister Morzin ersuchte den altbewährten Vinzenz Huber schriftlich, das Paar zu beherbergen:

Hochverehrtester Herr von Huber!

S. kaiserl. Hoheit haben beschlossen morgen den 6ten die Reise mit der gnädigsten Frau nach Wien zu unternehmen. Zwar ist dieß noch kein Vergleich mit der bevorstehenden (nach Rom) *allein auch hier ist unter diesen Umständen Vorsicht von Nöthen. Es wird also nur in kleinen Tagereisen gefahren u. z. den 1*[ten] *Tag bis Bruck, den zweiten bis Mürzzuschlag; die weitere Eintheilung wird sich dann aus den Umständen ergeben. Da nun S. kaiserl. Hoheit Ihr gastliches Dach, das dieses hohe Ehepaar schon so oft, jedoch nie einem so wichtigen Momente entgegengehend beherbergte, auch für dießmal in Anspruch nehmen wird, so bitte ich gütigst die gewöhnliche hiezu bestimmten Zimmer mäßig heitzen zu lassen. Die Abreise von Bruck dürfte den 7*[ten] *um 9 Uhr vormittags erfolgen, wonach wir etwa zwischen 1 und 2 Uhr in Mürzzuschlag ankommen dürften. In Begleitung der Frau Baronin befindet sich nur die Frau von Mandelstein, von Dienerschaft kömmt 1 Stubenmädchen und 2 Bediente mit.*

Gott gebe daß wir das schöne Wetter und mit diesem auch guten Weg behalten damit der gnädigsten Frau die Reise so wenig beschwerlich als möglich falle.

In der frohen Erwartung Euer Wohlgeboren und Ihre verehrten Angehörigen recht wohl auf zu finden, geharre ich mit innigster Hochachtung

Ihr Aufrichtig ergebenster Morzin

Vordernberg 5/2 839

Johann, am 10. März in der Hofburg bei Kaiser Ferdinand zum Essen geladen, wurde nach Hause gerufen, da die Wehen eingesetzt hatten. Die beiden genannten Ärzte und eine Hebamme namens Gruber standen Anna in ihrer schweren Stunde bei. Johann, der besorgte werdende Vater, blieb während der langen Wehenphase bei seiner Gattin, was in der damaligen Zeit höchst ungewöhnlich war. Am nächsten Morgen, dem 11. März 1839, musste, da der Geburtsvorgang ins Stocken kam, das Kind mit Hilfe der Ärzte *genommen* werden. Johann, der die Schmerzen der Mutter nicht mehr ertragen konnte, war für kurze Zeit ins Nebenzimmer gegangen. Auf den Ruf der Hebamme: *Ein großes Kind, ein Knabe,* war der junge Vater, der bereits 57 Jahre zählte, in das Zimmer zu seiner Familie geeilt. Anna, die von der Geburt sehr mitgenommen war, konnte den Kleinen nicht stillen, eine Amme musste aufgenommen werden.

Nieder-Österreich, Kreis: k.k. Reichshaupt- und Residenzstadt
Bezirksamt: Wien.

Taufschein

Erzdiöcese: Wien.
Decanat: 1. Stadtbezirk
Pfarre: St. Michael

Aus dem pfarrlichen Taufbuche, Tom. V. Fol. [illegible] wird hiemit bezeugt, daß im Jahre des Heiles Eintausend [redacted] hundert [redacted] am [redacted] in Wien, Michaelerplatz Haus No. 1153 geboren, und am [redacted] vom [illegible] nach römisch katholischen Ritus getauft worden sei.

Name des Täuflings.	Vater Name, Stand, Religion, Abstammung	Mutter Name, Religion, Abstammung.	Pathe Name, Stand
Franz, Ludwig, Johann Baptist, Jakob, [illegible]	[illegible] Herrn Johann Baptist, Erzherzog von Oesterreich; [illegible]	[illegible] Frau Anna, Freifrau von Brandhofen; [illegible]	Erzherzog Ludwig. Hebamme: Barbara Gruber wohnhaft in Wien, Stadt, No. 231.

Urkund dessen ist des Gefertigten eigenhändige Unterschrift und beigedrucktes Pfarrsiegel
Gegeben zu Wien, k.k. Hofpfarre zu St. Michael am 21. November 1876.

Kurz vor der Geburt hatte Anna ein formloses Testament verfasst, das Johann beim Zusammenräumen zufällig in die Hände fiel. Darin vermacht sie Johann ihr ganzes Vermögen:

... Erspartes ganzes Vermögen von mir, welches ich von Wildhäuten in wenigen Jahren einnahm – das heurige kam schon in Verrechnung. Meine Angehörigen alle empfehle ich der Gnade und Liebe meines edlen Guten Mannes, möchte er aus Liebe für mich sie nicht dem Elend preisgeben – ich kann ihm seine Liebe nur durch Gebeth ersetzen – Tausend Dank für alles.
Deine Anna, welche dich im Geiste wie im Leben nie verlassen wird – und bey Gott für dich bethet.

Der Taufschein nach dem Taufbuch der Pfarre Sankt Michael in Wien: Der Taufpate des kleinen Franzi war Ludwig, ein Bruder Erzherzog Johanns. Der Name Jakob erinnert an Jakob Plochl, den Großvater mütterlicherseits.

Johann veröffentlichte Annas letzten Willen in seinem „Brandhofer", ergänzte ihn aber durch die folgenden Zeilen, die er für die geplante Publikation seinem Tagebuch entnahm:

... das ist also ihr erspartes ganzes Vermögen – 210 fl – dieß giebt sie mir zurück, von allem übrigen, was sie hat, spricht sie gar nichts, denn ihr war, es gehöre mein, kein Andenken vermachet sie irgend einem Verwandten, da sie doch ihre Geschwister so lieb hat; – die wenigen Worte enthalten alles, bedürfen diese eines Commentars –? Nein, es ist in ihnen eine Klarheit, eine Einfalt, ein Gemüth, eine Liebe, ein Glaube an das Jenseits, was keiner Erklärung bedarf; – geschrieben wurden diese Worte so wie das Herz sie gab, verlohren wären sie für mich

gewesen, wenn sie früher zu ihrem Kasten als ich gekommen wäre, sie hätte sie, ohne eine Erwähnung davon zu thun, verbrannt. – Und nun kann man mir es missbilligen, daß ich diese Frau mir genommen? Wo hätte eine so für mich gepaßt, Gott hat sie mir gegeben, wunderbar durch sie mich auf den wahren Weeg gebracht. – Könnt man diese Zeilen, die sie schrieb, bekannt geben, – daß man dieses Weib würdige!

Am 12. März erfolgte in dem Haus, in dem „Franzi" auch geboren wurde, die feierliche Taufe durch den Pfarrer von St. Michael zu Wien.
Auf dem Taufschein (eine Kopie aus dem Jahr 1876 befindet sich im Archiv Meran) sind außer dem Namen des Täuflings auch Stand und Namen der Eltern und des *Pathen* eingetragen. Johann wird als *Seine kaiserliche Hoheit, Durchlauchtigster Herr Johann Baptist Erzherzog von Österreich* bezeichnet, Anna als *Hochgeborene Frau Anna Freifrau von Brandhofen*. Als Pate des Kleinen fungierte Erzherzog Ludwig, ein Bruder Johanns, der elfte Sohn der 16 Kinder Kaiser Leopolds II. Johann war diesem um zwei Jahre jüngeren Bruder eng verbunden, der wie er an Technik, Wirtschaft und Naturwissenschaft reges Interesse zeigte. Er, der Generaldirektor der Artillerie in Österreich, war seit dem Tod von Kaiser Franz I. der Einzige von dessen Brüdern, der als Vorsitzender der Staatskonferenz Anteil an der Regierung des Kaiserstaates hatte.
Ludwig Schnorr von Carolsfeld hat den feierlichen Taufakt im Bild festgehalten. Neben Johann, dem Taufpaten, dem Priester, der Hebamme, die den Täufling auf einem Kissen hält, sind außer dem Obersthofmeister Graf Morzin auch die getreuen Freunde Huber und Zahlbruckner zu sehen. Anna war vermutlich einen Tag nach der Geburt zu geschwächt, um der Feier beizuwohnen, sie war durch ihre Freundin Frau von Mandelstein aus Graz vertreten.
Einige Wochen später kehrte die junge Familie wieder von der Residenzstadt zurück auf den Brandhof.

Wenn Anna ihren Gatten in den nächsten Monaten auf seinen Reisen begleitete, so war selbstverständlich Franzi mit dabei. Ein Bericht des Schweizer Unternehmers, Artillerieoberst und Kantonsrat Johann Conrad Fischer aus Schaffhausen, der den Erzherzog in Graz besuchte, schildert die familiäre Idylle:
... Mit der Äußerung des Erzherzogs, was ist auch dem Menschen nicht alles möglich, wenn er es recht will! trat seine Gemahlin mit dem kaum sechzehn Monate alten herrlichen Knaben, voll blühender Gesundheit und für sein Alter ungemein groß und stark, in das Zimmer. Welches Glük den Eltern durch dieses kostbare Geschenk des Himmels zu Theil geworden, kan man sich zwar wohl zum voraus denken, aber Zeuge davon zu seyn, wie ich es war, ist noch mehr. Die Sorgfalt des Erzherzogs für die Bildung seines noch so jungen Sohnes, die sich

selbst bis auf die einfache Kost erstrekt, wird denselben später dem Vater, zum Segen von vielen und zu seinem eigenen, ähnlich machen.
Wenn Johann allein auf Reisen ging, nimmt das Thema Franzi nun einen großen Teil von Annas Briefen ein. Die junge Mutter erzählt von seinen Kinderkrankheiten, Problemen mit dem Sauberwerden und von den ersten kleinen harmlosen Erziehungsproblemen. Gekränkt zitiert sie einmal die Aussage des Kleinen, *den Papa lieber zu haben*, verärgert reagiert sie auf die Magd, die Franzi vorgelogen hatte, dass seine Mutter einst nur ein Bauernmädchen gewesen sei, und leicht erschöpft meint sie: *Den ganzen Tag will Franzi spielen und immer soll ich Soldaten für ihn zeichnen.*
Ungewöhnlich für die Zeit und ihren Stand war, dass sich die Eltern vorwiegend selbst um den Kleinen kümmerten und die Erziehung in den ersten Jahren keiner Kinderfrau und keinem Ajo überließen. Verständlich, dass Anna abends klagte: *Das lebhafte Buberl macht mich ganz fertig.*

Schon in seinem ersten Lebensjahr wurde Franzi vom damaligen Landeshauptmann *in Steyermark*, Ignaz Maria Graf Attems, feierlich in den Herrenstand aufgenommen – mit der Berechtigung:
... Höchst Seiner Gemahlinn u. Frauen Anna Freyinn von Brandhofen geborenen Sohn Herrn Franz Ludwig Johann Jakob Gregor Freyherrn von Brandhofen sammt seiner ehelichen Nachkommenschaft, beiderley Geschlechtes, in gerader absteigender Linie, durch allgemeine Acclamation in der Zahl, Schaar, u. Gesellschaft der Steyermärkisch. Herren und Landleute des Herrenstandes der gestalt an- und aufgenommen, daß Derselbe und seine ehelichen Nachkommen, zu fortwährenden Zeiten als rechtmäßige Herren und Landleute des Herzogthumes Steyermark geachtet und geehrt, aller Würden, Vorzüge, Freyheiten, Rechte und Gerechtsamen, gleich anderen geborenen Herren und Landleuten theilhaftig seyn, u. sich solcher in allen ständischen Versammlungen gebrauchen, folglich auch Er, Herr Franz Ludwig Johann Jakob Gregor Freyherr von Brandhofen und seine ehelichen Nachkommen, männlichen Geschlechts, auf der Herren-Bank sitzen und daselbst Stimme geben und nehmen mögen und sollen, ohne männlicher Einrede und Hinderniß.

Ein Jahr später nahm Kärntens Landeshauptmann den Sohn des um Wissenschaft, Kunst, Industrie, Landwirtschaft und Gewerbetätigkeit so verdienstvollen Erzherzogs in die *Zahl, Schar und Gesellschaft des Herrenstandes* des Herzogtums Kärnten auf. Nach erreichter Großjährigkeit sollte Franz nun auch in Kärnten – wie in der Steiermark – das Recht haben, Sitz und Stimme an den Landtagen auszuüben.
Im Jahr 1842 folgten das Herzogtum ob der Enns (Oberösterreich) und das Herzogtum Krain dem Beispiel der beiden erstgenannten Herzogtümer. Beide Kronländer betonten die Verdienste Johanns und ihre Bewunderung

und Dankbarkeit, die sie bewogen hätten, den Sohn ihres Wohltäters in den Herrenstand aufzunehmen. Bei den Unterschriften des Herzogtums Krain fällt der Name Anton Graf Auersperg auf, der unter dem Pseudonym Anastasius Grün literarischen Ruhm erlangte.
Sechs Jahre war der kleine Franzi alt, als er auf Bitten seines Vaters, von seinem Cousin, Kaiser Ferdinand I., in den Grafenstand erhoben wurde. Sein Titel lautete nun Franz Graf Meran, Freiherr von Brandhofen. Die Ausstellung des offiziellen Grafendiploms und die Genehmigung des Wappens der Grafen von Meran erfolgten im Dezember 1845.
Was Anna anbelangte, so erhielt sie diese Rangerhöhung und Erhebung in den Grafenstand erst im Jahr 1850, fünf Jahre nach ihrem Sohn, unter der Regierung des damals 20-jährigen Kaisers Franz Joseph.
Der kleine Franz besuchte keine öffentliche Schule, sondern wurde von verschiedenen Hauslehrern unterrichtet, die ihn selbstverständlich auf allen Reisen zu begleiten hatten. Einige von Franzis Schulübungen sind im Archiv erhalten. In den Jahren, in denen Buben seines Alters die Trivialschule besuchten, zeigte er schon ausgeprägte Interessen und Talente. Zeichnen ist seine große Leidenschaft, Mathematik scheint ihm, wie die folgenden Quellen beweisen, verhasst gewesen zu sein. Die mit Bleistift geschriebenen Übungen aus Algebra, Geometrie und Mechanik des etwa zehnjährigen Kindes würden heute einem wesentlich älteren Schüler eines Gymnasiums alle Ehre machen.

Zu Franzis Geburtstag (dem neunten?, das Jahr ist in dem Brief nicht angegeben) veranstaltet Anna einen *kleinen Ball.* Auf dem Umschlag des Schreibens ist als Adresse nur *Graz* vermerkt. Sie berichtet an Johann:
An
Seine Kaiserliche Hoheit
den Erzherzog Johann
zu Graz
Lieber Alter!
Du hast mir so sicher versprochen Du würdest mir gleich schreiben, allein es ist nun schon Montag 12 Uhr Mittag – und die Post brachte abermahlen nichts. Bist Du Unwohl waß Gott verhütten möchte, oder hast Du so viell Geschäfte, oder ist es die so langweilige unwichtige Post – kurz ich bekomme nichts. Unser kleiner Ball ist Gott Lob vorüber bis 12 Uhr hat er gedauert alle Kinder waren Kreuz Lustig – Franzi war in seinem Glücke – wie gönte ich es ihm er hat so gut gedanzt, wie wenn er es gelernt hätte ...
Neues weis ich nichts von Italien hört man so verschiedenes – oft wird mir sehr bange um Johann.
Leider ist seit 3 Tagen Schwester Pepi im Bette – und bald hätte es einen Tiphäsen Karackter angenommen – unser Docktor behandelt sie. – er sagte ich

dürfte ihm Pernfus nichts Schreiben – damit er nicht allarmirt wird – vielleicht kommt er so bald.
Gott Lob eben bekomme ich Deinen Brief aus Vordernberg vom 26. Feb. ich bin recht froh darüber, Franzi und ich Umarmen Dich von Herzen
Deine
aufrichtige Anna

Lieber Papa!
Bringe mir eine Stufe Steinkollen mit.
Dein Sohn
Franz M

Franzis ungewöhnlicher Wunsch nach einem Stück Steinkohle wird verständlich, wenn man die Zeitungen aus dem Jahr 1848 durchblättert. Für das damals moderne Heizmaterial wurde viel Reklame gemacht, es galt als wesentlich effizienter als Braunkohle und Holz. Johann verwendete in seinem gerade erworbenen Blechwalzwerk im weststeirischen Krems ebenfalls Steinkohle, die in *Stufen* (ziegelartigen Stücken) gelagert wurde.
Die Sorgen Annas über die Lernerfolge ihres Franzi überschatten mitunter die Ängste, die sie während der Unruhen im Revolutionsjahr 1848 in Wien zu überstehen hatte. Rührend und zeitlos ist die Art, wie sie ihren Buben verteidigt, seine Begabung und Gescheitheit betont und dem Lehrer die Schuld an Misserfolgen gibt.
Am 22ten May 1848
... Mit Franzi geht es gut – nur bey denn Rechnen mußte ich schon ein parmahl Ruhe machen – Ach Gott es ist ein Erzieher wie der Andere, nichts nichts Pracktisches alles so schwerfällig wie möglich – Gott weis es – die Kinder sind sehr zu bedauern – ich sage frey und laut – das Manschko der Beste unter allen allen ist – aber daß beschwöre ich vor Gott – Manschko ist als gewöhnlicher Lehrer mit allen Schulmeisterischen kleinlichkeiten zusamgesezt – aber als Erzieher allein ohne Vater an der Seite, wird ein Zögling von ihm wohl ein weicher unserem jeztigen Zeitalter aber nicht entsprechenter Mann darauß entstehen –! Den Manschko ist so unwissent so beschränkt in seinen Ansichten der jeztigen Zuständen – das ich immer froh bin, wenn er nicht viell spricht darüber–! Franzi ist so gescheid – und hat alle Schwächen von Manschko schon lange weck so beym Rechnen – Manschko gibt so schwere Rechnungen auf – daß er sie selbst nicht mehr auskennet – warum denn so schwer – wenn man die leichteren noch nicht kann – ja mein Gott ich Lerne jetzt öfters mit – und ich muß gestehen es ist eine solche Verwurlung in der Angebung der Rechnungs Methode mit lauder Worte daß es mich nicht wundert wenn es Franzi rein nicht versteht. Bey Franzi komt es rein einzig und allein darauf an – wie – und auf welche Art man ihm die Dinge beybringt – waß er begreift – daß geht gewieß

gleich – allein wo er sich nicht auskenet – da wird er Pockbeinig – aber nicht aus Vorsatz sondern man bringt ihm dazu, Franzi ist kein gewöhntliches Kind – man muß ihm ganz anders behandeln, und da glaubt aber Manschko er hat über Erzihung so viell gelesen – Ach Gott daß Erzihen lernt man doch nicht durch Bücher. Daß gute waß Manschko hat ist – das ich mit ihm Sprechen kann – und er nicht Aufbrausent ist wie Keller – denn ich bin gäh er ist Sanft – da geben wir zwey kein feyer – und so komme ich mit ihm viell besser aus wie mit Keller –. Nun gehen auch schon alle seine bekanten Erziher fort – da bin ich froh – denn diese Erziher mit denn Manschko umging gefillen mir nicht – da wäre viell zu Sprechen – ich denke mir oft meinen theil – waß die armen buben leiden müssen Launen willen.
Wegen Deinen Tagebüchern – weis ich für dermahlen keinen Rath – weis ich doch auch selbst nicht wochin ich unsere wenigen Preziosen geben könnte – leider ist schon bald gar kein Ort mehr sicher – vielleicht nach Gastein.
Lebe wohl mit tausend Küsse von Deiner
treuen Anna

Für den im zwölften Lebensjahr stehenden Sohn entwirft Erzherzog Johann folgendes Programm (Original im Archiv Meran):
Der Grundsätze nach welchen ein Erzieher den Grafen Franz erziehen sollte.
Alle wahre Erziehung ist Gewöhnung zur Selbstbeherrschung oder Selbstherrschaft des Geistes über irdische Triebe und Reize, gemäß seiner heiligen Gesetze. Nicht die Erkenntnis des Guten und Bösen, des Nützlichen und Schädlichen genügt allein dafür, sondern eine, durch Übung vergrößerte Leichtigkeit und Stärke des Willens grade den heftigsten Begierden der Sinnlichkeit auch am entschlossensten und beharrlichsten Einhalt zu thun. Das ist das wahre Geheimnis der Erziehungskunst – des Zöglings gefahrdrohende Triebe, Neigungen, und dadurch herbeigeführte Geistesrichtungen zu erspähen, und den Stolz seines Bewußtseyns, die Kraft seines festen Willens eben gegen diese am meisten zu spornen. Alles andere was man Erziehung nennt, ist Verziehung, tanzmeisterische Dressur, Verzärtlung.

Anna zeigt sich besorgt, dass Turnen und körperliche Ertüchtigung ihren Sohn zu sehr anstrengen, weil er zu Halsschmerzen neige. Der heranwachsende Sohn ist anderer Meinung, hat er doch seit seinem sechsten Lebensjahr seinen Vater bei der Jagd und bei Touren ins Gebirge begleitet. So bestieg im Jahr 1852 der damals 70-jährige Johann mit seinem Sohn den Loser im Ausseer Land.

Für Franzi und seine Hauslehrer wurde – vermutlich vom Erzherzog selbst – für die Jahre 1850 bis 1852 folgender Stundenplan festgelegt:

Stundeneintheilung

	8–9	*9–10*	*10–11*	*11–12*	*12–1*	*1–2*	*4–5*	*5–6*
Montag	*alte Geschichte*		*Geometrie*	*Linienzeichnen*	*Zeichnen*	*Reiten*	*französisch*	*Cither*
Dienstag	*Lectüre*		*Religion*	*Geometrie*	*Spaziergang*	*Fechten*	*italienisch*	*Mathematik*
Mittwoch	*Geografie*		*Geometrie*	*Linienzeichnen*	*Zeichnen*	*Reiten*	*französisch*	*Cither*
Donnerstag	*Stilübungen*			*Arithmetik*	*Spaziergang*	*Fechten*	*italienisch*	*frei*
Freitag	*alte Geschichte*		*Geometrie*	*Situationszeichnen*	*Zeichnen*	*Reiten*	*französisch*	*Cither*
Samstag	*empirische Psychologie*	*Geografie*	*Religion*	*Situationszeichnen*	*Spaziergang*	*Fechten*	*italienisch*	*Mathematik*

Dass sein Interesse an Mathematik keineswegs stieg, beweisen kleine vorgedruckte Zettel, in die ein Hauslehrer namens S. Köchert die Erfolge der Mathematik-Stunden und das Benehmen des jungen Grafen eintrug. Vermutlich wurden diese, in einem Umschlag aufbewahrten und sehr gut erhaltenen Berichte dem Erzherzog zur Kontrolle vorgelegt.

Mathematische Lection
am 23. März 1850
Die erste halbe Stunde sehr unruhig, – Dann etwas aufmerksam – jedoch gegen Ende für die nächste Lection eingenommen. S. Köchert
Mathematische Lection
am 27. März 1850
Anfangs zerstreut, doch in der 2. Hälfte etwas eifrig und folgsam. Zettel 3. konnte wegen zu schlimmer Aufführung nicht verabreicht werden. S. Köchert
Mathematische Lection
am 31. März 1850
Einiger Wille – aber wegen großer Aufregung des Gemüths (: ache :) – keine Ausführung. S. Köchert
Mathematische Lection
am 2. April 1850
Recht gut geantwortet – nur manchmal – im Streben – eine richtige Antwort zu geben, sich selbst beunruhigend.– Sonst zufrieden. S. Köchert

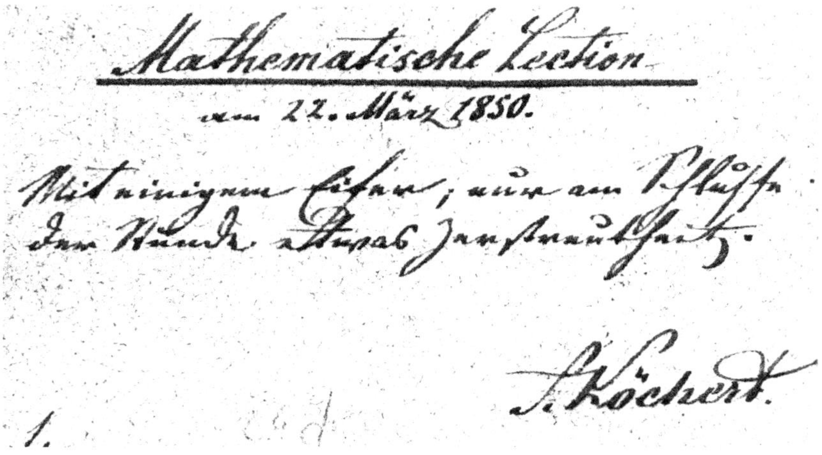
Mathematische Lection
am 22. März 1850.
[illegible]
S. Köchert.
1.

Beurteilung einer Mathematikstunde durch den Hauslehrer S. Köchert.

Mathematische Lection
am 3. April 1850
Wäre das Ende so gut gewesen, als die Aufführung und das Wissen in der übrigen Zeit, so gehörte diese Stunde zu den Befriedigensten. S. Köchert
Mathematische Lection
am 7. April 1850
Zwar nicht mit der gehörigen Ruhe – doch aber mit einigem Eifer gearbeitet. S. Köchert
Mathematische Lection
am 19. April 1850
Fleißig zwar – aber dennoch unruhig – die Aufgaben mit ausnehmender Reinheit ausgearbeitet. S. Köchert
Mathematische Lection
am 26. April 1850
Den Zettel 4. wegen zu schlimmer Aufführung nicht verabfolgt worden. Heute jedoch schien das Benehmen gemäßigter zu sein. S. Köchert
Mathematische Lection
am 27. April 1850
Die Unruhe etwas erträglich – die Aufmerksamkeit aber ziemlich getheilt. S. Köchert
Mathematische Lection
am 30. April 1850
Ziemlich unruhig – übermüthig fast ausgelassen, – gegen Ende der Stunde einige Aufmerksamkeit. S. Köchert
Mathematische Lection
am 4. Mai 1850
Fleiß und Eifer sowie sittliches Betragen waren heute sehr befriedigend. S. Köchert

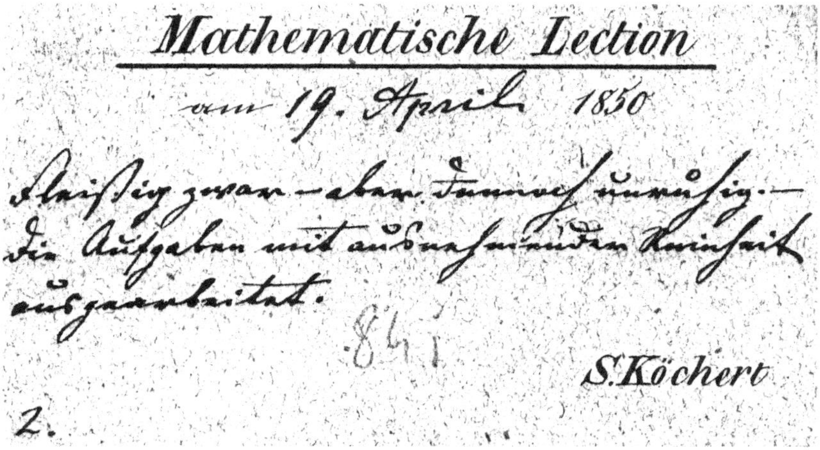
Mathematische Lection
am 19. April 1850
fleißig zwar – aber dennoch unmäßig – die Aufgaben mit außerordentlicher Reinheit ausgearbeitet.
S.Köchert
2.

Nicht immer war der Hauslehrer so zufrieden.

Mathematische Lection
am 10. Mai 1850
Zu wünschen, daß es immer so wie heute, ginge. S. Köchert
Mathematische Lection
am 8. Juli 1850
Recht zufrieden. S. Köchert
Mathematische Lection
am 9. Juli 1850
Zwar etwas übermüthig, im Ganzen aber doch gut. S. Köchert

Im Sommer 1852 hält sich der junge Graf Meran mit seinen Eltern in Triest auf. Franzi ist von der Atmosphäre an der Adria begeistert. Alles im Zusammenhang mit den Schiffen der k. k. Marine, mit Manövern, Schiffsbau und Modellen findet bei ihm reges Interesse. Auf der Spurensuche zu dem vorliegenden Buch ist es gelungen, das Reisetagebuch des damals 13-jährigen Franzi aufzustöbern. Auffallend ist das außerordentliche Zeichentalent des Buben, der jedes geschilderte Ereignis entweder mit Bleistift oder mit Aquarellfarben illustriert und damit einen wichtigen Beitrag zum Erscheinungsbild der österreichischen Marine vor etwa 150 Jahren leistet.
Die Orthografie bei der Transkription des Tagebuches wurde beibehalten.
Tagebuch 1852
Abreise von Grätz d 5ten Juni um 8 Uhr.
Abends in Laibach. Spaziergang auf den Schlossberg mit Grafen Hohenwarth. Reizende Aussicht.
Den 6ten verlassen wir Laibach um 1 Uhr in der Nacht. Kommen mit Staub bedeckt um 11 Uhr in Triest an. Nach dem Essen machten wir sogleich eine Spazierfahrt mit dem Loiddampfer Trieste nach Isola. Dort begeben wir uns ans Land und besichtigten uns den alten Ort und seine Kirche von welcher

Die Zeichnungen und Eintragungen auf dieser und den nächsten Seiten stammen aus dem Reisetagebuch von Franzi, der sich mit seinen Eltern in Triest aufhielt.

man eine herrliche Aussicht aufs Meer hat. Hierauf kehrten wir um 8 Uhr abends nach Triest zurück. Auf dem Schiffe unterhielt ich mich mit dem Kapitän Palina. Dieser hatte auch die Güte uns mit einem Boote vom Dampfschiffe aus- und einzuschiffen.

25. Nachmittags bei dem Baron Zanchi in Catinaro. Abends kleine Fahrt im Hafen bei günstigem Winde.

26. In der Früh Fahr(t) *bei sch*(w)*achem Winde nach Botalo. Besuch auf der amerikanischen Fregatte Independence.*

27. Mittags schwimmen. Nachmittags Fahrt mit dem Vater zum Leuchtthurm.

28ten. Um 10 Uhr Seefahrt nach St. Andrea, woselbst das Loiddampfschiff Francesco Carlo vom Stapel ging. Durch starken Regen und Wind wurde ich verhindert zu schwimmen. Abends Besuch in der Villa Zanchi. Theater.

29ten. Wir fuhren um 7 Uhr früh mit dem Dampfschiffe Imperatrice nach Duino, wo wir das Schloß des Fürsten Hohenlohe besichtigten. Mittags Schwimmen. Nachmittag Tour im Hafen und Besuch auf dem spanischen Kauffahrer Joseffa.

30ten. Mittags Schwimmlection, bedeutender Vortschritt. Nachmittags Besuch im Gewölbe des Wünsch. Abends kleine Fahrt im Hafen. Der Dampfer Caragiorgiewich stößt mit dem Slirbeg zusammen.

1. Juli. Freischwimmen. Nachmittags Seegelmanöver auf einem Modelle. in der Sanität.

Ferners fuhren wir gegen das Lazaret, woselbst wir die Minensprenger sahen.

2. Juli. Morgens machten wir eine Spazierfahrt gegen die amerikanische und österreichische Fregatte. Schwimmen. Nachmittags Segelexerzieren u. Besuch Villa Decher.

3. Juli. Schwimmen. Nachmittags Ankunft der amerikanischen Dampfcorvette Missisippi.

4. Juli. Wegen einen starken Halsweh wurde ich verhindert Schwimmen zu gehen. Abends erhielt ich vom Commodor Morgan die Abbildung seiner Fregatte und das Modell einer Brigg.

Abends Fahrt gegen die Fregatten bei starker Maretta.

Den 7ten Spazierfahrt auf dem Meere zu den österreichischen Kriegsschiffen Bellona, Nowara, Lucia, Hußar, Sermione u. Aventhur …

Der damals 13-jährige Franz Graf Meran verfügte über ein auffallendes Zeichentalent.

Nachmittag Fahrt im Hafen zur neuen Schwimmschule. Hierauf Musick in der Villa Necer.
8ten. Morgens Fischen. Wir fingen 8 Spombei und einige Geati. Mittag erster Schwimmunterricht im Jahre 1852. Nachmittag Fahrt zur Villa Zanchi bei starker Maretta.

Zum besseren Verständnis dieses Reisetagebuches folgen an dieser Stelle einige Erläuterungen:
Triest, der wichtigste Handelshafen des österreichischen Kaiserstaates gehörte schon seit 1382 zum habsburgischen Herrschaftsbereich. Unter Maria Theresia erhielt Triest das Freistadtprivileg. Der neue, nach ihr benannte Stadtteil Borgo Teresiano entstand auf dem Boden der ehemaligen Salinen und konnte sich rasch zum Geschäfts- und Bankenzentrum entwickeln. Unter Johanns Onkel, Kaiser Joseph II., wuchs die Stadt weiter an. Der nach ihm benannte Borgo Giuseppino entstand nahe dem schon von Kaiser Karl VI. errichteten Lazarett, einer Quarantänestation für Reisende und Seeleute, die aus der Levante kamen und einige Wochen hier verbleiben mussten, bis

Der Stapellauf des Lloyd-Dampfschiffes Francesco Carlo.

Der junge Graf gab die Szenerien an der Adria mit großer Detailtreue wieder.

es als erwiesen galt, dass sie keine ansteckenden Krankheiten mitgebracht hatten. Auch Johann und Anna mussten sich hier 1838 nach seiner Rückkehr aus dem Orient und aus Griechenland der Quarantäne unterziehen.
Die rot-weiß-rote Flagge geht auf einen Flaggenbefehl Kaiser Josephs II. zurück. Bis zum Ausgleich 1867, dem Entstehungsjahr der Doppelmonarchie Österreich-Ungarn, prangte diese Flagge mit einer heraldisch geschlossenen Kaiserkrone auf allen österreichischen Kriegs- und Handelsschiffen. Erst danach kam es zur Einführung einer eigenen Handelsflagge.
Bei dem von Franzi als *Loid* bezeichneten Unternehmen handelt es sich um die größte österreichische Schifffahrtsgesellschaft, die „Lloyd“. Die erste Fahrt erfolgte 1836 mit dem Raddampfer „Arciduca Lodovico“ (Erzherzog Ludwig), der Kurs auf Konstantinopel nahm. Im Sommer 1852 wurde dem Lloyd auch die Schifffahrt auf dem Po und dem Lago Maggiore übertragen. Was Franzi nicht erwähnt, ist die Tatsache, dass einer der ersten Raddampfer des „Lloyd“ zu Ehren seines Vaters den Namen „Arciduca Giovanni“ (Erzherzog Johann) trug.
Die Villa Necker diente Erzherzog Ferdinand Max vor dem Bau seines Schlosses Miramar als Unterkunft, die Villa Zanchi war in Triest wegen ihres wunderbaren Gartens bekannt. Von Anna wissen wir übrigens, dass sich in diesem Garten ein Häuschen mit Netzen befand, *wo man Singvögel fangen könnte*. „Aventuriere“, „Hussar“, „Bellona“ und „Novara“ bezeichnen Schiffe der k. k. Marine, „Lucia“ und „Sirmione“ hatten ihren Dienst als Handels- und Passagierschiffe bei „Lloyd“ zu versehen. Duino war Österreichs erster Zugang zum Meer, da sich in der Mitte des 14. Jahrhunderts der Schlossherr von Tybein (Duine) als Lehensmann den Habsburgern unterstellte.

Im Juni 1856 brachte Johann seine Familie abermals nach Triest, er selbst fuhr weiter nach Tirol. Anna war wie so oft in diesen Jahren kränklich, sie war zur Erholung in Triest, zusammen mit dem 17-jährigen Franzi, der gerade die Masern überstanden hatte. Sie berichtet dem Vater, dass seine Pusteln schon eingetrocknet und nur die Augen noch etwas mitgenommen seien. Sie selbst sehe fast niemanden und habe *das Glück viell Schwarzblech und Eisenstangen von einem englischen Schif auslaten zu sehn*. Mutter

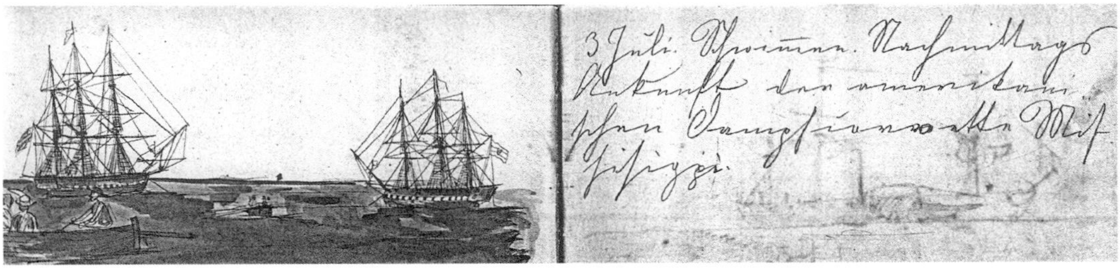

Die Schiffe der k. k. Flotte faszinierten den Knaben.

und Sohn wohnten bei der Witwe eines alten Freundes von Johann, einem Reeder, dessen Haus in der Nähe des Hafens lag. Anna, die beinahe täglich einen Brief an Johann schickt, klagt über Lärm, körperliche Beschwerden aller Art, Hitze und Langeweile.

Am 8. Juni wird der geruhsame Aufenthalt von Mutter und Sohn durch einen Unfall von Franzi jäh unterbrochen. Der junge Graf war mit einem Boot gekentert und in das Hafenbecken gestürzt. Anna berichtet aufgeregt:

... Ganz Triest spricht dafon – mein Schreck als mann um frische Kleider für Franzi kam war nahmenlos – es ist wircklich da es so gut ausgieng für Franzi ein Fingerzeug Gottes, dass er der Mama, wenn sie was nicht erlauben will, folgen soll. Franzi ist aber so als ob gar nichts geschechen wäre und dieses kalte Bad hat ihm bis jetzt, nun ist es schon 6 Stund, dass die Geschichte geschah – gar nichts – er ist lustig und frisch – und kan es noch immer nicht begreifen wie das Schiff so schnell umstürzte – nur danket er Gott, dass er schwimmen kann ...

Am nächsten Tag schreibt Anna:

Lieber Alter ...

Gottlob Franzi ist ganz wohl und frisch er wurde heute vom Loid zu einem Feste eingeladen, ich glaube eine Spazirfahrt und dann ein Schiff vom Stapel lassen, ich konnte leider nicht mit – es ist mir gar nicht gut ... man kann mit dem besten Willen wenn man so empfindlich ist, wie mein Körper – wenig machen.

Am 11. Juni langt bereits die Reaktion Johanns auf die Mitteilung des Unfalls ein, in ihrer Antwort nach Bregenz erwähnt Anna:

... Franzi will heute das erstemahl baden gehen ... Franzi war heute ganz weg, als deine telegrafische Tepesche kam ... von wem hast Du es zuerst erfahrn?

Der junge Graf Meran, der bald darauf die militärische Laufbahn einschlug, begleitete auch seinen Vater häufig auf Reisen. So fuhren Vater und Sohn 1857 mit dem Schiff auf dem Rhein bis Köln, um von dort über Aachen nach Brüssel zu reisen. Eine Woche lang hielten sich Johann und Franz am Hofe König Leopolds I. von Belgien auf, der seit langem zu den engeren Freunden der Erzherzogs zählte.

Franz Graf Meran (stehend) mit seinem Freund, Graf Wilczek.

Franzi stand sehr lange unter dem Einfluss seiner Mutter. Während andere Söhne seines Standes ab dem zehnten Lebensjahr häufig eine Kadettenanstalt besuchten, wurden für ihn mehrere Hauslehrer engagiert. Franzi wechselte so wie seine Eltern innerhalb eines Jahres mehrfach den Aufenthalt. *In Krems ist er wegen dem Teich am liebsten*, berichtet Anna 1848 an Johann, der zu dieser Zeit schon in Frankfurt amtierte.

Als Erzherzog Johann 1859 verstarb, war Franz Graf Meran 20 Jahre alt. Im Gegensatz zu seinem Vater war es ihm möglich, sich schon sehr früh zu verheiraten. Aus seiner Ehe mit Theresia Gräfin Lamberg entsprossen sieben Kinder.

Franz Graf Meran verstarb mit 52 Jahren während eines Kuraufenthaltes in Abbazia.

Franz, der spätere Ehrenbürger von Aussee, erbte viele von Johanns Interessen. Zu den Besitztümern, die er laut Testament von seinen Eltern übernahm, kam noch durch Kauf ein stattliches Landhaus am Grundlsee dazu. Ein „Graf Meran Steig“ und ein Schutzhaus mit dem gleichen Namen im Hochschwabgebiet erinnern an eines der bevorzugten Tourengebiete, das er oft gemeinsam mit seinem Vater besuchte.

Der junge Peter Rosegger konfrontierte den Grafen mit der Bitte, einige Wochen auf dem Brandhof verbringen zu dürfen. Die Begebenheit schilderte der Dichter in einer Erzählung mit dem Titel „Ein Liebling der Steiermark – Erinnerung an den Grafen von Meran“.

Der in Aussee geborene Josef Poestion, Bibliothekar, Nordgermanist und Islandforscher, widmete dem Grafen Meran sein 1880 erschienenes Standardwerk über Island. Franz Graf Meran war selbst als Sachbuch-Autor tätig und veröffentlichte 1880 zwei Bände über das weithin bekannte Zeughaus in Graz.

Nur sechs Jahre nach dem Tod seiner Mutter Anna verstarb Franz Meran am 27. März 1891 während eines Aufenthalts in Abbazia.

7

Die bürgerliche Verwandtschaft

Familie Plochl

Um Johann mache ich mir große Sorgen, schreibt Anna im Frühjahr 1848 an den Erzherzog. Mit Johann meinte Anna ihren jüngsten Bruder, der in Oberitalien unter Radetzky seinen militärischen Dienst versah. Am 23. April berichtet sie abermals: *Heute eben jetzt erhilt ich ein Schreiben von meinem armen armen Brudern – nein waß der alles ausgestanden hat – es ist schröcklich – er hat nichts nichts als was er am Leibe hat – Gott schütze ihm – wer weis ob ich ihn nochmahlen sehe.*

Anfang Mai war Anna wenigstens von dieser Sorge befreit und konnte erleichtert an ihren Mann schreiben:
... Dann lieber Alter denke Dir meine Freude mein guter guter Bruder Johann steht auch unter jenen Offizieren, die Radetzky angiebt als besonders ausgezeichnete – Ach Gott schon lange lange hatte ich keinen Strahl von Freude – Gott gib daß ich mich nicht däuschte – ich gönnet denn armen Johann so von Herzen diese Auszeichnung – für seinen Ehrgeiz ist das mehr als die ganze Welt – und er ist ja so Bescheiden, Gott gib es zu. Lesse doch selbst die Heutige Wiener Zeittung.
Einige Wochen später kam Annas Bruder nach Graz, wo sie ihn vor seiner Weiterreise nach Prag mit dem Nötigsten versorgen konnte.

Über Schwester Resi, die mit dem Freiherrn Nikolaus von Romaskan verheiratet war und im Kronland Galizien lebte, das im Jahr 1848 ebenfalls von nationalen Unruhen erschüttert wurde, gibt sie an den Erzherzog folgende Nachricht weiter:
Meine Schwester Resi schrieb mir auch Heute – die arme muß in Galizien bleiben – und darf Niemand heraus – Die kann nicht genug jamern wie man die Deutschen dort behandelt – und wie grob man gegen das Militär ist – Resi sagt – daß man immer ordentlich Triumfiert wenn man hört, daß es Italien nicht gut gehet – es ist doch schrecklich das alle Nationen verblendet sind – und in ihr verderben sich selbst stürzen.

Schwester Pepi, die Gattin von Dr. Paul Adolf Ritter von Pernfuß, lebte im Frühjahr 1848 einige Wochen bei Anna im Michaelerhaus in Wien. Die erkrankte Pepi wurde von Anna betreut und konnte sich langsam erholen.

... Schwester Pepi ist besser – allein sehr mat – sie konte Heute kaum so lange sich aufrecht erhalten – als man ihr das Beth gerichtet hat – der Doktor sagte aber es ginge besser.
Nach ihrer Genesung kehrte sie wieder in ihre Villa in Döbling zurück. Während der ärgsten Unruhen im Mai 1848 in Wien konnte Anna mit Franzi bei ihr Zuflucht finden.

Schon im April dieses Jahres beklagte sich Schwester Aloisia, verheiratet mit dem Offizier Anton Händl von Rebenburg, bei Anna über seine erwartete und nicht erfolgte Beförderung. Anna berichtet auch dieses Problem an ihren Gatten:
... gestern sagte man mir das Graf Kastelloni meinen armen Schwager vorgezogen wurde – er sey Major geworden – mein Schwager wäre es darum nicht geworden – weil er Blessirt sey – und man schnell einen Commandanten gebraucht hat. Sollen denn diese Ungerechtigkeiten noch kein Ende nehmen – also wenn sich ein Offizier aussezt blessirt zu werden – so wird er brederirt – eine sauberer Gerechtigkeit – gild den immer nur der Grafen-Tittel bey unserer Armee – die anderen armen Teufel sind nur zum Todschiessen, daß ist doch Himmelschreient!

Diese vier Beispiele innerhalb weniger Wochen zeigen, wie sehr Anna um das Wohl ihrer Geschwister in Sorge war. Sie, die Älteste einer Kinderschar, die zwischen 1804 und 1821 geboren wurde, hatte sieben Schwestern und fünf Brüder. Eine Schwester und zwei Brüder konnten ihren ersten Geburtstag nicht erleben, der kleine Alois Peter ertrank im Alter von vier Jahren in der Traun, die nahe dem Plochl-(Meran-)Haus in Aussee vorbeiströmt.
Obwohl Anna all die Jahre hindurch über verschiedenste Beschwerden klagte, konnte sie ein Lebensalter von 81 Jahren erreichen und wurde somit älter als alle ihre Geschwister. Ihre Geschwister, die das Erwachsenenalter erreichten, die zwei Brüder Joseph und Johann und die sechs Schwestern Franziska, Josepha, Aloisia, Maria, Theresia, Amalia(e) blieben zeitlebens mit Anna und somit auch mit Erzherzog Johann in Kontakt. Ohne Zweifel gelang es den Geschwistern Annas, von dieser Schwägerschaft zu profitieren und dadurch in höhere gesellschaftliche Schichten aufzusteigen.
Der Vater dieser Kinderschar wurde, wie aus dem Ausseer Bürgerbuch im Steiermärkischen Landesarchiv zu entnehmen ist, am 11. Mai 1803 mit abgeleistetem, feierlichem Eid in die Ausseer Bürgerschaft aufgenommen.
Die Eidesformel lautete:
Herr Jakob Plochl ist den 11. Mai 1803 als bürger an und aufgenohmen worden hat die gewöhnliche Taxe mit 4 f erlegt, und abgelegt nachfolgenden Eid
Ich Jakob Plochl schwöre zu Gott dem allmächtigen einen reinen Unverfälschten Eid, ohne Gemüthshinterhaltung oder zweydeutigen Verstande, dass ich Ser. Majestät Franz dem zweyten und seinen rechtmässigen Nachfolgern, so wie diesem Magistrat den schuldigen Gehorsam leisten, jeds Üibel von dem Staate über-

haupt und von dem hiesigen Markte ins besondere abwenden, dessen Nutzen und allgemeine Beste nach Kräften befördern und sowohl die Pflichten eines Staats- als hiesigen Marktbürgers nach Möglichkeit erfüllen woll.
So wahr mir Gott helfe.

Die Bezeichnung Franz II. in dieser Eidesformel bezieht sich auf seinen Titel als Kaiser des Heiligen Römischen Reiches Deutscher Nation. Erst ein Jahr später erfolgte die Proklamation des Kaisertums Österreich – erst ab diesem Zeitpunkt führte er nun folgerichtig den Titel Kaiser Franz I.
Jakob Plochl, der im 54. Lebensjahr verstarb, konnte weder die Hochzeit Annas mit dem Erzherzog noch die familiäre Entwicklung und den sozialen Aufstieg seiner Kinder erleben.
Annas Mutter Maria Anna, geborene Pilz, wurde nur 39 Jahre alt. Die im gleichen Jahr wie Erzherzog Johann geborene Müllerstochter aus Aussee starb nach der Geburt von Annas jüngster Schwester Amalie.
Um die Erforschung der Geschichte der Familie Plochl hat sich der in Feldkirchen bei Graz lebende Historiker Hannes P. Naschenweng schon im Zusammenhang mit der „Erzherzog Johann Landesausstellung" von 1982 verdient gemacht. Seine „Genealogischen Notizen zur Familie Plochl" enthalten viele penibel recherchierte Daten und Fakten.
Die in diesem Kapitel zitierten Auszüge aus Annas Briefen und die Zusatzbestimmungen aus ihrem Testament konnte ich bei der Spurensuche im Archiv Meran finden. Das Archiv enthält zahlreiche weitere detaillierte, vor allem geschäftliche Dinge betreffende Informationen.
Jakob Plochl wurde 1774 in der Ortschaft St. Lorenzen in der Nähe der Stadt Cilli (heute Celje in Slowenien) geboren. Seine Taufe erfolgte in Gorlizendorf (Gorlinice), die Eltern Jakob Plochl (senior) und Maria (geb. Lubsch) stammten ebenfalls aus dieser Region der ehemaligen Untersteiermark. Nähere Kontakte zu Annas Verwandtschaft aus der Gegend von Cilli sind weiters nicht belegt.
Annas Großvater mütterlicherseits, ein gewisser Herr Pilz, war 1792 ertrunken, ihre Großmutter Ehrentraud, geborene Fürst, starb 1806, als Anna zwei Jahre zählte, in Aussee. Die Namen Pilz und Fürst sind im Bereich des Salzkammergutes nicht selten zu finden.

Annas Bruder Joseph, ein Jahr nach ihr geboren, übernahm bald nach dem Tod seines Vaters die Postmeisterei in Aussee, später die von Leoben, wo er am Hauptplatz im „Haus zur Post" seinen Amtssitz hatte. Wie schon erwähnt, verkaufte er im Jahr 1838 das Plochl-Haus in Aussee um 16.000 fl an seinen Schwager, den Erzherzog, der wiederum in einem Vertrag mit dem Markt Aussee das Haus von allen Lasten und Schuldigkeiten befreite. Vier Jahre nach der eigenen Hochzeit richteten Johann und Anna für den Schwager bzw. Bruder eine Hochzeit am Brandhof aus. Joseph vermählte sich mit Marie Kippe-

Der Grabstein von Annas Bruder, Josef Plochl, der wie sein Vater k. k. Postmeister war.

rer, der Tochter eines Gewerken aus Aflenz. Der Postmeister Joseph Plochl wurde nur 42 Jahre alt, er verstarb – vermutlich an Tuberkulose – in Leoben und wurde am Friedhof der Vorstadtpfarre Maria am Waasen beigesetzt. Am Begräbnis seines Schwagers, das mit großem Pomp zelebriert wurde, nahm auch Erzherzog Johann teil. Honoratioren aus Leoben und aus der weiteren Umgebung, die Stadtarmen, Schuljugend, Klerus, Stadtmusikanten, Bürger, Verwandte erwiesen dem Postmeister die letzte Ehre, dessen Sarg von sechs Postillionen in Uniform getragen wurde. Joseph hinterließ einen Sohn namens Karl, dessen Sohn, wiederum ein Karl, starb 1921 in Linz. Laut Naschenweng ist damit der Name Plochl in Annas Verwandtschaft erloschen. Bei Recherchen im Sommer 2004 kam ich mit einer Familie Plochl aus Linz in Kontakt, die ihre Herkunft auf einen Bruder Annas zurückführt, aber über keine diesbezüglichen Dokumente verfügt. Die Kontaktversuche mussten daher leider ohne konkretes Ergebnis bleiben.
Annas Schwester Franziska, kurz Fanny genannt, das dritte Kind der Plochls, verstarb schon mit 29 Jahren nach kurz dauerndem Ehestand mit einem Ham-

mergewerken von Vordernberg und Donawitz, Johann Sackl. Anna erwähnte in ihren Briefen auch den Besuch dieser Schwester in Vordernberg. Fannys letzte Ruhestätte ist, wie die ihres Bruders Joseph, der Friedhof von Leoben-Waasen. Nachkommen aus dieser Ehe gab es keine.

Schwester Josepha – Pepi – schloss 1833 mit dem Hof- und Gerichtsadvokaten Dr. Paul Anton Pernfuß die Ehe, der aus dem südsteirischen Arnfels gebürtig war. Dr. Pernfuß war dem Erzherzog behilflich, dessen Landgut Nadworna in Galizien, das für kurze Zeit in seinem Besitz war, wieder günstig zu veräußern. Zum Dank ernannte Erzherzog Johann seinen Schwager zum *Erzherzoglichen Rat*. Der Text dieser von einem Sekretär geschriebenen Rangerhöhung lautet:
Ich habe Mich in Gnaden bewogen befunden ihnen in Anerkennung der Mir mehrfach treu und eifrig geleisteten Dienste, den Titel und Charakter eines erzherzoglichen Rates zu verleihen.
Wien, am 24. April 1845
Erzherzog Johann
An dieser Stelle sei angemerkt, dass in jenen Briefen, die Johann eigenhändig an seine Bekannten schrieb, die Großschreibung des Personalpronomens nirgends anzufinden ist. Für Anna war Schwager Pernfuß im Jahr 1848 während der Abwesenheit Johanns eine unentbehrliche Stütze. Aus der Ehe dieses recht vermögenden Paares entstammten drei Töchter, eine davon, Anna, war das Patenkind ihrer Tante Anna (Plochl) Meran. Anna, geb. Pernfuß, blieb kinderlos, war aber dreimal verheiratet. Ihr erster Gatte, Freiherr von Hentzi, stammte aus einer Offiziersfamilie, der zweite namens Georg Christ war Unternehmer, der dritte, Franz Ritter Kallina von Urbanow, konnte zum Landespräsidenten des Kronlandes Krain avancieren. Die beiden anderen Töchter, die in ihrer Jugend häufigen Kontakt mit *Tante Anna* pflegten, wurden Jahrzehnte später ebenfalls in Annas Testament bedacht.

Annas Bruder Johann war jener zu Beginn dieses Kapitels erwähnte mittellose Offizier, um den Anna sich 1848 große Sorgen machte. Am 15. Mai dieses Jahres berichtet sie ihrem Mann von einer unerwarteten Geldsendung aus Galizien für ihren Bruder:
Eben erhalte ich von meiner guten Schwester Resi einen Brief mit 200 fl sie sendet es den guten Bruder Johann, die gute Resi thut waß sie kann – ich mußte weinen vor Freude für den armen Johann wenn ich es ihm nur senden könte –! Wohl oft denke ich an Johann der Arme ist in Mantua – ob er nicht Krank dort wird, in der ungesunden Luft.
Einen Tag später:
Lebe wohl mein lieber Alter – Heute erhilt ich von meinen lieben Bruder Johann einen Brief aus Mantua von 9ten May es geht im gut – Gott Lob – er hat sich ein Pferd kauffen müßen – der gute Mensch ist zufrieden – Gott segne ihm.

Am 15. Juli schreibt sie aus Graz:
Heute wurde ich überrascht – Bruder Johann kam in der früh hier an – er muß nach Prag zu den Grenadieren – Ach Gott vom Regen in die Trauffe –! der Arme sieht wohl übel aus – und ganz ohne Garderob – sein einziger Uniform stinkt ordentlich.
Johann Plochl wurde 1859 Oberst und zum Kommandanten des Infanterieregiments Hoch- und Deutschmeister Nr. 4 befördert. Plochl, der bereits im Alter von 48 Jahren verstarb, ging, soweit die Nachforschungen bis heute ergeben, vermutlich keine Ehe ein.

Annas nächste Schwester in absteigender Reihenfolge war Aloisia, auch Luise oder Louise, die den Offizier und späteren Major des Tiroler Kaiserregimentes, Anton Händel von Rebenburg, zur Ehe nahm. Am 29. Juni 1848 schreibt Anna an ihren Mann aus Vordernberg:
... *Tausend Dank daß Händl Major ist – Gott sey gelobt – jetzt wird doch Ruhe sein – Gott sey Dank* ...
Vermutlich konnte der Erzherzog durch Intervention die Rangerhöhung seines Schwagers forcieren. Der Sohn des Paares, Ludwig, war in Triest verheiratet, der Name seiner Frau war Fanny Händl von Rebenburg, sie liegt am Leonhard-Friedhof in Graz begraben. In einem Brief aus Triest vom 4. Juni 1856 erwähnt Anna die Rebenburgs:
... *Morgen kömmt die Hentzi und Bertha, Rebenburgs bleiben bis 18ten hier, sind gute Menschen aber langweilig* ...
Die Villa Rebenburg am Grundlsee, von Aussee kommend das erste Haus rechter Hand am See, gehörte einem Bruder des Majors. Franz Graf Meran und dessen Kinder waren mit den Grundlseer Rebenburgs gut bekannt. Die Villa Rebenburg diente übrigens in der Zwischenkriegszeit als Feriendomizil für so manche Prominenz: Auch Dr. Sigmund Freud aus Wien pflegte hier einige Male seine Sommerfrische zu verbringen.
Schon im Alter von 26 Jahren verstarb Annas nächste Schwester Maria oder Marie. Im Jahr 1837 hatte im Haus von Erzherzog Johann und Anna in Vordernberg eine Doppelhochzeit stattgefunden. Marie ehelichte damals den Bergbaufachmann Johann Dullnig, eine weitere Schwester Annas, Theresia oder Resi, heiratete Nikolaus von Romaskan aus Galizien.
Bei beiden Paaren übernahm Erzherzog Johann die Rolle des Trauzeugen für die Schwestern seiner Frau. Nach der Doppelhochzeit in der Pfarrkirche fand die Festtafel im Hause von Johann und Anna, im so genannten Meran-Haus, in Vordernberg statt (heute Hauptstraße 85). Marie verstarb kinderlos nach mehr als einjähriger Ehe im Palais Erzherzog Johanns in der Leonhardstraße in Graz und wurde am Leonhard-Friedhof begraben.
Die Leistungen des jungen Witwers Johann Dullnig sollten sich für die Region Vordernberg – Erzberg als unentbehrlich erweisen. Schon 1830 war der

aus Kärnten stammende Dullnig auf Betreiben Erzherzog Johanns von der Radmeister-Communität nach Vordernberg berufen worden. Seine Aufgabe war es, die vielen kleinen Gruben organisatorisch zusammenzufassen und den Erztransport zu den Schmelzöfen in Vordernberg zu modernisieren. Er entwickelte ein Fördersystem, das zuerst mit Hilfe von Pferdefuhrwerken, später mittels Aufzügen und Schienenbahnen funktionierte. Seine Erzförderanlage reifte zur technischen Meisterleistung, die einzelnen Systeme der „Dullnig-Bahn" sind heute noch im Rahmen des historischen Erzwanderweges, der vom Präbichl nach Vordernberg führt, zu besichtigen. Nach seiner Tätigkeit in Vordernberg übernahm Dullnig die Leitung des Eisenbahnbaues im Banat. Seinen Lebensabend verbrachte er, der noch eine zweite Ehe einging, in Graz, wo er 1873 verstarb.
Romaskan, der zweite Bräutigam der Doppelhochzeit in Vordernberg, stammte aus einer reichen armenischen Familie in Galizien, die in die Matriken des polnischen Adels in Lemberg, der Hauptstadt Galiziens und in Czernowitz, der Hauptstadt der Bukowina, eingetragen war. Er absolvierte die Theresianische Militärakademie, trat in den Verwaltungsdienst des Kronlandes Galizien ein und kümmerte sich ab 1839 um seine umfangreichen Güter. Im Jahr 1857 erfolgten seine Erhebung in den Freiherrenstand und seine Berufung in den Reichsrat auf Lebenszeit. Der Sohn von Anton und Resi Romaskan, mit dem Namen Nikolaus, kam 1851 zur Welt. Pate des neugeborenen Freiherrn von Romaskan war sein Cousin, der damals zwölf Jahre alte Franz Graf Meran. Nach Naschenweng besteht die Möglichkeit, dass heute Nachkommen des Paares Plochl-Romaskan unter dem Namen Strohschneider in Kanada existieren. Diese würden neben den potenziellen Abkömmlingen von Johann Plochl und den beinahe 1000 Nachkommen von Anna und Johann zur heute noch lebenden Nachkommenschaft des Postmeisters Jakob Plochl gehören.

Maly, die jüngste der 13 Plochl-Kinder wurde 1821 geboren. Da, wie erwähnt, die Mutter kurz nach der Geburt des kleinen Mädchens verstarb, musste die damals 17-jährige Anna die Rolle der Mutter übernehmen. Der verwitwete Grazer Kreisarzt Dr. Anton Werle bewarb sich um die junge Frau, die ihre Schwester Anna sowohl vor wie auch nach ihrer Eheschließung mit ihren Geldsorgen behelligte. Der einzige Sohn des Paares, Franz, starb kinderlos in Graz.

Anna hinterließ in ihrem 1883 verfassten offiziellen Testament ihren gesamten Besitz ihrem Sohn Franz Meran. Von Legaten für soziale Einrichtungen wird später noch die Rede sein. Die Schwiegertochter, die sieben Enkelkinder und einige Bedienstete wurden mit Schmuck oder persönlichen Wertgegenständen bedacht. Für ihre ursprüngliche Familie, die *Plochl'sche Verwandt-*

Selig, die im Herrn sterben, ihre Werke folgen ihnen nach.

Christliche Erinnerung

an

Therese Freifrau von Romaszkan

geb. **Plochl**

geb. zu Aussee am 30. Jänner 1817,
gest. zu Stanislau am 19. April 1895.

Selig sind die Barmherzigen, denn sie werden Barmherzigkeit erlangen.

Selig, wer der Armen und Dürftigen gedenket, am Tage des Gerichtes wird ihn der Herr erretten.

Herr, gib ihr die ewige Ruhe, und das ewige Licht leuchte ihr. Amen.

J. Heindl, Wien

Parte für Annas Schwester, Therese von Romaskan, genannt Resi.

schaft sah sie in einem eigenhändig geschriebenen Zusatz folgende Legate und Geschenke vor:

... Ferners legiere ich.
a: Meiner Schwester Louise von Rebenburg den Schmuck von 3 großen Granaten mit Tropfen – mit kleinen Brillanten verziert – und ein schwarzes Spitzentuch.
b: Meiner Schwester Therese Baronin von Romazkan die Broge mit echtem Smaragd und kleinen Rauteln ein ... breit Gold und eine schwarze Spitzenmantilie.
c: meiner Schwester Amalie Werle, daß große goldene Medaillon mit kleinen Rauteln und mitten eine Perle, einen echten Spitzen Kragen schwarz – und daß Bracelet mit türkischer Schrift und die Sack Uhr von meinem Bruder Johann.
d: Meinen Nichten Gallina Novitzky und Milbacher – so wie meinem Taufkind Anna Baronin Romazkan – bitte ich jeden ein Andencken zu geben – eben so meinen Schwager Werle und seinem Sohn Franz Werle meinen Neffen – auch

den Major Ludwig Rebenburg und seiner Frau Fanni – jeden ein Andencken – entweder Fächer, Silber Schallen – Anhängsel oder Mappen etz. ...
4: Ferner bitte ich Dich lieber Sohn daß Du meinen Großneffen Karl Plochl bis er Hauptmann ist die Zulage von Monatlich 25 f O. W. geben möchtest.
... Mein lieber Sohn eine Bitte lege ich Dir noch ans Herz – verlasse meine 3 Schwestern nicht behalte ihnen Dein Haus ofen – sie verdienen es – immer waren sie bescheiden – waß Dein Vater sehr anerkante, Dein Vater gab der Louise Jährlich 600 f. – eben so meiner Schwester Mali auch 600 f. – immer in 1/2 jährigen Ratten – ich gab Mali 600 f. – und für ihren Sohn Beihilfe für Kost 240 f. – Louise 600 f. – und Ihrem Sohn jährlich auch 240 f. – wenn Du ihnen jedem 800 f. geben würdest – so erfühlest Du eine Herzensbitte Deiner Mutter.
Hätte ich mir ein Vermögen zusam sparren können – würde ich Dich – für die Meinen nun nicht gebetten haben – aber Du weißt wie schwer Du mir anfangs – daß von Deinem Vater für mich bestimte ausbezahlen konntest – ich nahm auf Abrechnung den Weingarten samt den Wein Vorrath – half so gut ich konnte beym Gruftbau in Schönna – hätte ich alles zu Handen bekomen – würde ich ein Kapital besitzen – und Dir Niemand zur Last gelegt haben.
Ist Dir der Siebeneichische Weingarten zu viell – er ist freies Eigenthum von mir – verkauffe denselben, dan hast Du gleich etwaß an Geld – wovon Du die Interessen für meine Pensionisten – so nenne ich alle – zum Theil nehmen kannst. Verzeihe Deiner Mutter – Dir die lieben Meinigen so ans Herz gelegt zu haben –, der guten Schwester Resi Romaskan bleibe ein freundlicher Neffe, thue alles Deiner Mutter zu Lieb – die es um Dich verdient hat – Gottes Segen sey mit Dir mit Deiner Frau mit Deinen lieben Kindern – die ich so unaussprechlich geliebt habe – Lerne sie für ihre Großeltern bethen. – Gott lohne Dir alles alles – waß Du für Deine Mutter gethan – und nun auf ihr Bitten thun wirst – so Gott will auf Wiedersehen Jenseits, gedenke Deiner
alten treuen, aufrichtigen
Mutter Anna Meran
Graz 1ten Juni 1883

Schwester Maly verstarb schon 1884, ein Jahr vor Anna. Resi und Luise überlebten ihre ältere Schwester, die seinerzeit *wie eine Mutter* für sie gesorgt hatte, Resi wurde 78 Jahre alt, Luise verstarb wie ihre große Schwester Anna im Alter von 81 Jahren. Der Erzherzog, bekannt für seine Gastlichkeit und sein offenes Haus, pflegte zu allen Verwandten Annas lockere Kontakte, mit seinen Schwagern Pernfuß, Dullnig und Romaskan ergab sich eine nähere Verbindung, die aus der beruflichen Tätigkeit der genannten Herren resultierte.

Stammtafel der Familie Plochl

I.	Jakob Plochl sen.	∞	Maria Lubsch
	Johann Pilz	∞	Ehrentraud, geb. Fürst
II.	Jakob Plochl jun. 1774–1828	∞	1. Maria Anna, geb. Pilz 1782–1821 (13 Kinder) 2. Aloisia, geb. Strenberger 1796–1831 (kinderlos)
III.	1. Anna 1804–1885	∞	Erzherzog Johann 1782–1859
	2. Joseph 1805–1847	∞	Marie, geb. Kipperer
	3. Fanny (Franziska) 1806–1835	∞	Johann Sackl
	4. Alois Peter 1808–1812		
	5. Walpurga * † 1809		
	6. Pepi (Josepha) 1810–1863	∞	Paul Ritter von Pernfuß
	7. Johann Jakob * † 1811		
	8. Luise (Aloisia) 1812–1893	∞	Anton Händl von Rebenburg
	9. Marie (Maria) 1813–1839	∞	Johann Dullnig
	10. Johann Anton 1815–1863		
	11. Resi (Theresia) 1817–1895	∞	Nikolaus von Romaskan
	12. Eduard Konrad * † 1818		
	13. Maly (Amalie) 1821–1884	∞	Dr. Anton Werle

8

Die kaiserliche Verwandtschaft

Familie Habsburg

Anna wird der Verwandtschaft ihres Gatten vermutlich Zeit ihres Lebens mit ambivalenten Gefühlen gegenübergestanden sein. In den ersten Jahren ihrer Bekanntschaft mit Johann scheint die Ehrfurcht vor der kaiserlichen Familie fast unüberwindlich groß gewesen zu sein. Die Angst vor dem Standesunterschied, der kaum zu überbrücken war, spricht aus vielen ihrer Briefe während der Zeit des Wartens, aber auch nach ihrem Einzug als „Hausfrau" in Vordernberg. Wie schon erwähnt fand Johanns Familie auch in den ersten Ehejahren wenig Interesse an Anna, was diese in ihrer ohne Zweifel vorhandenen Bescheidenheit ohne zu murren hinnahm. Zwei Ereignisse, ein familiäres und ein weit reichendes politisches mit ungeahnten Folgen, sollten die distanzierte Haltung der Familie Habsburg-Lothringen gegenüber Anna ändern. Das Erste war die Geburt von Franzi, das Zweite die Revolution von 1848, die Anna vorübergehend in das Rampenlicht der Öffentlichkeit stellte.

Wer war nun der Personenkreis, zu dem Johanns engere Verwandtschaft zählte?

Die Großmutter Johanns war Maria Theresia, sein Großvater Kaiser Franz I. Stephan von Lothringen. Kaiser Joseph II., der älteste Sohn des Paares, das 16 Kinder hatte, war Johanns Onkel. Die jüngste Tochter Marie Antoinette,

Marie Louise, die Lieblingsnichte Erzherzog Johanns, mit ihrem Gatten Napoleon, Kaiser der Franzosen.

Maria Theresia, die Großmutter Erzherzog Johanns.

Gattin des französischen Königs Ludwig XVI., war eine von Johanns Tanten. Sie starb 1793 unter der Guillotine in Paris, als Johann elf Jahre zählte. Marie Louise, die zweite Gattin Napoleons, des Kaisers der Franzosen, war Johanns Nichte. Eine andere Nichte, Erzherzogin Leopoldine, ging die Ehe mit Dom Pedro ein, dem späteren Kaiser von Brasilien.

Der zweitälteste Sohn Maria Theresias, Peter Leopold, Großherzog der Toskana, war Johanns Vater. Nach dem Tod seines Bruders Joseph II. übernahm er als Leopold II. die Kaiserwürde.

Die Mutter Erzherzog Johanns, Maria Ludovika, war die Tochter des Bourbonenkönigs Karl III. von Spanien. Johanns Mutter, deren Porträt eine große Ähnlichkeit mit Bildern des jungen Johann zeigt, war eine Urenkelin des Sonnenkönigs Ludwig XIV. von Frankreich.

Der Vater Erzherzog Johanns, Kaiser Leopold II., war der zweitälteste Sohn Maria Theresias.

Eine weitere Tochter Maria Theresias, Maria Carolina, Königin von Neapel, war ebenfalls eine Tante des Erzherzogs.

Der Vater Johanns war als Großherzog der Toskana ein ausgezeichneter und beliebter Herrscher, der zahlreiche Reformen auf wirtschaftlichem, steuerlichem und staatsrechtlichem Gebiet im Sinne der Aufklärung in die Wege leitete. Als Kaiser des Reiches waren ihm nur zwei Jahre beschieden, während seiner Regierungszeit 1790 bis 1792 erreichte die Revolution in Frankreich einen vorläufigen Höhepunkt.

Als Johann acht Jahre zählte, fand eine Doppelhochzeit zwischen nahen Verwandten des kleinen Erzherzogs statt. Seine beiden ältesten Brüder, Franz und Ferdinand, verehelichten sich mit den beiden ältesten Töchtern des Königs von Neapel und Sizilien. Der Vater, König Ferdinand I., war der Bruder von Johanns Mutter und somit der Schwager seines Vaters, Kaiser Leopold II.

Die beiden Paare waren daher eng verwandt. Zwischen den Familien gab es bald eine weitere Verbindung. Erzherzog Johanns Schwester Klementine vermählte sich 1797 mit Franz, dem Sohn König Ferdinands I. Franz wurde 1825 zum König beider Sizilien gekrönt.
Kaiser Leopold II. und seine Gattin waren mit einer reichen Kinderschar gesegnet, Erzherzog Johann hatte 15 Geschwister, von denen drei im Kindesalter starben. Ludovika schenkte innerhalb von 21 Jahren vier Töchtern und zwölf Söhnen das Leben. Johann war der neunte Sohn und das 13 Kind seiner Eltern.

Die Kinder Kaiser Leopolds II. und seiner Gattin Ludovika
Erzherzoge und Erzherzoginnen

1. Maria Theresia (1767–1827)
   ∞ Anton I., König von Sachsen
2. Franz II. (I.) (1768–1835)
   ab 1792 als Franz II. Kaiser des Reiches, ab 1804 Kaiser Franz I. von Österreich
   ∞ 1. Elisabeth Wilhelmine (1767–1790), Tochter des Herzogs von Württemberg
   ∞ 2. Marie Therese, Tochter des Königs beider Sizilien
   ∞ 3. Marie Ludovika, Tochter Erzherzog Ferdinands von Modena
   ∞ 4. Karoline, Tochter von König Maximilian von Bayern
3. Ferdinand III. (1769–1824)
   Großherzog der Toskana, Begründer der toskanischen Linie des Hauses
   ∞ 1. Luise Maria, Prinzessin beider Sizilien aus dem Hause Bourbon
   ∞ 2. Maria Anna, Prinzessin von Sachsen
4. Maria Anna (1770–1809)
5. Karl (1771–1847)
   Sieger von Aspern über Napoleon 1809, Adoptivsohn des Herzogs Albert von Teschen
   ∞ Henriette, Prinzessin von Nassau-Weilburg
6. Leopold (1772–1795)
   Palatin von Ungarn
7. Albrecht (1773–1774)
8. Maximilian (1774–1778)
9. Josef (1776–1847)
   Palatin von Ungarn, Begründer der ungarischen Linie des Hauses
   ∞ 1. Alexandra, Tochter des Zaren Paul I. von Russland
   ∞ 2. Hermine, Tochter des Fürsten von Anhalt-Bernburg
   ∞ 3. Marie, Tochter des Herzogs von Württemberg
10. Klementine (1777–1801)
   ∞ Franz I., König beider Sizilien aus dem Hause Bourbon

11. Anton Viktor (1779–1835)
    1809 Großmeister des Hoch- und Deutschmeister-Ordens, 1816–1828 Vizekönig des Lombardo-Venetianischen Königreiches
12. Maria Amalia (1780–1798)
13. Johann (1782–1859)
    1848/49 deutscher Reichsverweser, Eröffnung des konstituierenden Reichstages in Wien am 22. Juli 1848 in Vertretung für Kaiser Ferdinand
    ∞ Anna Plochl, spätere Freiin von Brandhofen, spätere Gräfin Meran
14. Rainer (1783–1853)
    Folgt seinem Bruder Anton als Vizekönig von Lombardo-Venetien nach, ab 1848 in Bozen ansässig, Begründer der Linie Erzherzog Rainer
    ∞ Elisabeth, Prinzessin von Savoyen
15. Ludwig (1784–1864)
    Vorsitzender der Staatskonferenz unter Kaiser Ferdinand I., dabei Leitung der Staatsgeschäfte von 1835–1848
16. Rudolf (1788–1831)
    Fürsterzbischof von Olmütz, Kardinal; Beethoven widmet ihm aus Anlass der Erhebung zum Kardinal die „Missa Solemnis“

Obwohl die Volksverbundenheit Erzherzog Johanns es mit sich brachte, dass er sich als Jäger unter Jägern, Bauer unter Bauern, Bürger unter Bürgern wohl fühlte, so war er durchaus auch geneigt, sich als Mitglied des Erzhauses zu präsentieren. Häufig kam er, besonders während der Wintermonate in Wien, mit seinen Brüdern zusammen. Gelegentlich konnte er auch persönliche oder zumindest briefliche Kontakte mit der übrigen Verwandtschaft pflegen. Während seiner Aufenthalte in Wien berichtet er Anna von den fast jeden Tag stattfindenden Treffen mit der Familie.
So erzählt er vom 20. Juni 1826:
... Früh fuhr ich von Mürzzuschlag weg. Da ich erfuhr, daß morgen der Kaiser abgehe, so hielt ich mich in (Wiener) *Neustadt nicht auf, sondern fuhr nach Baden zu Bruder Anton. Unterwegs waren fast alle Ströme aus ihren Ufern getreten, die Brücke zu Neunkirchen beschädiget. In Baden fand ich niemand, weil alles in Laxenburg war. Ich fuhr dahin, traf alle an. So meinen Herren, die Brüder ...*

Im September des gleichen Jahres berichtet er wieder von einem Besuch bei der Familie und listet am Ende in ungewohnt humorvoller Art die zu erwartende ab- und anwesende Verwandtschaft auf:

	Anwesend.	*Abwesend.*	
Louise v. Parma u. Sohn	*2*	–	
Karl, Frau, 4 Kinder	*6*	–	
Josef, Frau, 2 Kinder	*4*	–	
Anton	*1*	–	
Ich	*1*	–	
Rainer, Frau, Kinder	*5*	*2*	*in Welschland.*
Ludwig	*1*	–	
Rudolf	*1*	–	
Neffe Leopold (Florenz)	*1*	*3*	*Frau u. 2 Kinder in Welschland.*
Erzherzogin Beatrix	–	*1*	*in Welschland*
3 Söhne	–	*3*	*detto.*
Nichte Leopoldine, Kinder	–	*6*	*Brasilien.*
Nichte Marie	–	*3*	*Italien.*
Nichte Caroline	–	*2*	*Sachsen.*
	22 da.	*20 abwesend.*	

Summe – 42 =
Ich schließe meinen Brief. Gott mit dir.
Dein Radm(eister) *H*(ans).

Schon zu jener Zeit, als Anna als „Hausfrau" am Brandhof und in Vordernberg tätig war, konnte es Johann durchsetzen, sie seinen Brüdern Anton und Rainer vorzustellen. Seine Schwägerin Henriette, die Frau Erzherzog Karls, und seine Lieblingsnichte Marielouise standen seinen Plänen, Anna zu ehelichen, wohlwollend gegenüber.

Doch erst nach der Hochzeit erfolgte allmählich eine nähere Bekanntschaft mit der kaiserlichen Familie. Den Anfang machte Johanns Schwägerin Marie, die Frau seines Bruders Josef, Palatin von Ungarn, die dem Paar am Brandhof einen Besuch abstattete. Bald folgten die Kinder Erzherzog Karls ihrem Beispiel, später er selbst in Begleitung seiner Tochter Therese. Nachdem Anna zur Freiin von Brandhofen avanciert war, erfolgte – sozusagen als Krönung – ein Besuch bei Kaiser Franz und seiner vierten Gattin Karoline Augusta (Charlotta Augusta) am 28. Dezember 1834 in der Hofburg in Wien. Man plauderte freundlich über Wohnorte, Aufenthalte, Reisen und die verschiedenen Lebensweisen, und Johann hatte Gelegenheit, sich für die Rangerhöhung seiner Frau zu bedanken.

Im folgenden März verstarb Kaiser Franz. Johann hatte damit seinen älteren Bruder verloren, der für ihn – wie er immer betonte – *der Herr*, das *unum-*

Links: Kaiser Franz I. von Österreich, der älteste Bruder Erzherzog Johanns. Rechts: Kaiser Ferdinand I., ein Neffe von Erzherzog Johann.

schränkte Familienoberhaupt und der von Gottes Gnaden eingesetzte Herrscher war. Die Witwe, auch als Kaiserin-Mutter (sie war die Stiefmutter von Kaiser Ferdinand) bezeichnet, blieb bis zu ihrem Tod im Februar 1873 mit Anna in brieflichem und persönlichem Kontakt. Anna wurde sogar im Testament der Kaiserin mit einem wertvollen Schmuckstück, einem Armband, *als Erinnerung* bedacht.
Testamente von Mitgliedern der kaiserlichen Familie unterstanden dem Amt des Obersthofmarschall-Amts, sie bedurften der offiziellen Genehmigung und wurden nach dem Todesfall des Erblassers dem jeweiligen Erben auszugsweise zugesandt. Der Universalerbe erhielt eine Abschrift des gesamten Dokumentes.

An Ihre drl Frau Gräfin Anna von Meran
Hochgeboren
Hochgeborene Gräfin!
Weiland Ihre Majestät die am 9. Februar 1873 in Wien hingeschiedene verwitwete Kaiserin Carolina Augusta hat in Allerhöchst ihren letztwilligen von seiner Kaiserlichen und Königlich apostolischen Majestät genehmigten und am 10. Februar 1873 kundgemachten letztwilligen Anordnungen zu Gunsten Euer Hochgeboren die im beiliegenden Auszuge ersichtliche Verfügung getroffen.
Weiters hat Allerhöchstdieselbe Seine kaiserliche Hoheit den durchlauchtigsten Herrn Erzherzog Carl Ludwig zum Universalerben, und Allerhöchst Ihren Obersthofmeister Grafen Filipp von Cavriani zum Testamentvollstrecker ernannt.

Ich beehre mich Euer Hochgeboren von diesen Allerhöchsten Verfügungen mit der ergebensten Bitte in Kenntnis zu setzen, – die angeschlossene Bestätigung des Empfanges dieser Mittheilung gefälligst mit der Namensfertigung versehen und dem Obersthofmarschall-Amte als erforderlichen Beleg der Verlassenschafts-Abhandlungs-Akten zukommen lassen zu wollen.
Genehmigen Euer Hochgeboren bei diesem Anlasse den Ausdruck meiner ausgezeichneten Hochachtung.
Wien den 16. Februar 1873

Auszug aus dem Testamente weiland
Ihrer Majestät der Kaiserin Carolina Augusta
Dato Salzburg 18. Juli 1863.

§ XXXIII als Nachtrag zu § XXVI
Ich vermache der Gräfin Anna v. Meran als Andenken und Merkmal meiner Freundschaft
a) Eines meiner Armbänder u. zwar wenn es bei meinem Tode noch vorhanden ist, jenes mit einem Onix, –
b) Das wohlgeratene Bild meines Schwagers Johann in Wasserfarben (eines jener, welche mir Henriette vermachte. Sie hängen in meinem Schreibzimmer in Wien).

Im Februar 1839, wenige Wochen vor der Geburt ihres Kindes, zeigte Johanns Familie freundliches Interesse an Annas Zustand und an dem bevorstehenden freudigen Ereignis. Johanns Neffe, Kaiser Ferdinand I., Erzherzog Franz Karl, seine Gattin Sophie (die Eltern des späteren Kaisers Franz Joseph) und die Kaiserin-Mutter hatten Verständnis für den werdenden Vater und wünschten ihm und seiner Frau Glück und alles Gute.
In Johanns Tagebuch ist diese Situation beschrieben:
Am 10. um 7 Uhr war ich bey den Michaelern Kirche, das Oratorium der Wohnung, welche ich für meine Frau habe, ist so richtig, man ist da ganz ungesehen, wie gut um so vom Herzen zu bethen. Ich hatte in Vordernberg mit Gott geschlossen, hier begann ich wieder mit Ihm. Um 8 Uhr besuchte ich Ludwig, den ich fand – allgemeines sprechend – war dann bey Franz und Sophie, welche ich mit den Kindern beym Frühstück fand, als ich wegging und ich mit Franz allein war, wünschte er mir Glück zu dem Zustande meiner Frau den Antheil aussprechend, es ging ihm vom Herzen, ich dankte und sagte ihm wie es mich freue, dass er so gegen mich ausspreche und ich in ihm ein mitfühlendes Herz erkenne.
Um 12 Uhr besuchte ich die Kaiserin-Mutter, die eine Freude bezeigte mich zu sehen. Ich war sehr kurz, weil sie einen Gang zu machen hatte. Zuletzt sagte sie Schwager sie haben sich schön aufgeführt – ich verstand was sie meinte – ant-

wortete, daß sey die Folge meiner Reisen – sie meinte nach 12 Jahren verheirathet seyn – ich sagte, daß habe Gott verfüget, er wisse warum und ging weiter. Von da wieder zum Kaiser, welchen ich antraf und die Kaiserin die mich zum Speisen einluden und gleich um meine Ehefrau fragten. Um 2 Uhr waren wir wie gewöhnlich alle bey dem Kaiser speisen. Nachmittags fragte mich Sophie zum erstenmahl (!) um meine Frau, wo ich ihr gutmüthig alles was deren Zustand betrifft mittheilte, mich freute es, daß man doch nach 12 Jahren anfängt aufzuthauen. Vom Speisen ging ich spazieren, begegnete Ludwig. Um 6 Uhr war ich bey Karl mit welchem ich herzlich alles ausredete.
Warum Johann die irrtümlich mit *12 Jahren* angegebene Dauer seiner Ehe nicht auf die tatsächlichen zehn Jahre korrigierte, ist nicht bekannt.

Doch auch nach der Geburt von Franzi blieb Anna von offiziellen Anlässen und internen Familientreffen ausgeschlossen. Litt Anna unter der nach heutigem Verständnis befremdlichen Zurücksetzung? Kein Brief, kein Hinweis deutet darauf hin.
Jahre später, im Revolutionsjahr 1848, stellte sich für Anna die Situation ganz anders dar. Johann war vorübergehend der offizielle Vertreter seines Neffen, Kaiser Ferdinands I., und Anna zählte plötzlich zur ersten Gesellschaft Wiens. Johanns Bekannte, Offiziere, selbst der Kriegsminister Latour finden sich auch während der Abwesenheit des Erzherzogs zu Gesprächen und Besuchen bei Anna im Haus auf dem Michaelerplatz ein. Annas Ansehen als Gattin des Erzherzogs, von dem man sich entscheidende Verbesserungen der katastrophalen Situation in Wien erhofft, beginnt sprunghaft anzusteigen. Plötzlich erscheint es selbstverständlich, sie in die Hofburg zu Gesprächen einzuladen.
Am 24. April schreibt Anna an Johann:
... Gestern Abend um $^1/_2$ 8 Uhr lies mich die Kaiserin hollen – ich mußte ihr sagen wie es Dir geht – sie hatte die Gnade mich eine Stunde gut – bey ihr zu behalten, sie ist sehr angegriffen – und hat eine starke Huste – ich fand das die gute Frau gar nicht viell weis – von dem was in der Welt vorgeht – allein man sah auch gleich durchblicken, welche Leuthe mit ihr verhandeln. Ach Gott saget man dieser edlen Frau die reine Wahrheit – Nein Nein Nein – könnte ich ihr nur alles sagen – ich weiß sie würde anders handeln–! Die Kaiserin war sehr lieb und gut – auch der Kaiser kam 2mahl zu uns – beyde lassen Dich Herzlich grüßen – und Dir für Deine Anhänglichkeit danken.
Ich bleibe jezt noch hier – Du wirst mir sagen was ich dann thun soll – schaden möchte es wohl nicht, wenn ich überall auf unseren Besitzungen Nachsehen könte ...
Kaiserin Maria Anna stand ihrem kränklichen und zur Regierung wenig geeigneten Gatten hilfreich zur Seite. Die Gattin Kaiser Ferdinands war Italienerin, sie war die Tochter König Viktor Emmanuels I. von Sardinien-Piemont, jener Region, von der die Einigung Italiens ihren Ausgang nahm. Die Kaiserin

sprach sich – aus Rücksicht auf die Gesundheit ihres Gatten – zur Abdankung zu Gunsten seines Neffen, des damals 18-jährigen Franz Joseph, aus. Nach dem Thronverzicht zog sie sich – die sowohl in Wien als auch in Prag beliebt und populär war – mit ihrem Gatten auf den Hradschin zurück.
Anna, die von dem Besuch bei Kaiser und Kaiserin kein großes Aufsehen macht, betrachtet es als selbstverständlich, sich in Johanns Abwesenheit um die Besitzungen zu kümmern. Nach der Flucht einiger Personen der kaiserlichen Familie kommt Anna mit der schon genannten Schwägerin Marie in Kontakt, die versucht nach Buda(pest) zu kommen.
18. Mai 1848:
... Deine Schwägerin Marie wollte gestern samt ihre Kranken Kinder mit den Dampfbothe fort – mußte aber umkehren denn man ließ daß Dampfboth nicht nach Ungarn fort – ich schrieb an Marie in meiner ärgsten Angst – und bath Sie bloß um ihren Rath waß ich thun soll, ob gehen oder bleiben – sie trug mir dann an, wenn ich will zu ihr in Augarten mit Franzi zu zihen – ich dankte ihr recht Herzlich für den Augenblick, behilt mir aber die Gnade bevor, wenn es nothwendig werden solte. Warum ich Marie um Rath frug – hat seinen Grund – damit ich – wenn es nothwenig wäre – sagen kann – ich frug – ob ich gehen oder bleiben soll – und da von der ganzen Familie Niemand als Marie hier war – so mußte ich mich wohl an sie wenden – ein mehreres werde ich Dir Mündlich sagen. Es wäre recht gut – wenn Du ihr bey Gelegenheit danken und Schreiben möchtest – sie zeugte uns ja immer ein Herz –!

Selbst Erzherzogin Sophie, die stets größten Wert auf Etikette legte, hielt es nun für wichtig, mit Anna zu sprechen. Die energische Sophie galt am Wiener Hof als ein bedeutender politischer Faktor, mit dem auch Metternich jahrelang zu rechnen hatte. Nach dem Regierungsantritt ihres Sohnes Franz Joseph wurde sie hinter vorgehaltener Hand als die heimliche Kaiserin bezeichnet. Anna zeigt sich über ihre Einladung überrascht:
... Gestern ließ mich um 2 Uhr die Erzh. Sophie hollen – ich war ganz erstaunt darüber – ich fand sie sehr freundlich, sie frug mich wie es Dir geht – und trug mir auf – Dir ihren Herzlichen Gruß zu melden – ich war eine gute Stunde bey ihr – sie war sehr sehr gut – und es kam mir vor – als wie Sie sich für alles was geschah vertheidigen wolte – und sprach sich sehr freundschaftlich für mich aus – ich sagte ihr offen die Wahrheit – von dem was ich wußte – sagte auch wie Du immer und immer nur das Wohl der Familie vor Augen hättest und mit Leib und Seele für sie sorgest und denkest – sie entlies mich ausserordentlich freundlich ...

Im folgenden Brief nimmt Anna zu Johanns Bruder Erzherzog Ludwig Stellung, dem nun alle Familienangelegenheiten obliegen. Fast 300 Jahre lang hatte es in der Familie Habsburg keine morganatische Ehe mehr gegeben. Philippine Welser war die letzte Bürgerliche gewesen, die Gattin des Habsbur-

Erzherzog Ferdinand Maximilian.

Nach der Natur gezeichnet und lithographiert von Kriehuber.

Der spätere Kaiser Maximilian von Mexiko war ein Großneffe Erzherzog Johanns.

gers Ferdinand II. von Tirol, der 1557 mit ihr, der reichen Bürgerstochter aus Augsburg, die Ehe geschlossen hatte. Die Nachkommenschaft des Paares war von der Erbfolge ausgeschlossen. Es blieb Johann vorbehalten, diesen Schritt mit Anna gegen die Familientradition zu wagen. Was die erwähnte *Silberne Kapelle* anbelangt, so war es Philippine untersagt, an der Seite ihres Gatten die letzte Ruhestatt zu finden. Ferdinand von Tirol ruht auf der Evangelienseite im Altarraum der Silbernen Kapelle in der Hofkirche zu Innsbruck. Für Philippine war nur der Vorraum dieser Kapelle vorgesehen.

Kaiser Franz Joseph, ebenfalls ein Großneffe Erzherzog Johanns, war ein gern gesehener Jagdgast am Brandhof.

Anna am 22. Mai 1848:
... Franzi und mir geht es Gott Lob gut – nur haben wir seit gestern Regen und sehr kalt – Die Silberne Kapelle gefällt mir auch so gut – wohl hast Du recht das die arme Philippine getrennt von ihrem Mann liegt – daß thut mir auch weh als ich es sah – aber wer weiß ob nicht damahls auch die Familie des Erzh. es ihm nicht erlaubt haben – daß sie vereint liegen dürfen – so etwaß dürfte mir auch bevorstehen – gar jezt wo wie man allgemein hört, Erz. Lud. die Familienangelegenheiten über hat – der hat sich doch gegen mich und Franzi immer hart benohmen, auf ihn dürfen wir ja nicht rechnen ...

Ein weiterer Kontakt zu einem Mitglied der kaiserlichen Familie ergab sich 1856 bei einem der Aufenthalte Annas in Triest, nämlich zu Erzherzog Ferdinand Max, dem jüngeren Bruder Kaiser Franz Josephs, der damals das Oberkommando über die k. k. Marine in Triest innehatte. Anna berichtet einige Monate später in einem Brief, dass von Ferdinand Max eine Kiste mit Orangen ange-

kommen sei, zwölf Stück davon wollte sie an Johann weitersenden. Ein Jahr später übernahm Ferdinand Max den Posten des General-Gouverneurs über das Königreich Lombardo-Venetien innerhalb des Kaiserstaates Österreich. Nach diesem Amt war sein Wohnsitz das mit einem wunderbaren Park umgebene und damals noch im Bau befindliche Schloss Miramar. Von hier aus nahm der Erzherzog, nun Kaiser Maximilian, die Kaiserkrone Mexikos an.
Begegnungen mit dem Kaiserpaar Franz Joseph und Elisabeth ergaben sich sporadisch. Erzherzog Johann lud seinen Großneffen mehrfach zur Jagd in die Obersteiermark ein, Anna versuchte dabei brieflich, mit ihrem Gatten die Organisation des Aufenthaltes und der Übernachtung auszuhandeln. Gespräche und Treffen mit Kaiserin Elisabeth erfolgten während der Witwenzeit Annas bei ihren Aufenthalten in Schenna und in Meran. Elisabeth, die sich in Meran des Öfteren diversen Kuren unterzog, schenkte Anna ein kostbares Messgewand, das in der Kapelle und im Mausoleum von Schenna verwendet wurde. Nach der Erhebung Annas in den Stand einer Gräfin von Meran nahm sie vermehrt an offiziellen Feiern und Festen, insbesondere in der Steiermark und in Tirol, teil. Beinahe als selbstverständlich mutet es an, dass Anna zur Taufe des kleinen Franz Ferdinand in Graz geladen wurde. Der Erzherzog und spätere Thronfolger wurde am 28. Juni 1914 mit seiner Gattin Sophie von Hohenberg vom 18-jährigen serbischen Anarchisten Gavrilo Princip erschossen. Die Schüsse von Sarajewo lösten den Ersten Weltkrieg aus.
Ein weiterer, ungleich intensiverer Kontakt ergab sich zwischen Anna und der Königin von Belgien, Marie Henriette, die Anna als *Meine geliebte Tante* tituliert, war sie doch als Tochter von Erzherzog Josef, Palatin von Ungarn, eine der zahlreichen Nichten Erzherzog Johanns. Die Königin, die ihren Brief an Anna mit *Ihre treu ergebene Nichte* unterschreibt, stand kurz vor einem großen familiären Ereignis. Ihre Tochter Stephanie, Prinzessin von Belgien, sollte sich mit Kronprinz Rudolf, dem Sohn Kaiser Franz Josephs und Elisabeths, verloben. Acht Jahre dauerte die unglückliche, aus Staatsräson geschlossene Ehe, die mit dem Selbstmord des Kronprinzen in Mayerling ein jähes Ende nahm.
Anna gratulierte ihrer Nichte, der Königin, zur bevorstehenden Verlobung ihrer Tochter. Die Antwort darauf erfolgte einige Wochen später.

Brief der Königin von Belgien an Anna Gräfin Meran:
Palais de Bruxelles, am 24 März 1880
Meine geliebte Tante,
Sie müssen es mir verzeihen wenn ich erst heute Ihr liebevolles Schreiben beantworte, allein solange Rudolf unser lieber Gast war, hatte ich keine freie Minute. Jetzt aber drängt es mich Ihnen meinen innigsten, tiefgefühlten Dank darzubringen. Ihr Brief füllte meine Augen mit Thränen der Rührung und gar zu nachsichtig sind Ihre Worte für mich. Ich suchte meine Töchter vor Gottes Auge zu erziehen und jetzt wird mir der schönste Lohn! Sehr unerwartet kam

mir aber dieses Glück, da die Zeitungen gerade von der Verlobung des Kronprinzen mit einer sächsischen Prinzessin sprachen. Gewiss, mein theurer, unvergesslicher Onkel Erzherzog Johann hätte theil genommen, er war ja wie ein Vater für mich und sein liebes Bild lächelt mir ober meinem kleinen Altare stets entgegen wenn ich bete. Ich bitte Gott seinen Segen dazu zu geben, damit die Wahl des Kronprinzen zu des Kaisers Glück und zu Oesterreichs Wohl beitrage und ich erlaube mir dieses Anliegen auch Ihrem frommen Gebete zu empfehlen. Nur eines sei mir noch erlaubt zu erwähnen: falls Sie mich wieder einmal mit einem Briefe beglücken, muss das böse „Majestät" welches ich schon so zu oft hören muss, gewiss ausbleiben. Indem ich mir erlaube nebst dem Danke meiner Stephanie auch ihre Photographie beizulegen, empfehle ich mich Ihrem liebevollen, gütigen und sehr werten Andenken und nenne mich ewig, theuerste, liebe Tante,
Ihre treu ergebene Nichte
Marie Henriette

9

Verzweifelte Briefe aus Wien und Frankfurt

Das Revolutionsjahr 1848/49

So flatt're hoch die freie Bürgerfahne,
Von Deutschlands erster Bürgerin geweiht!

Mit diesen Zeilen schließt ein Huldigungsgedicht, das bei einer Fahnenweihe im Juli 1848 in Wien zu Ehren Annas, die bei diesem Ereignis zugegen war, laut und feierlich deklamiert wurde. Gewidmet war dieses Gedicht: *Der ersten deutschen Frau, Gemahlin des deutschen Reichsverwesers. Der erhabenen Fahnenmutter des I. Bataillons, VIII. Bezirkes, der Wiener Nationalgarde.*

Anna steht plötzlich im Rampenlicht. Sie kann die unerwarteten Ehrungen kaum fassen. Ihre Bescheidenheit und ihre Unsicherheit über die plötzliche Bedeutung ihrer Person sind weit größer als ihr Stolz, im Mittelpunkt zu stehen. Ein Höhepunkt in diesen Wochen voller Ehrungen, Fackelzügen, Huldigungen ist der feierliche Empfang, der ihr, der ausdrücklich genannten *Erlauchten Gemahlin Sr. k. k. Hoheit des Erzherzogs Johann*, von Vertretern der berittenen Nationalgarde, der Akademischen Legion und von einer Deputation von Wiener Bürgern in Schönbrunn gehalten wird. Ein Herr Wessely richtet dort an Anna folgende Worte:

Hohe Frau! Vor wenigen Minuten erst wurde ich von diesen Männern aufgefordert, Sie in deren Namen zu begrüßen.

Ich besitze die Gabe der Rede nicht in dem Grade, um in blumenreicher Sprache unsere Gefühle kund geben zu können. – Allein die Zeit ist gekommen, wo das ungekünstelte Wort des freien Bürgers Fessellos ertönen darf, und wiederhallt im Herzen seiner Brüder, ist's ehrlich nur und bieder gemeint; darum sage ich einfach: Seien Sie uns willkommen! Verehrte Frau, blicken Sie um sich, auf jedem Antlitz strahlt die Freude, in jedem Auge liegt der Blick der Liebe, und wenn Sie mich fragen woher diese Gefühle? warum kommen sie am heutigen Tage zum Ausbruche? Ich werd es Ihnen sagen: Weil wir Sie als vielgeliebte Schwester begrüßen!

Sie stammen aus dem Volke, Sie sind die Tochter eines Bürgers, Sie waren bestimmt mit ihren bürgerlichen Tugenden einen Fürsten zu beglücken, freilich einen Fürsten, dessen einziges Streben die Bürgerkrone ist.

In Mitten einer vergifteten Atmosphäre haben Sie den schlichten ehrlichen Sinn bewahrt, Sie haben fort und fort mit dem Volke gefühlt, und wir sind vollkommen

Erzherzog Johann mit Gattin Anna und Sohn Franz. Im Revolutionsjahr 1848 stand Anna als Gattin des Deutschen Reichsverwesers plötzlich im Rampenlicht.

überzeugt, daß Ihre weiblichen Tugenden viel dazu beigetragen haben, uns das Herz des Erzherzogs zu erhalten; denn wer sollte nicht wissen, welchen Einfluß die geliebte Gattin auf das Herz des Gatten übt.
Die Vorsehung hat Johann von Österreich zum Deutschen Reichsverweser berufen; wir lieben, wir ehren ihn; nicht bloß mit der Lippe, nein, im Innersten der Seele; er ist der erste in der Zahl der deutschen Männer.
Ihre Tugenden erheben Sie an seiner Seite zur ersten deutschen Frau, und als solcher huldigen wir Ihnen in diesem Augenblicke. Möge der Himmel fort und fort Sie segnen, und seien Sie versichert, ruft die deutsche Zunge: Johann lebe hoch, dann ruft zu gleicher Zeit eine zweite Stimme tief im Herzen: Hoch auch sein deutsches Weib, es lebe hoch der Brandhof.

Johann dankt an Stelle Annas und schließt mit den Worten: *Ich danke Ihnen, heute erst wird dieser Frau ihr Recht.*

Anna nimmt alle weiteren Ehrungen zaghaft, scheu und fast erschreckt entgegen. *Sie hat nie etwas anderes sein wollen als seine liebende Gemahlin,* vermerkt sie in einem Brief.
Wie war es zu dieser für Anna und auch den neunjährigen Franzi schwer zu bewältigenden Situation gekommen? Der damals 66 Jahre zählende Erzherzog Johann sah sich im März 1848 plötzlich mit der Tagespolitik konfrontiert und stieg im Verlauf der nächsten Monate zum Vertreter des Kaisers in Wien und zum Deutschen Reichsverweser in Frankfurt auf.
Zum besseren Verständnis der Briefe Annas an Johann erfolgt nun eine kurze Schilderung der Ereignisse des Revolutionsjahres 1848/49, soweit sie Erzherzog Johann betreffen.
Ein Großteil der Bevölkerung war von der absoluten Regierung, die sich durch strenge Zensur, scharfe Polizeikontrolle und Überwachung manifestierte, arg enttäuscht. Ihre „liberalen" Forderungen richteten sich nicht prinzipiell gegen die Monarchie. Sie forderten eine Verfassung, die die Rechte der Bürger garantierte, Mitsprache an der Regierung sowie Gewährung der Presse- und Versammlungsfreiheit. Die absolute Staatsgewalt sollte durch ein vom Volk gewähltes Parlament überschaubarer und gerechter werden. Einzelne Interessengruppen, wie etwa die „national" gesinnten Studenten des seit 1815 bestehenden Deutschen Bundes, der das alte Heilige Römische Reich Deutscher Nation abgelöst hatte, forderten eine Einigung aller deutschen Staaten. Auch im Kaisertum Österreich, dessen Territorium teilweise zum Deutschen Bund gehörte und dessen Bevölkerung sich aus zwölf verschiedenen Nationalitäten mit jeweils eigener Muttersprache zusammensetzte, wurden nationale Wünsche nach mehr Rechten oder gar Eigenstaatlichkeit laut. Die zahlenmäßig große Gruppe der Bauern wünschte die Aufhebung ihrer wirtschaftlichen und sozialen Abhängigkeit von den jeweiligen Grundherren. Die Arbeiter verlangten eine Besserung ihrer durch lange Arbeitszeit, geringen Lohn und schlechte Wohnverhältnisse bedingten sozialen Lage. Die liberalen, sozialen und nationalen Spannungen führten im Jahr 1848 zu einer Revolution, die von Frankreich ausgegangen war und bald die Kronländer Österreichs und die Länder des Deutschen Bundes umfasste. Der Aufstand der Wiener Bevölkerung im März 1848 brachte mit der Absetzung Metternichs, der Abschaffung der Zensur und der Ausarbeitung einer Verfassung erste Erfolge.
Erzherzog Johann, der sich im März dieses Jahres in Wien aufhielt, erhielt den Auftrag, sich in Graz um die Probleme der Bürgerschaft zu kümmern. Da hier die Tumulte und Demonstrationen keine weitere Eskalation vermuten ließen, kehrte er mit den Eingaben des steirischen Landtages und den Petitionen der Grazer Bürgerschaft nach Wien zurück, um diese dem Kaiser vorzulegen.

In der Hauptstadt versuchte Johann zwischen den aus Bürgern bestehenden Nationalgarden und den aus Studenten zusammengesetzten Akademischen Legionen einerseits und der Regierung andererseits zu vermitteln. Bevor er jedoch seine Vorschläge und Forderungen durchsetzen konnte, wurde er in wichtiger militärischer Funktion nach Tirol entsandt.
Johann erhielt nun auch die Order, die Landesverteidigung Tirols gegen den nationalen Aufstand der italienischsprachigen Bevölkerung in dem zu Österreich gehörenden Königreich Lombardo-Venetien vorzubereiten. Schwierigkeiten ergaben sich vor allem mit dem Tiroler Klerus, da dessen oberste Instanz, der Papst, als Italiener den nationalen Aufstand aller Italiener moralisch unterstützte. Diesen Aspekt greift Anna in einem Brief an ihren Verwalter Wudich auf:
... Eben bekomme ich aus Botzen einen Brief von Herrn, in welchen er mir schreibet, das er Gott Lob gesund ist und einen Theil von Tyroll durchreisset hat. Überall mußte er mit die Pfaffen kämpfen. Denn die hatten den Leuthen gesagt, sie sollen ja nicht ins Feld zihen. Denn jenne Italiener, welche gegen unsern Kaiser zihen, seien alle von Papst, weill wir den Papst so verfolgten. Also folglich wolten die Tyroller nicht zu den Waffen greiffen. Aber seit ihnen der Herr alles erklärt hat, ziht alles los. Es fehlt nur an Gewehren und Munition. Der Herr läßt Ihnen sagen, Sie möchten sogleich ja so schnell als möglich jenen Militär Stutzen, welchen der Herr vor kurzen in einen Kistel nach Vordernberg schickte, wiederum hieher untern Erzherzog seiner Adresse zurück senden. Bis Dienstag den 9ten muß daß Kistel hier sein. Den Graf Morzin reiset am Dienstag Abend von hier ab, um mit den Herrn zusammenzukommen und muß das Kistel mitbringen. Also nur Eille!
Die Piomodesischen (piemontesischen) *Truppen wollen gegen Tyroll einfallen – hinttern Rücken von Radeski* (Radetzky) ...
Ihre Brdh. (Brandhofen) *Am 5ten May.*

Wenige Tage später flüchtete Kaiser Ferdinand nach weiteren Tumulten, Demonstrationen und Nerven zermürbenden nächtlichen Darbietungen von lautstarker *Katzenmusik* aus Wien. Die Berater des Kaisers beriefen nun Erzherzog Johann wieder zurück in die Hauptstadt, um die aufgebrachte Bevölkerung durch den als liberal geltenden Habsburger beruhigen zu lassen. Als Vertreter des Kaisers, der ausgerechnet nach Innsbruck geflüchtet war, eröffnete er den Konstituierenden Reichstag in Wien, das erste gesamtstaatliche Parlament der österreichischen Geschichte. Erzherzog Johann wurde erneut mit großer Begeisterung empfangen, Fackelzüge, Huldigungen, Festansprachen waren an der Tagesordnung. Es gelang ihm, mit seinen offiziellen Erklärungen in Vertretung des Kaisers wesentlich zur Beruhigung der Situation beizutragen. Da Johann sich weder mit den Trägern der Revolution verbrüderte noch die Prinzipien des Absolutismus

vertrat, fühlte sich aber bald keine Gruppe von ihm bestätigt. Diesem Dilemma konnte Erzherzog Johann durch seine Wahl zum Reichsverweser nach Frankfurt am Main entgehen. Das Amt eines Reichsverwesers bedeutete die vorübergehende Funktion als Staatsoberhaupt für ein neues Deutsches Reich, dessen Zusammensetzung noch nicht feststand und viele Monate Gegenstand unlösbarer Diskussionen werden sollte. Als der Habsburger das schwere Amt des Reichsverwesers übernahm, war es noch völlig unklar, wie der nationalstaatliche Gedanke in Frankfurt mit der übernationalen österreichischen Reichsidee zu vereinen wäre. Der erste Jubel war bald verklungen. Die Schwierigkeiten wuchsen von Woche zu Woche. Wie konnte ein Habsburger einem deutschen Nationalstaat vorstehen und gleichzeitig die Einigung Italiens und die Selbstständigkeit Ungarns verhindern?
Parteienstreit und Führungsansprüche der beteiligten Staaten brachten das Projekt für eine Neugestaltung Mitteleuropas zu Fall. Erzherzog Johann legte 1849 verbittert sein Amt nieder und kehrte in seine *Gebürgsländer* zurück. Im Jahr 1850 nahm er die Wahl zum Bürgermeister von Stainz an – seine erste und einzige politische Funktion in der Steiermark.
Im Hochsommer 1848 übersiedelte Anna mit Franzi nach Frankfurt. Über ein Jahr lang sollte ihr Aufenthalt dort dauern. Die folgenden Briefe geben einen authentischen Einblick in die Situation – zuerst in Wien und dann in Frankfurt –, wie Anna sie von ihrer Warte aus, mit all ihren Sorgen um Johann und Franzi, ihren Ängsten und mit steigender Verzweiflung um ihre weitere Existenz erlebte:

Am 1. März 1848
Lieber Alter!
Heute von Dir kein Brief – vielleicht Morgen – oder vielleicht komst Du selbst bald, jedoch so meines Erachtens wirst Du vor Freytag schwerlich kommen, Du hast auch recht wenn Du alles in Ordnung bringest, denn die Zeiten gestalten sich immer verwickelter – Vielleicht erleichtet doch der heilige Geist unseren Kaiser. Ganz Wien empört sich – Ach Gott Ach Gott – möchte man doch Deine Stimme hören –! es ist unglaublich wie entrüstet man hier ist – und nichts und nichts geschieht, wenigstens nicht gleich gleich gleich. Franzi ist Gott Lob wohl – ich habe Heute dichtig Kopfschmerz und mein Auge ist noch entzunden.
Franzi küßet Dir die Hände und ich Umarme Dich herzlich.
Deine treue Anna

Wien am 22ten April 1848
Lieber Alter!
Ich bekam Heute 2 Briefe auf einmahl von Dir, nähmlich von 18 und 19ten in einem war der Einschluß an Franzi der schon mit Sehnsucht auf einen Brief von Dir wartete – und in Deinem 2ten Brief war der Aufruf an die Geistlichkeit von

Tyroll – wie gescheid – wie verständlich war der. Ach Gott nur Du an der Spize und es ginge gewiß gut – Du thust ja alles mit Gott.
Nun mußt Du ja alle die Briefe von Wudich haben, die ich Dir vor einigen Tagen eingesendet habe –.
Gott sey gelobt Franzi ist nun fast ganz gut – nur immer Abend etwaß heiser – allein er schläft gut und Hustet gar nichts – Ach mein Dr. Marenzeller – wäre er nur nicht so alt.
Was die Stände in Graz machen weis ich sonst nichts als was die Grazer Zeitungen sagen – ich sende Dir darum Täglich die Grazer Zeittung damit Du sehen kanst – was dort geschiht.
Dein braver Franzi Küßet Dich Herzlich – ich Umarme Dich aus ganzer Seele
Deine treue Anna

Am 25ten April 1848
Mein lieber Guter!
Heute wird hier der Geburtstag vom Kaiser gefeiert – obwohlen es regnet ist doch alles auf den Füssen – Gott Lob Heute steht die Verfassungs-Urkunde in der Wiener Zeittung – und eine menge anderer gute Sachen – somit ein Tag der Freude – auch konnte ich zuwegen bringen das Dein Nahme und Dein Aufruf an die Tyroler endlich – aber Gott Lob gerade Heute auch in die Wiener Zeittung kam – Ach Gott wenn ich mich nicht so um Dich anehmet Du bis viell viell zu submiß – und hier scheint eine Parthei zu sein die Dich nicht zu Ehren kommen will lassen – Gott Lob Franzi ist wohl – allein Heute konte ich ihm nicht zu Hause erhalten – Manschko mußte mit ihm in das Paradeisgardl gehen, um die Truppen zu sehen.
Ich möchte Dich schon lange fragen ob ich nicht für die Tyroler oder Steyrer eine Fahne oder Fahnenband soll machen lassen – was glaubst Du? Heute erhilt ich wiederum eine Tyroller Zeitung ich werde schon machen, daß wiederum etwas in di Wienner Zeittung komt –!
Lebe wohl mein guter Alter – Gott schütze Dich. Morgen schreibt Franzi. Heute küßt er Dich herzlich.
Deine treue Anna.

Wien am 26ten April 1848
Mein guter lieber Herr!
Eben waren die 3 Trientiner bey mir sie sind ganz beglückt das ihre Landsleuthe frey sind –! nun kehren die 3 Morgen nach Tyroll zurück – sie wollen Dich aufsuchen und Dir danken. Deinen Brief von Ostersonntag habe ich eben erhalten – aus selben entnehme ich ebenfahls daß Trient von Freyscharlern frey ist – Gott gib seinen Segen dazu – das Du mit dem braven Radezky in briefwechsel bist – darüber bin ich Herzlich froh – Daß vorgestern Erz. Al. Erz. Wilh. Erz. Leop. und wie ich eben höre auch Erz. Franz Joseph nach Italien abgegangen sind

– wirst Du schon wissen, es hat hier gar keinen guten Efeckt gemacht warum so viele Erz. nach Italien – und gar der einstmahlige Thronerbe – in welche Verlegenheit und Verantwortung komt da der arme Radezki – dazu waß brauchen diese Herren Alles – ...
... Franzi fängt Heute wiederum ernstlich seine Studien an – wenn Du nur Manschko befehlen möchtest – daß Franzi nur 2mahl die Woche in die Gimnastik gehen darf – ich bitte Dich darum – nur Montag und Freytag.
Leider muß ich Dir etwaß sehr trauriges melden – unser theurer Freund Huber ist nicht mehr er starb am 24ten früh um 4 Uhr an folgen der brustwassersucht –! Ich schrieb Heute der Armen Trostlosen Frau, der gute treue Huber wird uns sehr abgehen.
Die gute Kaisserin ist immer leident – man glaubt sie hat ein kleines Kopffieberl – Gott erhalte die gute Frau.
Sey nur nicht Bösse daß ich ewig und immer etwaß zu brumen habe aber bey Gott ich meine es so redlich. Franzi legt seinen Brief bey – ich Umarme Dich von Herzen.
Deine treue Anna

28. April 1848
Lieber Alter!
Ich bin wirklich oft ganz Desparat – nichts als Geld soll man hergeben, die Armuth greift furchtbahr um sich – ich Lebe so einfach als möglich – und brauche doch so viell Geld – und daß rein für andere – ich wolte Dich auch schon fragen ob ich nicht die Köchin weck geben soll – und mein Zimmermädl – denn ich kann es mit minttere Leuthe auch richten, auch einen Bedienten könnten wir entbehren – Schreibe mir darüber – ich werde mit die Leuthe schon fertig werden – auch dächte ich – ist der Reitknecht übrig – der könte ja Hausknecht beym Werk werden. Von Stainz schrieb ausser Neihold mir kein Mennsch ...
Franzi ließt immer alles – es Interessiert ihm sehr, was in Tyrol geschiht – jetzt sagt er wohl schon oft oft – wann komt den der Papa – Ja wohl – waß wird noch alles im Jahre 1848 geschehen – ich habe viell Angst – nicht viell gutes –! Gott erhalte Dich – ich bin in großer Angst um Dich – da ich weis daß Du nach Trient gehest – de Welischen verstehen Meichelmörderisch ihre Waffen zu führen, wenn Dir nur nichts geschiht –! Nochmahlen Gott mit Dir – und mit uns – Morgen schreibt Franzi wiederum. Er küßt Dir die Hand – ich Umarme Dich
Herzlich Deine Anna

Wienn am 3ten May 1848
Lieber Alter!
Auch Heute keine Nachricht von Dir – in Gottes Nahmen – wenn Du nur Gesund bist – und Dir nichts geschehen ist. Hier war Heute Nacht wiederum keine Ruhe – eine Katzenmusik nach der anderen, es geht wirklich schon gar

zu lange zu, kein Mensch gehorcht mehr – und wie es scheint die Studenten sind schon gar über alles hinaus – und glauben sie dürfen alle Insultieren – es hört ja gar nicht auf. Nun endlich habe ich erfahren daß Du darum auch in Graz so vielle Feinde hättest – weill Du auch für Graz gar nichts mehr thust – jetzt wo so vielle geben – gibst Du für Graz gar nichts – Wickenburg thut so vielles, nähmlich gibt für 6 Nationalgardisten von Bürgern – und für 6 Nationall Gardisten der Studenten – Uniformierung – Als es in Graz hies man wolle Dich zum Deutschen Kaiser machen (wofür Dich Gott behüte) soll man in Graz gesagt haben – No der mit seinen Geiz – basset für so etwaß nicht – wenn auch sein Verstand dazu bassen möchte, so läßt es seine Sparsamkeit nicht zu, er gibt ja nichts. Darum lieber Herr war mir schon lange nicht recht – daß Du immer alles waß Du gabest – so verborgen gethan hast – denn jetzt heißt es schon in Ganz Steyermark – Gott, Kaiser und Wickenburg sonst wollen wir Niemand, daß thut meinem Herzen weh ...
Deine treue Anna

Wien am 7ten May 1848
Lieber Alter!
Gott Lob – Franzi ist brav und Gesund, ich habe Heute Kopfweh in Folge von meiner R–l, aber sonst ist mir gut. Ich lebe hier so ganz für Franzi – komme zu keinen Menschen – fahre manchmahl zu meiner Schwester – oder gehe mit Franzi aus.
Jetzt lauft alles zur Kaisserin Sophie – Franz – auf einmal thut man dem kleinen Kaisser schön – denn ausser Ihm – liebt man auch in der burk Niemand.
Nun habe ich Dir wiederum alles geschrieben – und mir ist es immer leichter wenn ich mein Herz Dir ausgeschittet habe.

Wienn am 11ten May 1848
Lieber Alter!
Du bist also nach Deinen heutigen Brief von 7ten zu urtheilen nun in Trient – Gott stehe Dir bey und Schütze Dich – ich lebe in tausend Sorgen für Dich.
Waß die Grazer Geschichten anbelangt so thut es mir in daß Herz hinein leid – Dich gekränkt zu haben – ich sehe ein ich hätte schweigen sollen – allein – wer sagt Dir es dann, wenn ich es nicht thue – Du weißt ich habe die Grazer nie geliebt – allein meine Steyermark Liebe ich so treu als nur möglich – Morzin geht nun bald ich glaube übermorgen – wenn nicht von Dir andere Befehle kommen zu Dir ab – Spreche dann selbst mit ihm wegen Graz ...

Wien 14ten May 1848
Lieber Alter!
In Graz soll es nun mehr friedlich werden – wer am meisten schreit – sind die Professoren vom Johaneum – bey der letzten Ständischen zusamtrettung sollen

Die Familie des Reichsverwesers. Der Lithograf stellte die damals 44-jährige Anna als jugendliches Mädchen dar.

Schreiner Lubeck Unger – und besonders Haltmayer der ein ganzer Rebublickaner soll sein – furchtbar gelärmt haben – so daß man sie soll aufmerksam gemacht haben – sie sollen bedenken von wem sie gelebt haben –! und daß die neu erwählten Stände – vielleicht nicht mehr gestimt könten sein für Profesoren des Johanneum so viell zu thun wie bis jezt – denn man kann auch ohne Johanneum die Studien machen – auf daß sollen die Profesorn ein wenig Stiller geworden sein.
Deine treue Anna

Wien am 16ten May 1848
Guter lieber Alter!
Ob ich Heute im Stande bin zusamhängend zu Schreiben – zweifle ich – den bey Gott man muß unterliegen.
Gestern schrieb ich Dir schon daß es nicht Ruhig ist – und so war es auch, bis 5 Uhr Abends stand schon die ganze Nationalgard unter Waffen – und unser Platz voll mit Menschen wie noch nie nie und welche Menschen – meist Gesindel. Ich bin nicht im Stande alle meine Angst und Qual zu beschreiben, aber so viell

kann ich sagen noch so eine Nacht wie die Heutige und ich gehe zu Grunde. Um Himmelwillen ist den Niemand mehr der sich an die Spitze stelt und mit Kraft einwirket – es geht ja alles alles verlohren – wir stehen ja am Abgrund – ich kann Dir den ganzen Hergang nicht beschreiben, denn meine Sinne sind nicht Ganz beysammen. Zu all der Angst komt noch – daß ich Niemand an meiner Seite habe der uns schützent Rathen könnte. Gestern war ich den allein allein mit Franzi – Zahlbruckner Ach Gott der machte mich Ganz verzagt – und wer ist sonst –? Niemand –!

Denke Dir den Mihälerplatz gesteckt voll mit Gesindel – mit Picken, Schaufel, Stöcken – die hälfte davon betrunkene Leuthe – und urtheile ob man da nicht allen Muth verliehren muß – dazu mußte ich immer hören, stürmt das Michaeler-Haus – dort findet ihr Arbeitszeug genug – (den es wird bey uns eben ein Stock aufgesetzt) Nein bey Gott – so eine Nacht habe ich mein Leben nicht erlebt, Gott gib nur – daß es ein Ende hat – allein ich habe keine Hoffnung, wir werden zu Grunde gehen – denn daß Volk kennet seine Kraft – und von oben wird nicht fest gehalten – Wüsste ich nur um Gotteswillen was ich thun soll – aufs Land ohne Doktor getraue ich mir auch nicht wegen Franzi – nach Graz getraue ich mir auch nicht – sage Du – was soll ich thun. Wenn nur jemand wäre hier der uns Schützet so bleibe ich – aber ich stehe ja ganz allein – wenn nur doch Frosart bald käme, den wenn ich nur einen Man an meiner Seite habe – dann bekomme ich auch gleich mehr Korasch …

… Gott sey Gelobt daß Franzi um 11 Uhr Abends Gestern doch einschlief – denn er hätte wirklich krank werden müssen, er war so sehr gereizt von Angst – dan schlief er aber troz des Toppen und Schreien bis Heute 1/2 8 Uhr fort – und ist nun wohlauf – allein er fürchtet sich – und nun habe ich eben die Anstalt gemacht – daß – wie ich wiederum eine Zusammenrottung wahrnehme – ich mit Franzi Augenblicklich zur Pepi nach Döbling fahre und dort über Nacht bleibe, ich werde dort ein Zimmer miten – denn es ist eines ja ein ganz kleines Quartier fast an den Zimmern der Pepi zu haben – wenigstens kann ich doch gleich hinaus wenn etwaß ausfille – und bin auch gleich wiederum hier …

Deine treue Anna

Am 17ten May 1848

… man glaubt Du seyest im Stande die Rebublick zu verhindern – sonst wir sie ehe 14 Tag vergehen ausbrechen – alles hat den Kopf verlohren – kein Mensch Regiert – um Himelswillen – waß wird mit uns geschehen – ich bin so verzagt Rette uns wenn Du kanst – und komme wenn Du glaubest daß Du helfen helfen kannst –. Aber säume nicht – um Himmelswillen säume keinen Augenblick. Du hast ein Herz hast Verstand – kanst mit die Studenten Reden – kanst mit allen allen so Herzlich reden – vielleicht Rettest Du uns denoch vor den Untergang. Gott Lob ich bin wohl – allein Franzi hat Heute Bauchschmerz ohne Abführen – ich lies schon Marenzeller hollen – es ist die Hitze – und daß Wohnen hier

im Hause – wo jetzt so viell Staub und Zeug ist – da gebaut wird. Solltest Du – (wenn es daß Geschick und Gott will) daß du dann hier festgehalten werdest – so wäre meine Ansicht hier eine kleine Landwohnung zu nehmen – damit wir doch Luftschöpfen könnten. Gott weis waß noch wird – aber daß alles den Kopf verlohren hat – daß ist gewiß.
Lebe wohl ich Umarme Dich von ganzen Herzen
Deine treue Anna

Am 18ten May 1848 um 12 Uhr
Lieber Herr!
Mit zitternter Hand Schreibe ich Dir – der ganze Hof ist fort – ich bin nun ohne Rath mit Franzi hier – Graf Morzin sagt gehen sie fort – 20zig andere sagen bleiben sie hier – alles bittet und frägt nach Dir – so geht es einer Frau – deren man keinen Menschen beygibt – auf den man Rechnen kan – noch bis zur Stunde weis ich nichts als ich gehe zur Pepi nach Töbling – ob ich Morgen nach Vordernberg – oder noch in Wien bleibe weis ich nicht – so viell ist gewiß – daß ich nie mehr ohne Mann von ennergie irgendwo zurück bleibe, da kann die ganze Welt sagen was sie will – denn daß Leben ist mir Lieber als diese Angst.
Deine treue Anna

Wien am 19ten May 1848
Lieber Guter Alter!
... neues von unseren besitzungen weis ich für den Augenblick nichts – Gott weis wie diese Kaiser Flucht auf alle Provinzen würken wird – Merkwürdig ist daß mit dem Kaiser zugleich aller hoher Adel fort ist – man glaubt sie haben dadurch eine Gegen-Demonstration hervor bringen wollen – kannst Dir denken waß über diese ohnedies so verhaßten Personen gesprochen wird – wer noch mit ist weis ich nicht – denn wo soll ich es erfahren – in die Burck komme ich nie.
Wäre ich nur einmahl im Stande zu wissen wohin ich mit Franzi gehen soll – auf den Land ist es sicher? und ohne Arzt! In Graz – ist es dort sicher? kurz ich weis rein nicht wohin, wo und was! sage mir es Du endlich einmahl ich bitte Dich.
Lebe wohl und Gott der Dein edles treues wahres Herz kennet wird Dich leiten und Schützen.
Franzi wird nächstens Schreiben, sein bauchschmerz ist gut, Marenzeller glaubt ob es nicht doch Würmer sind.
Ich Umarme Dich vom ganzem Herzen
Deine treue Anna

Wien am 20ten May 1848
Mein lieber Alter!
... Hier ist man noch immer in der fürchterlichsten Stimmung über die Flucht des Kaisers – Ach Gott es war zu übereilt – wehe dem der den Kaiser dazu

bewog. Gott Lob die Ruhe ist so – daß es schon lange nicht so war – und die Minister Arbeitten sehr brav – allgemein entnimt man – daß nun keine neben Parthei besteht – und darum sich die Minister frey Bewegen – Es fängt leider an der wahre Grund des fortgehens – unser einzig allein geliebten Kaisers laut zu werden – und man nent offen die Erz. Soph. als jene die es veranlaset hat – Gott gieb nur das es nicht zu bekannt wird, denn sonst – ist nicht nur allein die Soph. und Franz – gerichtet – es geht sogar der Haß auf die Kinder über.
Man lies den Kaiser ohne aller Bedienung Reisen – nicht einmahl die nöthige Wäsche hatte er und eben so die Kaiserin mit – wohingegen die andere Parthey die nöthigen Domesticken und Herren und Damen mitnahmen – schon daß bringt hier alles in Wuth.
Wäre nur jetzt jemand an der Seite des guten Kaisers der ihm rathet – waß liese sich alles thun. Man ist hier in der Angst. man nöthiget den Kaiser abzudanken – und verwirft die Constitution – den Erz. F. hat ja keinen Eid darauf abgelegt – und ruft die Rußen zu Hilfe – dann aber – ist ein blut Krieg in der ganzen Monarchie – kanst Dir denken welch Dinge man spricht – Gott der Herr wird uns aus diesen furchtbahren Labierinth hinaus bringen – Nur der Kaiser nur der Kaiser ruft alles – die andern können bleiben wo sie wollen – man will ja nur den Kaiser, so schreit alles.
Latour war gestern bey mir auf einen Augenblick – er sagte er habe nicht bald eine so Leidenschäftliche Frau gesehen als die Erz. S. – am letzten Tag lies sie ihm 3mal ruffen – und nichts war im Stande sie von fortgehen abzuhalten – wäre sie nur allein mit die irigen gegangen – aber auch den K – dazu zu bringen – es ist schrecklich –!
Lebe wohl – Gott Lob ich und Franzi wir sind Gesund. Gott schenke auch Dir Gesundheit
Deine treue Anna.

Als Johann zum Vertreter des Kaisers ernannt und zum Reichsverweser gewählt wird, scheint Anna die Fassung vollends zu verlieren. Plötzlich – nach nun schon 20 Ehejahren – fürchtet sie, dass der Standesunterschied zwischen Johann und ihr zu einem Problem werden könnte. Anna beschwört Johann geradezu, sie und Franzi nicht zu verlassen. Franzi hingegen nimmt die Situation mit Freude und Gelassenheit hin, er freut sich schon, *mit seinem Papa in Schönbrunn auf die Jagd gehen zu können.*

Graz am 9ten July 1848
Mein lieber guter Alter!
Ich kann Dir nicht beschreiben welch Gefühl mich übermahnte als ich Deinen Brief las in welchen Du mir alles schreibest – wie es in Wien zuging als die Deputierten ihren Einzug hielten – Daß man Dich sehr liebet wußte ich schon

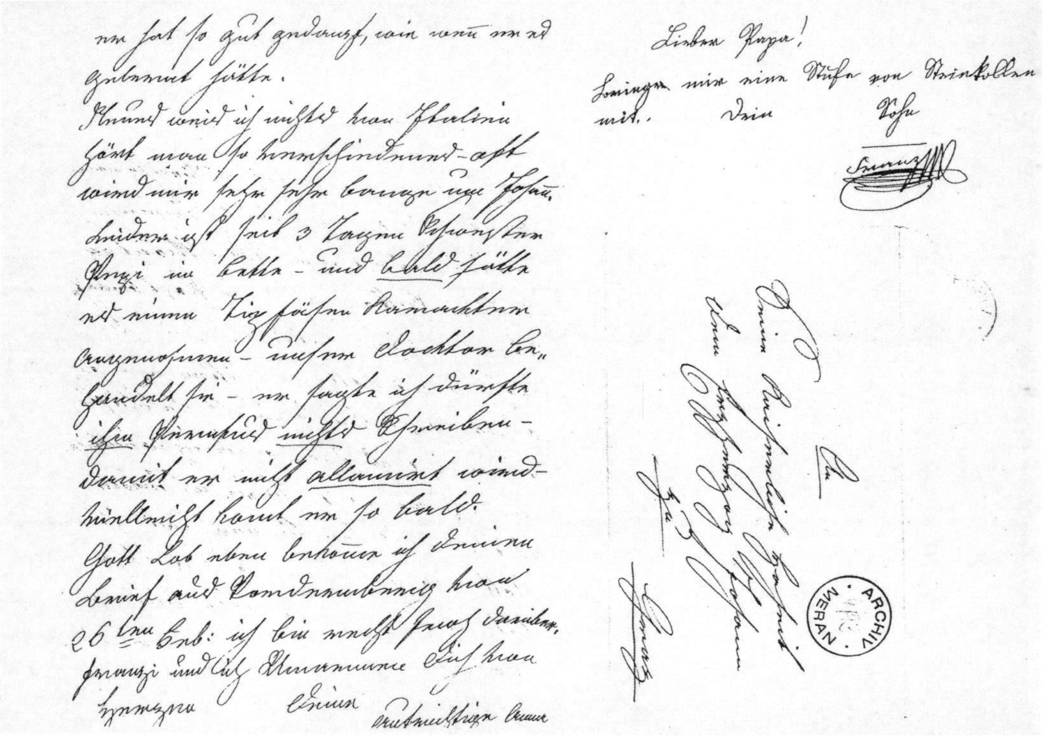

Eigenhändiger Brief Annas an Johann mit einem schriftlichen Zusatz von Franzi, Wien 1848.

lange – wer in der ganzen Welt verdienet es auch mehr als Du. Ich aber für meine Person fühle mich sehr sehr gedrückt – ja beynahe möchte ich sagen Unglücklich – denn nun ist die Kluft zwischen mir und Dir Rießengros und ich stehe mit Franzi allein –! alles alles ist vorbey – Du bist für uns verlohren – ich dachte mir es, es wird so kommen – allein mein Herz ist gebrochen – ich bin zernichtet – als ich hier, gerade hier – im kleinen Zimmerl eintrat – und Deinen Brief las – war es mir – als sehe ich mein Grab vor mir – und ich sagte im Stillen – hier wirst Du Deine lezten Tage vertrauern müssen –! denn gerade mein erstes eintreten in dieses Haus, brachte mir die Kunde Deiner Größe. Gott hatt mich einmahl auserkohren kein Glück ungetrübt geniessen zu dürfen, Er weiß warum – seyn Name sey gelobet.

Aber nur Franzi Franzi verlasse nicht – Du bist ja sonst so gescheid so Einsichtsvoll – gedenke nur Deines Kindes, bey mir allein bekomt er nicht die Erzihung die er bekommen muß – denn waß kann eine Frau für einen Knaben biethen – und Manschko – Ach Gott Manschko – ist ohne Dir rein ein nichts, glaube mir Manschko ist ein Mann voller Herz – aber daß ist alles alles – für Franzi ist Manschko eine Null – und so vergehet ein Jahr nach dem andern – und Franzi brovitirt so wenig – ! mir ist oft Angst und bange. Wilst Du vielleicht Franzi in ein Institut geben – ich zihe mich zu ihm und bleibe bey ihm – aber so mit Manschko

ohne Dir – Nein daß geht nicht. Du bist nun für uns verlohren – darum denke nur auf ein Mittel, wie Franzi ein dichtiger Mensch kann werden. wäre ich noch bey meiner Kraft im denken – ich würde gerne auch diese Sorge für Franzis Lernen über mich nehmen – aber ich gestehe mit meinem Seelenleiden nehmen auch meine Kräfte ab – und ich fühle mich zu so einem Unternehmen nicht mehr stark genug. Du gehest Morgen fort nach Frankfurth – Gott stärke und führe Dich – und Lasse alles Alles waß Dir Freude machen kann über Dich kommen – ich werde indessen in meiner Einsamkeit für Dich betten und so gut ich kann auf Deinen Besitzungen sorgen und handeln.
Deine treue Anna

Beilage:
Lieber Papa!
Dein Brief machte mir sehr große Freude. Ich bin seit Sonntag von Krems hier. Es gefiel mir dort sehr gut, besonders angenehm war mir der Teich, wo ich fast den ganzen Tag herumfuhr. Wir warten hier, bis Du uns nach Wien rufst. Ich freue mich schon sehr nach Schönbrunn, weil ich mit Dir in den Thiergarten gehen und jagen kann. Herr Manschgo legt sich Dir zu Füßen; er freut sich außerordentlich, daß Du Reichsverweser bist, nach Dir.
Dein Dich innig liebender Sohn
Franz

Graz am 15ten July 1848
Lieber guter Alter!
Nun bin ich 8 Tage hier in Graz – und hatte vollauf zu thun – denn ich nahm ein Invendar auf vom ganzen Haus – ich bin mit Hilfe der Mayer Resi nun fertig. Man gibt Morgen Dir zu Ehren hier ein Fest bestehent in Kirchenparade – beleichtung Fakelzug – es bleibt mir nichts anderes übrig als Morgen noch hier zu bleiben – am Montag den 17ten früh würde ich von hier abreissen – auf den Brandhof gehen – und Dienstag den 18ten Abends in Wien eintreffen. Jezt bin ich aber etwaß in Angst den Mayer schrieb mir gestern in Wien sey es neuerdings gar nicht Ruhig.
Hier ist es auch gar nicht ruhig – man machet ja alles nach – ich speere fleißig die Gitter zu – und somit habe ich Fride. Solte ich nach Wien kommen, so werde ich Dir Mündlich alles sagen was ich über unsere besitzungen zu sagen habe.
Ich bleibe nun bis Du mir sagest was ich thun darf hier in Graz – ich denke wenn ich am 15ten oder 16ten nach Brandhof gehe ist es früh genug – bis dahin werde ich doch von Dir Erfahren – ob ich nach Wien darf oder nicht – und an welchen Tag.
Es umarmt Dich von Herzen
Deine treue Anna

Mein guter lieber Alter!
Recht Herzlichen Dank für Deinen Brief aus Frankfurth vom 12ten welchen ich Heute erhilt – Gott weis mit welcher Sehnsucht ich ein Schreiben von Dir erwarthete – Gott Lob daß Du Gesund bist – daß ist mir jezt daß wichtigste – alles alles andere rührt mich nicht – alle die Ehrenbezeugungen machen mir gar keinen Eindruck – ich bin überzeugt es hat keinen Gehalt – ach Gott auf wem darf man Heut zu Tage Rechnen – auf Niemand.
Ach Gott Ach Gott ich bin deinetwillen untröstlich – Du opferst alles alles auf – um Undank zu Ernden, um Gotteswillen traue Niemand, und überlege alles recht mit Ruhe – bevor Du es von Dir gibst. Ich kann Dir gar nicht sagen welch ein beängstigendes Gefühl ich immer um um Dich habe – ich bin oft nicht im Stande etwaß zu thun – und wie muß ich mich vor Franzi in Acht nehmen denn er merket meinen Kummer meinen Schmerz – er wird dann auch gleich verzagt –! Mein Gott also fort aus meinen Vaterland müßen wir – und alles was uns lieb und werth ist verlassen – alles jene fremden Leuthen überlassent was uns Brod verschafet – was wird noch mit uns werden, ich bin rein Trostlos –!!! Ich bin hier und getraue mir nicht früher nach Wien bis Du es mir Schreibest von Wien aus – oder lasse es mir durch den Telegraphen bekannt machen was ich thun soll, oder bis wann ich kommen darf. Ich fürchte mich nach Wienn sehr – nicht der Leuthe willen die Liebe ich sehr – aber der Feste willen – ich geniere mich ausserordentlich, wenn man mich festlich Empfangt – ich will nichts aussergewöhnliches es erregt Neid – Ach Gott Still und Ruhig möchte ich bey Dir in Schönbrunn ankommen. Ich bitte Dich lasse mich in Maidling abhollen aber mit 2 Wägen – und exstra 2par Pferde müßen kommen die meine 2 Reissewägen führen. Ich gehe nur nach Brandhof, wenn Du es jezt wünschest darum Schreibe es mir. Ach Gott wie freue und fürchte ich mich zu Dir. Vielleicht bis übermorgen kann ich Dich Umarmen
Deine höchst traurige Angstvolle
treue Anna.
Graz 17. July 1848.

Beilage:
Lieber Papa!
Ich freue mich Dir heute schreiben zu können, daß wir übermorgen von hier nach Schönbrunn kommen. Gestern erlaubte das Wetter die Feldmesse zu halten und die Beleuchtung zu veranstalten. Wie schön beide waren, werde ich Dir mündlich erzählen. Herr Manschgo läßt sich Dir zu Füssen legen.
In der Freude Dich wieder zu sehen
Dein Sohn Franz

Briefe Annas Freiin von Brandhofen an den erzherzoglichen Radwerksverweser in Vordernberg, Leopold Wudich, nach ihrer Übersiedlung nach Frankfurt am Main:

1849 Jänner 12, Frankfurt
Lieber Wudich!
Ich dancke Ihnen recht herzlich für Ihre Wünsche, Gott gebe uns eine baldige Erlösung von Frankfurt – denn sonst geht mir der Herr hier zu Grunde. Ich kann mich seit 30 Jahren mehr eines stillen Lebens vermischt mit viell Herzleid und manchen Angenehmen erinnern – mein Inneres ist vielseittig angegriffen und nur mein Herz, meine Wahrheits-Liebe, mein sich ewig gleichbleibender Trieb nach häuslicher Beschäftigung, mein volles Vertrauen zu Gott erhielt mich stehts aufrecht – allein jetziger Zeit – in jetziger undanckbahren Welt – wurde ich schon manchmahl verzagt – und verlohr Vertrauen zu den Menschen – (es gibt keine Regel ohne Ausnahme), aber im allgemeinen habe ich auf dieser Welt alles Vertrauen verlohren. Wie schmerzlich es mich beriert, daß man in Wien, und besonders in meinem Vaterland unsern Engels-Erzherzog so herabsetzet – und sogar auf Theaters kareckirt – kann ich Ihnen gar nicht beschreiben – und wer rührt sich für ihm – Niemand –!!! So gerne ich Franckfurt verlassen möchte, je eher je lieber – so schwer würde es mir fahlen, wenn ich in meiner Haimath die Menschen feindlich gegen uns gesint fände – und nach allem was wir hören, haben wir so etwaß zu erwarten – daß warum wissen die Götter – wir nicht – denn wahrlich, wenn man Vermögen, Gesundheit, kurz alles, opfert – so thut man doch einen solchen Schrit in der besten Absicht für die Menschheit, aber nicht für sich –! Man muß die dem armen Erzherzog auferlegten Verpflichtungen genau kennen – dann soll man darüber urtheillen – aber nicht so im Tage hinein einen Mann wie den Herrn mit Koth besudeln – einen Man, dessen Leben nur Guthes thun war –! Nein die Steyermärker haben am Herrn sehr sehr unedl gehandelt. Was Sie über meine Gewohnheiten schreiben, ist es allerdings so wie Sie schreiben – allein das sind ganz kleine Nebensachen – ich dencke jetzt nicht an mich – und habe daß Glück, mich in alles hinein zu finden – übrigens waß nicht unumgänglich der Stellung wegen nothwendig ist – thue ich nicht – und winde mich mit meiner Aufrichtigkeit recht gut durch. Gott erhalte nur den Herrn – um daß müssen wir alle bitten –! Sie machen uns einigen Trost, daß nun doch bessere Zeitten für Krems und Vordernberg im Anzuge wären, Gott gib es – den daß 1848-Jahr war doch so schlecht wie möglich – ich begreiffe gar nicht, wie wir uns trotz allen den großen Auslagen und für uns gar keine Einnahmen, so durchwinden konten – Gott gib endlich einen Verkehr, dann werden sich die Gemüther auch wiederum mehr besänftigen.
... Hoffer und alle unsere Leuthe grüße ich recht herzlich. Leben Sie wohl und schreiben Sie manchmahl
Ihrer aufrichtigsten Brdh.

Briefkopf von Erzherzog Johanns Briefpapier aus dem Jahr 1848.

1849, May 29, Frankfurt/Main
Lieber Wudich!
Der arme geblackte Erzherzog ist so in Anspruch genohmen, daß es ihm nicht möglich ist, an Sie selbst zu schreiben.
Wie lange diese furchtbahre Hetze noch so fortgehen wird, weiß der liebe Himmel! So viell ist gewieß, daß nun Preußen einsiht, daß der Herr von ihren Grobheiten nicht zurückschrecket – nun zihen sie bessere Saiten auf; Dafür muß aber der arme Herr noch eine kurze Zeit hier festhalten. Was er, was ich und Franzi dabey zu leiden haben, davon macht Ihr Euch keinen Begriff: wir haben hier eine schreckliche Hitze, was mir sehr stark dahier fühlen, da wir in der Stadt wohnen und nicht ein Fleckel Garten haben!
Heute ist – wie man saget – wieder ein entsetzlichen Tag – nämlich man hoffet, entweder vertagt sich die Nationalversamlung bis der neue Reichstag zusam kömt, oder sie gehen nach Heidelberg.
... grüße ich herzlich
Brandhoferin
Allein auf solche Art tröstet man uns von Tag zu Tag – seit 14 Tagen sind unsere Wägen gepackt. Es ist hier sehr ruhig und alles bittet und jammert, der Herr möchte bleiben – Gott allein weiß, was noch geschieht! Wenn uns Gott von hier erlöset, so will der Herr gerade nach Gastein gehen, denn es ist höchste Zeit, daß er sich dort Kräfte sammelt.
Nächstens wird Ihnen der Herr selbst schreiben – ach Gott, wenn wir nur schon von hier befreit wären; Was der Herr zu tragen und zu dulden hat, das übersteigt alle Begriffe, und wircklich ist es unbegreiflich, wie es der Herr aushält!

10

Hauswirtschaft und Gesellschaft

Zwischen Biedermeier und Gründerzeit

Prinzessinnen und Bürgermädchen.
Man bedauert die Prinzessinnen, weil ihre Ehen meistens nicht von Seiten der freien Neigung des Herzens, sondern durch Conventionen geschlossen werden. Warum beklagt man nicht vielmehr die weit größere Zahl ihrer Schwestern, die im Bürgerstande gleiches Schicksal leiden? So tief steht die Hälfte des Menschengeschlechtes unter der rohen Stärke der anderen Hälfte, daß jene nicht einmal ihr volles Menschenrecht genießt, sondern als Sache und Waare behandelt wird. Stehen wir damit weit erhaben über dem barbarischen Orient? Der einzige Unterschied zwischen Fürstentöchtern und denen niedrigen Ranges ist, daß der todte Flitter, der das Opfer schmückt in einem Fall aus Diamanten, im anderen aus böhmischen Steinen besteht. Doch wird die Baronin von Brandhof, Gemahlin des deutschen Reichsverwesers, der seitherigen fürstlichen Convenienz durch eine Motion beim Parlament gewiß bald eine andere Wendung zu geben wissen und ALS FRAU AUS DEM VOLKE HANDELN! Glück auf ihr Bürgermädchen Von unserem Reichsverweser werdet ihr gewiß nicht BÜRGERLICHES PACK (franz. la canaille) genannt werden.
Dieser Artikel, der das kleine Flämmchen der Emanzipation zum Entfachen bringen sollte, erschien im Jahr 1848 in einer Mannheimer Zeitung. Ähnliche Berichte folgten, und schließlich wurde dem Parlament in Frankfurt eine Eingabe über die Rechte von Frauen, die von 772 *Frauen und Jungfrauen* unterzeichnet war, übergeben.
Dass Anna sich mit Frauenpolitik und Frauenrechten auseinander setzte, ist weder bekannt noch in irgendeiner Form schriftlich festgehalten. Anna dürfte über die Rolle, die ihr die Frauenrechtlerinnen des Jahres 1848/49 zumuteten, eher bestürzt gewesen sein. Obwohl sie ständig die sich überstürzenden Tagesereignisse der Revolution in ihren Briefen beschreibt, nimmt sie dazu keine objektive Stellung ein. Ihre Hauptsorge bleibt das Wohl ihrer Familie, ihre Ängste kreisen um die Vermeidung von Krieg, Gewalt, Unruhe und die zu raschen Veränderungen.
War Anna – abgesehen von den unangenehmen Ereignissen der Revolution – mit ihrer Rolle als Johanns Ehefrau zufrieden? Hegte sie andere, unerfüllbare Wünsche? Wäre ihr die Ehe mit einem Mann ihres Standes lieber gewesen? Und schließlich: War Anna überhaupt an irgendeiner Art von Emanzipation interessiert? War sie nicht selbst die personifizierte Realität all der damals

hoch in Mode stehenden und normalerweise unerfüllbaren Märchen vom Prinzen und dem einfachen Mädchen? Welche Einstellung zu ihrem Leben und ihrer Rolle als Johanns Gattin hatte Anna mit 30, mit 40 und damals mit 44 Jahren? Hatte sie sich etwas anderes erwartet? Verglich sie ihre Funktion mit der Rolle, die andere Frauen in der Gesellschaft spielten? Die Fragezeichen müssen bleiben – aus Annas Briefen sind derartige Überlegungen nicht zu entnehmen. Trotz ihrer Rangerhöhung zur Freiin und später zur Gräfin fühlte sie sich persönlich nie den höchsten Kreisen zugehörig. Ihre gesellschaftliche Entwicklung verlief wenig spektakulär. Ihre Art sich sprachlich auszudrücken veränderte sich im Lauf der Jahrzehnte nicht wesentlich. Sie berichtet gerne, kommentiert aber eher selten. Die Briefe zeigen häufig kein Konzept, wirken aber durch ihre frische, „volksnahe" Ausdrucksweise umso lebendiger und authentisch. Johann dürfte den Stil und die Art ihres Ausdrucks sehr geschätzt haben, denn an keiner Stelle – mit Ausnahme der von ihm im „Brandhofer" zitierten korrigierten Briefe Annas – ist deswegen eine Rüge oder ein Verbesserungsvorschlag zu finden.
Wie verbrachten andere vergleichbare Frauen der Gesellschaft ihr Leben? Zwei Damen, die eine Angehörige der Hocharistokratie, die andere, Sophie von Scherer, aus dem gehobenen Bürgertum, haben uns Zeugnisse ihres Lebens hinterlassen. Die umfangreichen Memoiren der Gräfin Lulu Thürheim gelangten erst nach dem Ersten Weltkrieg unter dem Titel „Mein Leben – Erinnerungen aus Österreichs großer Welt" zur Veröffentlichung. Die sprachgewandte Gräfin, die viel von Kunst und Literatur verstand, kam als kleines Mädchen mit ihren Eltern und Geschwistern während der Französischen Revolution nach Österreich und verblieb hier bis zu ihrem Tod im Jahr 1864. Ihr Tagebuch ist überraschend offenherzig abgefasst, es verschweigt weder die privaten Enttäuschungen noch die Fehler der Verfasserin selbst. Jahrzehntelang in der großen Welt lebend, die ihr infolge ihrer Geburt und ihrer verwandtschaftlichen Beziehungen offen stand, war sie als Zeitzeugin an allen wichtigen historischen und gesellschaftlichen Ereignissen im Kaiserstaat beteiligt. Gräfin Thürheim war mit ihrer Beobachtungsgabe und Intelligenz durchaus dazu berufen, ein interessantes und wahrheitsgetreues Kolorit ihrer Zeit zu entwerfen. Da eine Anekdote, dort eine Schilderung von Ereignissen, hier ein Erlebnis, dort eigene Betrachtungen über Politik, das Kaiserhaus, die Männer, die Liebe und das Leben. Erzherzog Johann findet in ihrem vierbändigen Werk mehrfach lobende Beachtung, seine Gattin Anna wird kein einziges Mal erwähnt.
Die zweite Dame, ebenfalls eine Zeitgenossin Annas, die Autorin Sophie von Scherer, verbrachte den Großteil ihres Lebens in Graz. Frau von Scherer gab im Jahr 1848 einen seinerzeit viel beachteten, ebenfalls vierbändigen Bildungs- und Erziehungsroman in Briefform heraus, den sie „Erfahrungen aus dem Frauenleben – Gedanken über weibliche Bestimmung und Bildung,

über Mutterpflicht und Erziehung“ nannte. Ihr angestammtes Milieu, das gehobene Bürgertum, ist eher mit dem alltäglichen Umfeld Annas vergleichbar. Die Autorin bringt sich selbst als *Frau von S.* in die einzelnen Briefe ein, sie wirkt dabei allzu perfekt und abgehoben und meint, in der Lage zu sein, verschiedenen Damen brieflich Belehrungen und Ratschläge über die Liebe, die Gattenwahl, die Ehe, die Mutterrolle, den Haushalt, die Mode, den Umgang mit Hausangestellten und selbst für die Religion zu vermitteln. Trotzdem ist die Lektüre der Werke beider Autorinnen unverzichtbar, wenn man das Umfeld von Damen der Gesellschaft und ihren unmittelbaren Aufgabenbereich beleuchten will, um einen Vergleich mit Anna herzustellen.

Unausrottbar hielt sich schon 1848 die Legende, dass die als Postillion verkleidete Anna den Erzherzog mit der Postkutsche ihres Vaters befördert haben soll.

Annas Dasein war ganz auf das Leben Johanns, die Verwaltung ihrer Güter und später dazu auch auf das Leben ihres Sohnes konzentriert. Wollte Anna jemals etwas anderes? Sie beklagt sich immer nur darüber, dass ihr Mann zu wenig Zeit mit ihr verbringt. Selbst nach Jahrzehnten der Zusammengehörigkeit beginnt sie ihn schon nach wenigen Stunden zu vermissen. Der Gräfin Thürheim und Frau von Scherer scheinen solche Gefühle – trotz der Zeit, in der man seinen Emotionen übermäßig durch pathetische Übertreibung Ausdruck verlieh – eher fremd gewesen zu sein. Was wurde zu Annas Lebzeiten von Ehefrauen erwartet? Pflichterfüllung im Rahmen der jeweiligen Gesellschaft? Das Repräsentieren zum Wohle des Gatten und zum Wohle der ganzen Familie? Haushaltsführung oder zumindest die Überwachung des Haushalts? Wie hatte sich eine Ehefrau zu verhalten? Was galt als schicklich? Wie weit hatte sich eine Gattin an die Vorgaben ihres Mannes zu halten?

Typisch für Frauen der Gesellschaft zwischen Biedermeier und Gründerzeit war es, vom Gatten umsorgt, versorgt und von der Arbeits- und Außenwelt abgeschirmt zu sein. So gesehen war Annas Ehe ihrer Zeit voraus. Johann übertrug ihr schon in der Verlobungszeit wichtige Aufgaben in der Wirtschaftsführung und bei der Verwaltung der Güter, wie es für Damen aus höheren Gesellschaftsschichten durchaus nicht üblich war. Das Leben der Gräfin Thürheim war ausgefüllt mit gesellschaftlichen Verpflichtungen, die einen Großteil jeden Tages in Anspruch nahmen.

In dem Alter, in dem Anna ihrem Johann am Toplitzsee zum ersten Mal begegnete, wurde die Komtesse Louise (Lulu) am Kaiserhof als Debütantin präsentiert. Von diesem Zeitpunkt an war sie zu allen Hof- und Stadtbällen eingeladen, selbstverständlich auch zu Soireen, Gesellschaften und großen Diners, von denen es zur Zeit der Franzosenkriege und des darauf folgenden Wiener Kongresses eine erkleckliche Anzahl gab. Der Eintritt in die große Welt war mit Schwierigkeiten verbunden. Man musste die kaiserlichen Audienzen überstehen, man hatte die Fron der vielen Visiten auf sich zu nehmen, welche die Obersthofmeisterin, Gräfin Antonie Kinsky, empfohlen hatte. Dabei waren das optische Examen und die Kritik durch die älteren, hochgestellten Damen der Gesellschaft zu bestehen. Amüsant war das nicht unbedingt, aber die Damen hatten tadellose Manieren, verstanden sich auf Konversation und vermittelten viel Nützliches in ihren Salons. Wäre aus dieser Vorbildwirkung nichts Weiteres hängen geblieben, so lernte man doch, seine Langeweile zu kaschieren und das Alter zu ehren. Die Gräfin, die auch flüchtig mit Johann bekannt war, wurde bereits als junges Mädchen von Johanns Onkel, dem Herzog Albert von Sachsen-Teschen, mit ihren Eltern zu einem Ball geladen. *Dreh keinem Erzherzog den Rücken zu, tritt nicht auf die Schleppe einer Erzherzogin, sprich nur wenn du gefragt wirst*, so lauteten die elterlichen Ermahnungen. Jeden Tag gab es Feste und Bälle, der Karneval schien eine ununterbrochene Girlande von Vergnügungen zu sein.

Johann, der in diesen Jahren ebenfalls die Winterzeit in Wien verbrachte, legte auf alle Unterhaltungen ähnlicher Art keinen Wert. Seine Wertvorstellungen auf dem Gebiet von geselliger Unterhaltung gingen mit den Jahren auf Anna über. Während sie als junge Frau über das *Verbot* Johanns, auf Bälle zu gehen, klagt, scheint ihr in späteren Jahren die große Gesellschaft mit Emp-

Erst 1850 wurde Anna von Kaiser Franz Joseph in den Rang einer Gräfin von Meran erhoben.

fängen und gepflegter Konversation kein großes Bedürfnis mehr gewesen zu sein. Ausgenommen waren private, inoffizielle Gespräche mit den Verwandten Johanns, wenn es galt, familiäre Ereignisse zu erörtern, wie das folgende Beispiel zeigt:

Graz, 20. September 1858

... Ich fuhr gestern nach dem Speisen um $^{1}/_{2}$ 12 von Vordernberg ab in Bruck fand ich den Kaiser, die Erzh Sophie, den armen Erzh Karl Ludwig, den Erzh Max sammt Gemahlin – ich fuhr zum Bahnhof da fand ich die Post, ich soll zur Erzherzogin Sophie kommen, was ich auch gleich that. Ich war von dem Todesfall so ergriffen, dass ich nicht sprechen konnte – alle sind desperat – ich blieb nicht lange, denn der Postzug ging bald ab. Wie du weißt es war mir schon als ich Gastein verliess nicht gut im Magen ... Gestern hat mich die Scene mit Sophie sehr ergriffen – schon unterwegs war mir totenübel – nun kam ich am Bahnhof an – was sah ich – Franzi – Du kannst Dir meine Freude denken er kam bloss herein, um mich zu sehen ...

Der hier angesprochene Todesfall in der Familie bezieht sich auf die Erzherzogin Margarethe, die erste Frau von Erzherzog Karl Ludwig, die in Monza im Alter von 18 Jahren plötzlich verstorben war. Die junge Frau war die Schwägerin Kaiser Franz Josephs. Da die Mutter der Verstorbenen eine geborene Prinzessin von Bayern war, war Erzherzogin Sophie zugleich Schwiegermutter und Tante von Margarethe.

Anders als Anna bezieht Gräfin Thürheim eindeutig Stellung, wenn es um familiäre Ereignisse oder auch um andere Dinge geht, die nicht nur die Familie Habsburg, sondern den Verlauf der Geschichte Österreichs betreffen. Im Jahr 1810 berichtet sie in ihrem Tagebuch über eine Sensation, die den Kaiserstaat bewegt – Napoleon hat soeben die Hand der Erzherzogin Marie Louise verlangt – und auch erhalten:
Was soll man darüber sagen, was nicht schon jedermann gesagt hat. In Wien herrscht fast überall hellster Jubel, man sieht unsere Macht wieder gefestigt, die Ruhe gesichert und die Finanzen geordnet. Dennoch gibt es Leute, die betrübt sind, daß eine Tochter aus dem Hause Österreich einen Parvenü, einen prinzipienlosen Menschen, den Feind unseres Vaterlandes und der Menschheit heiratet, daß sie auf einen Thron steigen will, der beinahe noch vom Blute ihrer Tante raucht. Andere wieder sehen aus diesem Ereignis ebensoviel Hoffnung wie Besorgnis erwachsen. Wenn Napoleon nun statt des unbesiegbaren, mächtigen Feindes den Protektor Österreichs hervorkehrt, so wird er dieses vielleicht in eine schimpfliche Abhängigkeit bringen und das Blut seiner Braven, nicht um die Freiheit ihres Vaterlandes zu verteidigen, sondern um seinem tyrannischen Ehrgeize zu dienen, fließen lassen. Übrigens sagen sie, daß Österreich es ähnlich wie bei einem Brande gemacht hat: entweder in den Flammen umzukommen oder beim Fenster hinauszuspringen und dabei seinen Hals zu riskieren ... Niemand erriet die Wahrheit, ausgenommen vielleicht ein Mann, und dies war Metternich. Maria Luise sollte Österreich rächen.

Was die Wiener „Szene“ zur Zeit des großen Kongresses anbelangt, so meint die Gräfin, dass nur der Aschermittwoch und die Flucht Napoleons von Elba die Gesellschaft vorübergehend zur Ruhe verurteilten. Dennoch ersetzten Konzerte, Komödien, Gesellschaften und Diners die in der Fastenzeit und in Krisenzeiten verpönten Bälle, und wenn die Füße weniger tätig waren, so war nun der Geist umso mehr beschäftigt.
Jahre später, im Dezember 1830, schreibt Gräfin Thürheim ihre Beobachtungen über den Herzog von Reichstadt nieder, mit dem sie viele Gespräche führen konnte, die, wie sie meinte, das Mittelmaß weit überragten. Sie habe neben seinem unwiderstehlichen Charme unendlich viel Feinheit des Verstandes und Richtigkeit der Anschauung gefunden.
... Seit einigen Wochen ist ein neues Gestirn am Horizonte der Wiener Salons aufgetaucht; es flimmert, aber es glänzt noch nicht genug, um sein Wesen beurteilen zu können. Alle Augen sind darauf gerichtet und suchen zu erraten, ob es ein schöner Planet wird oder nur ein einfacher Stern, der seinen Glanz entlehnt hat. Doch es gibt leider hierzulande wenig Astronomen, die darüber urteilen könnten. Dieses Gestirn ist der Herzog von Reichstadt, der Sohn Napoleons, des Kaisers der Franzosen. Welch schöner Name, den er erben sollte und den man ihm genommen hat! Wenn der Herzog aber in seiner Seele nur einen Bruchteil

Erzherzog Johann in der Uniform eines Feldmarschalls, mit dem Goldenen Vlies, dem Großkreuz des Militär-Maria-Theresien-Ordens und dem Leopolds-Orden.

väterlichen Vermächtnisses besitzt, wird er dann nicht auch das übrige zurückgewinnen können? Er ist schön und zwanzig Jahre alt, vom Vater erbte er die Stirne und den Blick, wird er aber auch sein Genie besitzen?
Ich habe öfters mit dem Kaisersohne geplaudert und will meine Beobachtungen getreulich niederschreiben. Er sucht jedes Gespräch sofort interessant zu machen und es gelingt ihm auch, je nach der Person, mit der er zu tun hat.

Er besitzt Witz, ist maßvoll und obwohl offenherzig scheinend, späht er doch lieber die Gedanken seines Partners aus, als daß er seine Ansicht verrät. Er gewinnt alle Herzen, aber ich fürchte, daß er daraus eine Art Studium macht. Mit seinen durchdringenden Augen und dem hinreißendsten Lächeln schmeichelt er der Eigenliebe durch glücklich gewählte Worte und durch sein offenes Bestreben, zu gefallen. Wäre er König von Rom geblieben, so würde man ihn vergöttert haben, vielleicht hätte man ihn aber dadurch verdorben. Möglicherweise erzielt übrigens die Mittelmäßigkeit aller Personen, denen er hier begegnet, denselben Erfolg. Hat die Unermeßlichkeit oder die Beschränktheit, zwischen denen er seit seiner Geburt wandelte seinen Charakter geformt?
Über einen jungen Mann von zwanzig Jahren, der in der Mittelmäßigkeit aufgewachsen, deren einziges Kleid die „Livree" ist, zu urteilen, ist nicht leicht. Ich bemerke wohl, wie er Eile hat, dieses ungewohnte, ihm fremde Kleid abzulegen, wie er es liebt, seine Verkleidung halb zu öffnen, um sich zu erkennen zu geben. Darf man aber dem glänzenden Schmetterlinge trauen, der darunter erscheint? Ich bin noch weit davon entfernt, dies beurteilen zu können. Alles an ihm ist rätselhaft, selbst sein Alter, denn man hat ja nicht allein dasjenige, welches man sich nach seinem Geburtstage berechnet. Seine Gestalt ist die eines Jünglings, sein Lächeln das eines Kindes, sein Blick der eines Mannes. In seiner Konversation findet sich dieselbe Mischung, manchmal glaube ich, daß meine Gedanken die seinen überflügeln, dann wieder ist es umgekehrt ...

Anna, die dem *jungen Reichstadt* bei seinem Besuch in Pickern und in Graz begegnete, erwähnt diese Bekanntschaft in ihren Briefen mit keinem Wort, jedenfalls war über dieses Thema im Archiv nichts zu finden.
Gräfin Thürheim konnte nicht nur scharf beobachten, kritisieren und analysieren, sie zog auch von ihrem eigenen Leben den damals alles Intime verdeckenden Schleier weg und gab damit ihren Lebenslauf der öffentlichen Kritik preis. Anders agierte Frau von Scherer, die fest gefügte Normen in gute, sprachlich wohlgeformte Ratschläge kleidet und dabei viel über die damals übliche Rollenverteilung der Geschlechter verrät:
Gratz am 10. Jänner 1847
Meine theure Freundin!
Ihr Brief zeigt mir so recht das Bild einer jungen Frau. Wie neu wie fremd ist uns alles, wie sehnen wir uns die gewohnten Verhältnisse und Umgebungen ohne darum unsere Wahl zu bereuen, oder ein Opfer für den Gefährten unseres Lebens. So manche liebgewordene Gewohnheit opfern wir, so mancher von den unserigen verschiedenen Ansicht geben wir nach. Wir waren gewohnt zurückgezogen zu leben – er führt uns in die Welt und wir fügen uns in seine Wünsche. Oder er wünscht Zurückgezogenheit und wir freuen uns an seiner Seite, in seinem Umgang und in häuslichen Freuden, Ersatz zu finden, was wir opferten.

So fügt das Weib sich in Verhältnisse, während der Mann sich Verhältnisse schafft! – So finden Sie, meine Rosa, prächtig, was Ihr Herr Gemahl einfach findet, und wie es scheint, haben Sie beyde recht; nur mit dem Unterschiede, daß Sie den materiellen Werth, Ihr Gemahl hingegen die Darstellung in's Auge fassen. Es ist nur gut, daß, wie es scheint, Ihr beyderseitiger Geschmack sich begegnet.

Was Ihr Hauswesen betrifft, so können Sie, nach meiner Ansicht, jezt wirklich nichts weiter thun, als was Sie schon begannen, – nähmlich beobachten. Freylich wird es Sie nur langsam weiter führen, aber Sie werden doch dem Ziele näher rücken. Wie sehr möchte ich Ihnen eine erfahrene Freundin an die Seite wünschen;

Ihre Frage, wie es mir möglich war, mich so schnell in meine häuslichen Verhältnisse und die Führung meines Hauswesens zu finden, könnte ich sehr kurz beantworten, – ich dürfte sie nur auf mein reiferes Alter aufmerksam machen. Allein ich hatte auch die praktische Uebung in älterlichen Hause für mich, die freylich den Ihrer Jugend noch nicht möglich war. Wie leicht muß einem Mädchen, das jahrelang gewohnt war, an der Führung eines Hauswesens Theil zu nehmen, dem weder die Besorgung des Einkaufes, noch jene der Küche fremd war, die Uebernahme einer eigenen, selbstständigen Wirthschaft werden.

Freilich wird eine denkende Frau auch Hindernisse nicht scheuen, sie wird ohne frühere Uebung dennoch zum Ziele gelangen, aber auf Umwegen, da der gerade Weg ihr nicht mehr offen steht, sobald sie das väterliche Haus verlassen hat. – Sie hat nun Dienstleute, es ist ihr also kaum mehr möglich, Versuche zu machen, und sie kann nur aus guten Kochbüchern lernen, mit denen sie die Erfahrungen einer kurzen Lehrzeit, ihre Erinnerungen und ihre neuesten Beobachtungen vergleicht. Sehr vieles in Hinsicht auf den häuslichen Bedarf wird Ihnen auch die Uebernahme der Hauswirthschaftsrechnungen erklären; Sie werden sehen, was bisher gebraucht wurde, werden prüfen, ob die Angaben richtig seyen, indem Sie von Maß und Wage Gebrauch machen, und werden so in den Stand kommen, den künftigen und endlich den täglichen Bedarf zu beurtheilen.

Soweit die gut gemeinten Vorschläge von Frau von Scherer an die jung verheiratete Frau Rosa L., die erst kürzlich ihrem Ehemann Emil nach Triest gefolgt war.

Anna hätte das Buch von Frau von Scherer nicht lesen müssen. Über die Rollenverteilung in ihrer Ehe gab es für sie keine Zweifel oder Probleme, der von Frau von Scherer erwähnte optimale Altersunterschied von sieben bis zehn Jahren war zwischen ihr und Johann weit überschritten, und was die Haushaltsführung anbetraf, so hatte Anna schon als ganz junge Frau keinerlei Schwierigkeiten, die Zügel ihres Haushaltes, ja sogar mehrerer Haushalte in die Hand zu nehmen.

Anna hätte sich wohl nie träumen lassen, dass ihre und Johanns Art zu leben einmal zum Thema eines Zeitungsartikels werden sollte. Am 8. August 1848 berichtete die „Grätzer Zeitung“ unter dem Titel „Der Reichsverweser in seiner häuslichen Einrichtung“:

Der Reichsverweser hatte es vermieden, einen für ihn bestimmten Extrazug der Eisenbahn nach Mainz zu benutzen und vorgezogen in der Stille um 9 Uhr abzufahren, denn er macht nicht gerne Aufsehen. Die Leute laufen ihm gleich nach, wo er sich blicken läßt und das liebt er nicht ... Vielleicht ist er zu bescheiden und liebenswürdig bürgerlich ... Man erzählt sich eine Anekdote von der patriarchalischen Einfachkeit der Frau Reichsverweserin. Sie soll sich zwei Mägde selbst gedungen und ihnen gesagt haben, sie bekämen jede 30 fl Lohn, einen neuen „Joppen“ und ein Paar Strümpfe und Schuhe – Vermuthlich die Sitte von Steiermark ...

Weiters wird in dem aus Frankfurt am Main übernommenen Artikel erwähnt, dass Johann im Winter alle Abgeordneten, die Interesse hätten, in seiner kleinen privaten Villa begrüßen und einladen wolle, *um sie in anspruchsloser Weise* zu empfangen.

Auch die österreichischen Domizile Johanns waren stets für Besucher aus den verschiedensten Kreisen offen. Für Johanns praktizierte Gastfreundschaft scheint Anna immer vorbereitet gewesen zu sein. So ist der Besuch des britischen Offiziers und Reiseschriftstellers Basil Hall in Vordernberg mit einer ausführlichen Beschreibung von der Bewirtung festgehalten:

... Man wird es vielleicht entschuldigen, wenn ich einige der Speisen einer so entlegenen und wenig versprechenden Gegend des Erdballes nenne: da war ein Fisch, den sie Forelle nennen, uns kam er aber mehr wie ein Lachs vor; er war grade aus dem Strome genommen und vortrefflich auf die Sekunde gekocht. Dann war auch Wildprett da von den benachbarten Bergen, nicht solches Schein-Wildprett, wie sie uns in Ungarn vorgesetzt – sondern Wildprett eines Aldermanns würdig; das Lezte von Allem war ein Auflauf, der Bern oder Beauvillier Ehre gemacht haben würde, ganz geistiger Schaum und dampfend aufgetragen; kurz die ganze Bewirthung so reich und doch so prunklos wie es dem edlen Fürsten angemessen ist, der es vorzieht, zurückgezogen von der Welt zu leben.

Das Schicksal hatte indessen bestimmt, daß, obgleich wir bei seiner kais. Hoheit speisten, er doch nicht mit uns speisen sollte; denn es schien, er habe nach der Mode des Ortes sein Mittagsmahl um zwölf Uhr eingenommen. Doch sezte er sich zu Tische, und unterhielt uns auf die angenehmste Weise, und bestätigte die Meinung, die wir uns ursprünglich von ihm gebildet hatten, daß man nämlich keinem einfacheren, angenehmeren und unterrichteteren Manne in irgend einem Stande, oder in irgend einem Lande der Welt begegnen kann.

Der Erzherzog Johann richtet sich nach allen Gewohnheiten des Volkes, mit dem er lebt, und da er der reichste und vorzüglichste unter den Bergwerks-Besitzern in

Bedingt durch seine vielfältigen Aufgaben beteiligte Johann seine Gattin an der Verwaltung der Familiengüter.

Vordernberg ist, so wendet er seinen ganzen Einfluß auf das Folgenreichste an, das Volk glücklich und wohlhabend zu machen.
Ich habe vergessen zu erwähnen, daß der Erzherzog, anstatt sich mit einer wenig begünstigten steifen Prinzessin aus irgend einem fremden Lande, aus kalter persönlicher Ehrfurcht oder verwickelter Staatspolitik zu vermählen, sich eine Gemahlin nach seinem Geschmacke und Gefühle wählte. Da wir bei unserem ersten Besuche auf des Erzherzogs Weinberge noch das Deutsche nicht verstanden und die Dame selbst nichts anderes sprach, und da sie bei unserem zweiten Besuche nicht erschien, so ist unsere persönliche Bekanntschaft mit ihr sehr gering. Nichts kann aber befriedigender sein, als zu wissen, daß, wenn der Herzog in ganz Europa Brautschau gehalten hätte, er für sein eigenes Glück nicht weiser hätte wählen können; und wenn dies der Fall ist, wie wenig mag es ihm kosten, der Hofetikette und ihrer ganzen Heraldik Trotz zu bieten.
Völlig unüblich für die Zeit zwischen Biedermeier und Gründerzeit war das Interesse Annas und auch Johanns für sämtliche Details in ihren Betrieben, wie ein Brief aus dem Jahr 1826 zeigt:
Da ich Montags oder Dienstags nach Brandhof fahre und dort vermuthlich die Woche vielleicht länger bleibe, so lade ich sie ein ob sie uns besuchen

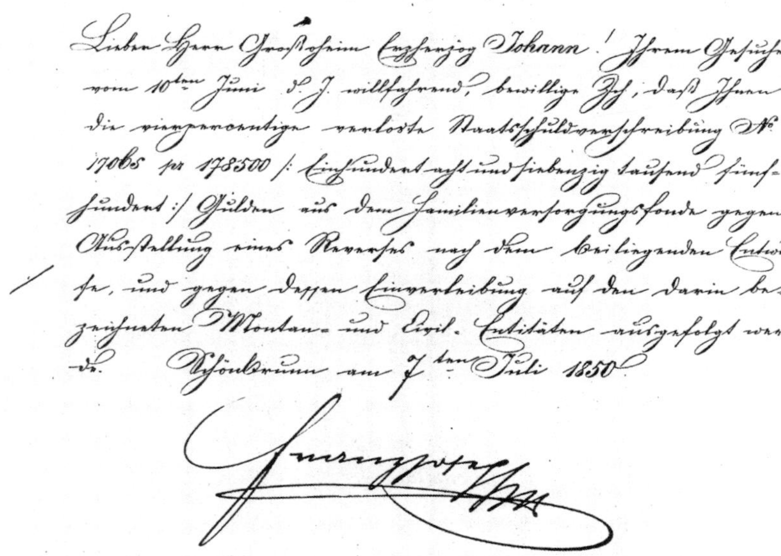

Lieber Herr Großoheim Erzherzog Johann! Ihrem Gesuche vom 10ten Juni d. J. willfahrend, bewillige Ich, daß Ihnen die einzuantwortende verloste Staatsschuldverschreibung No 17065 pr 178500 /: Einhundert acht und siebenzig tausend fünfhundert :/ Gulden aus dem Familienversorgungsfonde gegen Ausstellung eines Reverses nach dem beiliegenden Entwurfe, und gegen dessen Einverleibung auf den darin bezeichneten Montan- und Civil-Entitäten ausgefolgt werde. Schönbrunn am 7ten Juli 1850.

Eigenhändiges Schreiben Kaiser Franz Josephs an seinen Großonkel Erzherzog Johann.

wollen und nachdem ich ganz allein da bin sie einen Schildhahn schießen wollen.
Grüssen sie mir die ihrigen – viel schönes von meiner Hausfrau; diese hat mir keine Ruhe gelassen bis ich ihnen nicht Schreibe ob sie mir nicht bald 2 gute hübsche Kühe verschaffen möchten welche dann nach Vordernberg zu treiben wären. Hoffentlich werden sie gesund seyn nicht viele Geschäfte haben und das Nieder Albl nicht verschneien seyn folglich uns auf dem Brandhof besuchen können.
Ihr Johann

Anna leitete – auch nachdem sie in den Rang einer Gräfin erhoben worden war – alle Haushalte persönlich, sie überwachte die Bediensteten, kümmerte sich um Neuanstellungen und bezahlte die Löhne aus. Auch für kranke und alte Angestellte wurde gesorgt, was eine bezahlte Rechnung der Apotheke zum guten Hirten in Graz beweist, auf der alle verwendeten Medikamente aufgelistet werden, die die 19 Angestellten im Palais Meran im Laufe eines Jahres benötigten. Vermutlich wurden auch viele alte Bekannte aus ihrer Heimat auf der Arbeitssuche bei Anna vorstellig, finden sich doch in der Aufstellung der Volkszählungsliste vom Palais aus dem Jahr 1857 ein Hausknecht namens Franz Kals aus Aussee und die Magd Maria Gaiswinkler aus Grundlsee.
Im April des Jahres 1840 schloss Johann den Kaufvertrag für die Herrschaft Stainz, ein ehemaliges Augustiner Chorherrenstift, das von Joseph II. aufge-

hoben wurde, ab, in den nächsten Jahren erfolgten der Ausbau und die Modernisierung des Anwesens. Johann hatte zwei Motive für den Kauf – einerseits die Einrichtung einer Musterwirtschaft und zum anderen die Erweiterung der Kapitalanlage für seinen Sohn.
Sofort nach dem Erwerb begann Johann mit dem Aufbau einer Musterlandwirtschaft, die bald große Vorbildwirkung für die Bauern der umliegenden Gemeinden zeigte. Nach der Kündigung eines Pachtvertrages mit einem Verwalter namens Peitler löste er diesem auch den Viehbestand und alle landwirtschaftlichen Geräte ab. Durch verschiedene Zukäufe hatte die Herrschaft Stainz bei Johanns Tod eine Größe von beinahe 1400 Joch erreicht, davon waren etwa zwei Drittel Wald, der Rest Wiesen, Äcker, Wein-, Obst- und Gemüsegärten. Schon 1843 wurde für die Pflege der Obstbäume ein eigener Gärtner – Anton Neuhold – angestellt, der auch bei der Anlage einer Baumschule behilflich war. Auch die umfangreichen Arbeiten in den neu angelegten Weingärten unterstanden der kundigen Hand Neuholds, ebenso wie der Aufbau einer Rebschule, wo Versuche mit der bodenständigen Wildbacherrebe viel Erfolg versprachen. Neuhold konnte seine Stellung in Stainz bald verbessern, da er schnell vom Gärtner zum Verwalter der ganzen Herrschaft aufgestiegen war. Die Viehzucht war in einer Zeit, in der man Lebensmittel nur vorübergehend in Eiskellern kühlen konnte, weit mehr auf Ochsenhaltung als auf Milchkühe ausgerichtet. Ochsenfleisch war wegen der Nähe des Grazer Marktes sehr begehrt, Molkereien dagegen waren noch unbekannt, und mit den Milchprodukten, die jede Wirtschaft selbst erzeugte, gab es wegen der geringen Haltbarkeit und allfälliger Transporte große Probleme. All diese Themen, dazu der Einsatz von modernen Maschinen, beschäftigten den Erzherzog, der seine Erfahrungen in der Landwirtschaft selbstverständlich an die Filialen der von ihm gegründeten Landwirtschaftsgesellschaft weitergab. War diese intensive Beschäftigung mit der Landwirtschaft bei den vielen anderen zeitraubenden Interessen Johanns schon höchst ungewöhnlich, so mutet es noch viel überraschender an, dass Anna nach seinem Tod die vielen Agenden der Leitung eines Musterbetriebs übernahm. Doch schon in den Jahren nach 1850 traf Anna in Vertretung ihres oft verreisten Gatten manchmal in recht scharfem Ton ihre Anordnungen.

Lieber Neuhold! *Graz am 7ten Feb. 1850*
Es war mir nicht möglich Dir früher Deinen in höchsten Zorn geschriebenen Brief früher als Heute zu Beantworten.
Ich frage Dich bloß – wenn Du Herr bist – und Diener hast – wirst Du alles recht finden waß die Diener thun? Folglich glaube ich – habe ich auch dass Recht wenn mir etwas nicht gefält – es gegen jene zu äußern, wie sie es besser machen können – Da ich aber leider seit einiger Zeit merke dass Du über alles gleich mir mit den Austrit drohest bleibt mir nichts übrig – als von nun an nichts mehr zusagen – und Dir alles überlassent – mache es wie Du glaubst – an Deiner Red-

lichkeit und treuen Anhänglichkeit haben wir nicht eine Minute gezweifelt – und Dich bey jeder Gelegenheit über alles gelobet – aber kein Mensch der Erde weiß alles – und so sind manche Dinge die Du, und Deine sonst so brave Frau nicht ganz wissen – man lernt ja nie aus in der Welt.
Nachdem Du mir ohnedies alles waß von Stainz herein komt fast höher anrechnest wie ich es hier kauffe – so will ich denn jetzt einmahl gar nichts mehr von Stainz bringen lassen – Ihr habt dann alles für sich und waß ihr nicht verzehren könnt – dass kann verkauft werden. Du brauchest dann nicht so viell Schweine zu zichten – keine Kapäuner kurz gar kein Gefligel für mich zu richten, dadurch hört dann die Geschichte auf – von füttern. Ich werde euch den Dienst erleichtern so viell es möglich ist – wir sehen dann auch am besten ob es besser ist dass wir so vielle Felder und Äcker selbst Bearbeiten – oder ob es nicht besser ist wir verpachten alles.
Wir wollen nun ein Jahr so versuchen, sende mir also gar nichts mehr herein, es ist ohnedies erst Februar folglich kanst Du jetzt recht leicht anfangen. Glaube darum ja nicht, dass ich böse bin – nicht in geringsten – ich habe Dich immer sehr geschäzt – aber – ich bin schon so – ich sage alles heraus was mir recht ist – und waß nicht – da ich sehe das es Dich kränkt wenn man etwaß ausstelt – so will ich nun schweigen – es sind ja ohnedies nur Kleinigkeiten an denen Du fellest.
Was den Gärtner anbelangt – dass gehet mich nichts an – der Herr hat ihn auf 2 oder 3 Jahr genohmen sage es denn Herrn selbst, was Du an Gärtner auszustelen hast.
Lebe wohl grüße deine Frau
M(eran)

An Herrn
Herrn Verwesser Homatsch
Zu Krems (bei Voitsberg)
Lieber Homatsch!
Senden Sie mir ebenso viele Forellen künftige Woche herein wie in dieser Woche und wenn es Ihnen möglich ist eben so schöne.
Der Erz: hat erlaubt daß Sie den Auerhahn schiessen dürfen und mir denselben womöglich bis Donnerstag herein spedieren.
Wir haben schreckliches Wetter.
Ihre aufrichtigste M *Am 13. April 851*

Zur Herrschaft Krems, die aus einem Blechwalzwerk und einer kleinen Landwirtschaft bestand, gehörte auch ein Teich, in dem Forellen gezüchtet wurden.
An Theresia Pfeiffenberger, Wirtschafterin am Brandhof:
Liebe Pfeiffenbergerin.
Nachdem wir von Wien zurück sind und kein Butter hier ankam, so sage ich Ihnen, senden Sie mir so schnell wie möglich einen Butter etwa 8 D. Auch begreiffe ich nicht warum sie mir gar keinen Hasnen senden werden denn keine geschossen? oder verkauffen Sie alle – hier giebt man nur für einen Schildhahn 1 f 50xq.m. und für einen Auerhahn 2f40xqm.

28: „Die Segnung des Bundes hinter dem Vorhang“, Ludwig Schnorr von Carolsfeld, Öl auf Leinwand.

29: „Der Vorhang ist gefallen“ (Segnung des Bundes vor dem Vorhang), Ludwig Schnorr von Carolsfeld, getönte Bleistiftzeichnung.

30: *„Die Taufe des Sohnes Franz im Michaelerhaus in Wien", Ludwig Schnorr von Carolsfeld, Öl auf Leinwand.*

31: *Das Brautkleid Annas kam als Geschenk nach Mariazell. Dort wurde es zu einem „Liebfrauenkleid" für die Statue der Muttergottes umgearbeitet. Deutlich sind die Initialen A. B. (Anna Brandhofen) zu sehen.*

32: Figur mit „Anna Plochl-Kleid" im Kammerhofmuseum in Bad Aussee. Im Vordergrund die Wiege, in der Anna und danach ihre zwölf Geschwister lagen.

33: „Anna am Bett des kleinen Franz", L. Brunner, aquarellierte Bleistiftzeichnung.

34: *Das Domizil Erzherzog Johanns und seiner Familie in Frankfurt am Main.*

35: *Blatt aus einer Schatulle, die Anna mit „Erinnerungen an Frankfurt" bezeichnete.*

HANS
Habsburger Marsch,
für das
Piano-Forte.
Componirt und
der hohen Frau
BARONIN VON BRANDHOF,
Gemahlin Sr. kais. kön. Hoheit
und
deutschen Reichs-Verwesers
des Herrn
ERZHERZOG'S JOHANN,
ehrfurchtsvoll gewidmet
von
IGNATZ LASNER,
Garde der academ. Legion, 5. Corps, 3. Companie.

36: Im Revolutionsjahr wurde der „Hans Habsburger Marsch" Anna, Baronin von Brandhof, gewidmet.

37: Von Anna eingeklebte Bilder und Erinnerungsstücke in einem ihrer Stammbücher.

38: Aus der Visitenkartensammlung Annas. In der Mitte ihr Porträt, gezeichnet von Sohn Franz.

39: Die kolorierte Postkarte nach Thomas Ender zeigt eine Ansicht vom Gamskarkogl: Die sitzende Dame im rosa Kleid ist Anna.

40: Eine von Franz Graf Meran gezeichnete Karikatur, sich selbst und den Obersthofmeister Morzin darstellend.

41: Spielkarten und Erinnerungsblätter aus Annas Schatulle.

42: Erzherzog Johanns Schreibtischsessel mit nur einer Armlehne am Brandhof: Die andere Armlehne diente nach der Verletzung durch einen Stier zur Schienung seiner lädierten Schulter.

43: Schloss Schenna bei Meran.

44: Blick aus dem Schloss Schenna auf Meran. Im Vordergrund rechts das Mausoleum, in dem Johann und Anna ihre letzte Ruhestätte fanden.

45: Das Porträt von Andreas Hofer, den außer der gemeinsamen Sache gegen die Franzosen auch eine persönliche Freundschaft mit Johann verband, hängt im Brandhof.

46: Das Mausoleum für Erzherzog Johann und Anna in Schenna bei Meran.

47: Der Sarkophag mit den sterblichen Überresten von Anna und Johann. Im Vordergrund die Grabstätten von Sohn Franz und dessen Gattin Resa.

48: Den Fischkalter am Grundlsee gab es schon zu jener Zeit, als Johann und Anna sich in dieser Gegend kennen lernten.

49: Pfarrkirche und Friedhof in Grundlsee. Hier wirkte Annas jüngster Enkel Albi als Seelsorger.

50: Erinnerungstafel an der Pfarrkirche in Grundlsee.

51: Nicht nur beim Familientreffen der Nachkommen von Johann und Anna herrscht am Grundlsee reger Schiffsverkehr.

52: Das Haus Meran am Grundlsee. Anlässlich des 200. Geburtstages von Anna trafen sich im Ausseer Land mehr als 600 Nachkommen.

53: Frau Keil-Meran erläutert in der Kapelle am Brandhof ein von Anna gesticktes Wappen.

54: Familientreffen im Juni 2004 vor Annas Geburtshaus in Bad Aussee.

55: Auffallend beim Familientreffen: die vielen Kinder und die farbenfrohe Trachtenkleidung.

Ehestens wird der Herr oder ich nach Brandhof kommen – es geht uns mit unserer Wirtschaft nicht zusam – wir brauchen immer mehr. – und erzeugt wird immer weniger – der Herr Melcher wird wie sein Jahr aus ist – wandern müssen–.
Soviel in aller Eile Ihre Frau
Graz am 14. März .852
Die Pfeiffenbergerin gehörte zum Ausseer Bekanntenkreis Annas, war sie doch eine enge Verwandte von Vater Plochls zweiter Gattin.

Ein Brief an den Verwalter, ohne Ortsangabe, Namen oder Datum, vermutlich den Brandhof betreffend:
Durch den Knecht erhalten Sie diese Antwort.
Es war sehr gut, daß Sie schon sagen ließen daß nichts geschehen darf. Die Antwort auf sein Schreiben ist folgende:.
1. der Kostenüberschlag vom Zimmermeister in Kapfenberg nehme ich zur Wissenschaft – für dermalen wird nichts gemacht sondern das Holz bleibet bis auf weiteren Befehl beysammen.
2. Die Teichgruber kommen diesmalen nicht da im Brandhof keine Arbeit für sie ist. Was ... Erzeugniß betrifft werde ich seinerzeit das weitere anordnen.
3. Das Lerchenholz für Fenster und Thür was geschnitten ist kommt was nicht schon dermalen in der Seewiesen ist auf den Brandhof da werde ich anordnen wer die Arbeit zu machen hat.
4. In diesem Jahr wird nichts gemacht sondern im nächsten Jahrn 1853 daher sind keine Leute nothwendig. Und wenn noch etwas gemacht werden sollte so ist es im Späthsommer die beendigung der Grundfesten wozu wenig Leute erforderlich sind und was ich seiner Zeit Anordnen werde. Es hat daher Schön sich um keine Leute umgesehen, da ihm dieses nicht aufgetragen wurde. Dabey bleibet es unabänderlich. Schön hat gar keine Anstalten zu machen – denn dazu hat er keinen Befehl – den ich stets wenn es nothwendig ist gebe.
Das ist meine Antwort; hat er was veranstaltet so hat er da er meine Antwort nicht abgewartet es sich selbst zuzuschreiben-.
Die Kuh und der Stier sind angekommen: ich werde ihnen so bald ich kommen kann zeigen was durch 10 Jahrn alljährlich im Brandhofe Schmalz gesammelt und abgeliefert wurde es ist im letzten Jahr ein gewaltiger Abstand.
Schade um den Leon – wir müssen uns um einen tüchtigen Hund so wie der Huserl war umsehen.
Wenn der Lenz im Brandhof entbehrlich wäre – ich könnte ihn hier nach Ostern auf 14 Tage brauchen – vielleicht gehet er aber nicht gerne herab.
Was Sie mir wegen der Kati schreiben wundert mich nicht – es wird schon wehr nachfolgen
Leben Sie wohl Ihre Meran
Teichgruber, Lenz und Kati waren wohl vorübergehend aufgenommene Angestellte.

Graz am 10ten Feb. 1854
Lieber Neuhold!
Der Herr wollte diese Woche immer nach Stainz gehen – aber vor viellen Sitzungen kam er nicht dazu – und nun wird er früher alle Sitzungen abthun dann erst nach Stainz gehen.
Du komst also am 14ten oder 15ten herein – da bringst Du mir Brod mit – aber ganz ungebackenes – und nur nicht zu sauer. Dann bringest Du auch Gemüse – kurz alles was Du hast – nur Obst keines, da wir noch genug haben. Hast Du keine guten süsen Rüben mehr? Gugurutz Mehl haben wir auch keines mehr – ich lasse jetzt alle Wochen ein Pockerl machen, und das schmeckt allen ausserordentlich gut.
Grüße Deine Frau – wie geht es ihr.
Deine Aufrichti M(eran)
Vielleicht bekomst Du wieder wenn Du herein fährst einen Kalbs Schlögl, oder wie lezthin ein hinteres Viertl.

Graz, 31ten Oktober 1855
Lieber Neuhold
Sende sobald als möglich denn Gugurutz – und einige Metzen Rüben – und die Fisollen für Brandhof. Die 8 Metzen Erdäpfeln hebe mir gut auf – ihr habt Platz genug dazu –.
Vielleicht kanst Du mir auch einige Strizeln Brod senden, und Eingesottenes. Einmahl die Hälfte von allem waß in Stainz ist, wenn diese Fuhr am Montag komen könnte wäre es mir lieb. – Auch Schweineschmalz sende mit waß Du entbehren kanst.
Alles waß Du an Zucker der Mari gezahlt hast, musst Du mir immer mit die Backereien mitsenden – dann zahle ich es Dir gleich – Eyer, Mehl, Butter – kurz alles schreibe genau auf. ich will es immer wissen waß Mari braucht.
Ich habe beschlossen dass die Mari einstweilen als Zimmerwärtherin und Köchin für die Herrschaft in Stainz bleibt – sie soll immer abstauben – Fenster aufmachen – Betten ausstauben, und für mich stricken, bähen und kochen so oft jemand von uns nach Stainz komt.
So ist es mein und des Erzherzogs Wille und wenn wir es so wollen, hat kein Mensch etwaß darüber zu Reden.
Du bist ein treuer Diener, Deine Frau auch – ihr werdet unseren Willen Ehren – und der Mari zeigen wie sie es in Zimmern zu machen hat. Der Samstag Nachmittag und Sontag et Feyertag kann Mari für sich Arbeiten, alle andere Zeit ist mein.
Kann sie Deiner Frau helfen so lasst sie angreiffen – nur immer denken ihr dienet alle einer und derselben Herrschaft – zusam helfen und ruhig Leben keinen Tratsch – und für uns sorgen – um dass bitten wir euch – ...

Graz 18ten 8ber 1855
Lieber Neuhold!
Da die Witterung Schön ist und ich abkommen kann, so werde ich Morgen Freitags nach Stainz kommen. Samstags könnte die Weinlese vor sich gehen – dazu sind die Anstalten zu machen.
Guter Neuhold! Ich baue auf Deine Anhänglichkeit und sage Dir bloß mache dass der Reitknecht mit Mari nicht zusam komt – sonst bringt der wiederum einen ganzen Tratsch herein – überhaupt zu Dir gesagt, ich nahm die Mari nur auf 6 Monath Probe – sie soll auf morgen für 3 Person ein Mittag Essen richten, nämlich 2 Herrn – 1 Bedienter. – Nur einen guten Risoto – Fleisch mit 1 Sos – Hendl gebraden mit Salad – und eine Mehlspeis – alles ohne Gewürz und keinen bettersill in die Suppe und keinen Zellerl.
Abends für die Herrn nur eine Suppe und Eingemachtes und 1 Compot.
Die Wäsche soll einstweilen so wie alles Deine Frau vorgeben – und in Ordnung halten – denn die Mari ist ganz fremd und kennet meine Ordnungsliebe nicht – und da wo sie war scheint es Unordentlich zu sein.
Die Konfeckten kommen recht gut an – und sind schön – nur liebe ich nicht wo Butter dabey ist – die Nußbutizen war sehr sehr gut…
Lebe wohl. Grüße Deine Frau
M(eran)
Der Reitknecht muß bis 7 Uhr hier sein.

Graz 25ten May 1859
Mein bester Herr Doktor!
Ich brobiere an Sie zu Schreiben ob ich einen ordentlichen Brief zusamenbringe weiß Gott.
Wir waren also in Stainz und Krems, in ersterem Orte wie immer Ordnung so viell man in einem Tag sehen kann, nur mit dem Förster muß von nun an eine genauere Nachsicht gepflogen werden. Neuhold gab 600 f heute Abfuhr – und der Förster auch 600 f heute Abfuhr – alles habe ich genau zu Buche gebracht.
Ach Gott wie anders ist es in Krems, immer die alte Leier – Wortkrämerei, keine Handlungen – ich sage fest und bestimmt – je eher der Herr … weggebracht wird, desto größerer Nutzen für das Werk – es ist mir ein ungeheuer unheimliches Gefühl – wenn ich ihn in Krems an der Spitze weiß – Biedermann wird Ihnen meinen genaueren Bericht schreiben – aber um Himmelswillen nur bald bald eine Änderung.
Man sprach mir eben heute vom jungen Hambe, der in Eibiswald ist – er soll ein tüchtiger Mann sein – aber er ist im kaiserlichen Dienst!
Ich glaubte mein Herz zerbricht mir als ich in jene Zimmer kam – wo ich einst noch mit meinem Erzherzog wohnte …
Am Freytag früh gehe ich und Franzi so wie Biedermann nach Vordernberg – bleiben Samstag und Sontag dort – es kann sein – wenn mir wohl ist dass

ich mit Franzi Sonntag Abend von Bruck nach (Wiener) *Neustadt abgehe – Franzi geht dann nach Mattersburg, ich nach Wien – wo ich vermuthlich früh ankomen würde, sonst aber kome ich auf jedem Falle Montag Abends nach Wien.*

Ich habe eine Schrift vom Obersthofmarschallamte erhalten – und werde es mitbringen – ich weiß nur nicht soll ich Erzherzog Steffan Schriftlich wegen der Vormundschaft bitten, sagen Sie mir Ihren Rath ...

Leben Sie recht wohl – und erfreuen Sie mich recht bald wieder mit einigen Zeilen.

Ihre Ewig dankbahre Meran.

Anna, die diesen Brief zwei Wochen nach dem Tod Johanns schrieb, steht – plötzlich allein – vor einer ungeheuren Menge an Problemen. Sohn Franz hat in Mattersburg wieder seinen Dienst als Offizier anzutreten.

Graz 7ten Juni 1859

Bester Herr Docktor!

Ich erhielt aus Aussee die Nachricht dass heuer fast Niemand Quartier dort nimmt, auch warthet man nun mehr ab nur bloß ab, nur bloß über Sommer den 2. Stock zuvergeben, es wäre ein Profit – da man eine menge Forderungen machet – lieber wenn man will auf mehrere Jahre an eine Mietparthei hergeben, also bitt ich die Annonce welche Sie so gütlich waren in die Zeittung zu geben – auszustreichen-.

Heute ist Biedermann nach Krems – es ist Biedermann zum verzweifeln – er folgt nicht. Jeden Tag wo Biedermann eher Krems verlässt isst Gewihn für uns...

Nachdem so vielle Weingartenbesitzer Weine in die Spitäller nach Italien senden – ich quasi aufgefordert wurde es auch zu Thun – so gab ich heute an Ehrenberg den Befehl 2 Partien abzusenden – er wird unter sicherem Geleite seiner Bestimmung zugeführt – ich glaube Sie werden mich darüber nicht ausgreinen.

In aller Eile Ihre dankbahre Meran

Die hier angesprochene Vermietung des zweiten Stockes in Aussee betrifft Annas Geburtshaus.

Im Jahr 1859 kam es zum Krieg zwischen Österreich und Italien, das von Frankreich unterstützt wurde. Die Niederlage Österreichs bei Solferino und den Verlust der Lombardei zu erleben, blieb Erzherzog Johann erspart. Die Abgabe von Lebensmitteln und Wein für die österreichischen Verwundeten nahe den Kriegsschauplätzen war obligatorisch.

Die Beziehungen Annas zu ihren Verwaltern und Haushälterinnen waren emotionalen Schwankungen unterzogen, gelegentlich klingen ihre Briefe beinahe freundschaftlich, manchmal aber betont sie ihre Rolle als „Herrschaft“ und scheut sich dabei nicht, herbe Kritik an der „Redlichkeit“ ihrer Angestellten zu üben. Mit Leopold Wudich, dem Verwalter der Radwerke in Vordernberg und später auch des Blechwalzwerkes im weststeirischen Krems, scheint Anna gut ausgekommen zu sein. Ihm verdankte sie auch die Vermittlung einer Haushälterin aus Trofaiach für ihren Haushalt in Frankfurt. Für Theresia Gasteiger, Tochter des Arztes Dr. Schlömmer, dürfte es jedenfalls eine hohe Ehre gewesen sein, die Familie des Reichsverwesers und dessen Gäste zu bekochen.

Dass Anna selbst viel vom Kochen und von der Haushaltsführung verstand, beweisen nicht nur ihre Briefe aus Vordernberg aus jener Zeit, als sie dort als „Hausfrau" tätig war, sondern auch ihre eigenhändig geschriebene und schon 1819 begonnene Sammlung von Kochrezepten. Ihre Notizen, die 22 Blätter umfassen, sowie mehr als 100 Rezepte aus der Hand von Annas Wirtschafterinnen gab die Grazerin Dr. Herta Neunteufel 1984 unter dem Titel „Das Erzherzog Johann-Kochbuch" heraus. Unter den Rezepten findet sich Altbewährtes neben Skurrilem wie etwa *Schnecken in der Sauce, Kapaun mit Muscherl* oder *Limonisulz* und *Pomeranzenkonfekt.*

Eines der angegebenen Rezepte soll die Lieblingsspeise von Kaiser Franz gewesen sein – vielleicht wurde diese Köstlichkeit deshalb als *Kaiserschnitzel* bezeichnet. Als Zutaten für diese kaiserliche Speise werden genannt: 1 Pfund (56dag) Kalbfleisch, 1 Pfund Kernfett (oder Butter), 2 in Milch geweichte und ausgedrückte Semmeln, 4 Eier, Rindsuppe, Salz, Pfeffer, Neugewürz, Muskat, Petersil, Mehl zum Eindrehen. Die weitere Verarbeitung: Die eingeweichten Semmeln zerkleinern – Schmalz zerkleinern – Eier einrühren – mit Fleisch und allen Gewürzen vermischen – flache Schnitzel formen – in Mehl wenden – in zwei Finger hoch leicht köchelnde Rindsuppe legen – kurze Zeit klein kochen lassen – vorsichtig wenden – herausnehmen – garniert nach Belieben servieren.

Frau von Scherer geizte nicht mit guten Vorschlägen, wie eine Hausfrau ihr Heim und ihren Haushalt mit allen Bediensteten zu einer Idylle der *häuslichen Glückseligkeit* gestalten könnte. Sie gestattet ihren Leserinnen gerade noch *sanfte Gewalt* oder *gelassene Würde* und meint, dass es ein Unglück sei, *dass wir* (die Frauen) *uns emancipiert – und damit den Blüthenstaub der Schwäche abgeschüttelt haben.* Wäre Anna mit dieser Aussage einverstanden gewesen? Wäre sie mit dieser Haltung die Stütze für Johann gewesen, die sie ihm war?

11

Kuraufenthalte

Heim und Ehrenbürgerschaft in Gastein

Was aber die Gesundheit betrifft, so gehören die Badereisen zum Teil auch zu den Moden der Ärzte, lautete ein gängiger Spruch in der Mitte des 19. Jahrhunderts. Trotzdem gehörte es zu den Gepflogenheiten der besseren Gesellschaft, mindestens ein Mal pro Jahr ein Bad aufzusuchen. Anna machte darin keine Ausnahme. Die Vorbilder für die Kuraufenthalte kamen aus dem Kaiserhaus – so besuchte Kaiser Franz von 1803 bis zu seinem Tod alljährlich die Kurstadt Baden bei Wien, in deren Zentrum er sogar ein einfaches Bürgerhaus erwarb. Der Wiener Adel, das reiche Bürgertum, die Beamtenschaft, die Offiziere versuchten es dem Kaiser nachzutun. Johanns Brüder, die Erzherzöge Karl und Anton, bevorzugten ebenfalls Baden. Da Kaiser Ferdinand – als er noch Kronprinz war – in Baden von einem Attentäter leicht verletzt wurde, mied er während seiner Regierungszeit den Aufenthalt in diesem Kurort, was vorübergehend auch das Ausbleiben anderer nobler Gäste zur Folge hatte. In den Kurlisten von Baden, die seit 1805 erschienen, sind auch die Namen von Ludwig van Beethoven, Franz Grillparzer, der Primaballerina Fanny Elßler nebst vielen Namen von Malern aus der Biedermeierzeit zu finden.

Der Aufstieg von Ischl zum Nobelkurort geht auf das Jahr 1823 zurück, als der Hofarzt Dr. Franz Wirer erkannte, dass heiße Solebäder, vermischt mit Schwefelwasser, bei allen möglichen Krankheiten Heilerfolge brachten. Die prominentesten Besucher in diesen Jahren waren Johanns an Rheuma erkrankter Bruder, Erzherzog Rudolf, der Bischof von Olmütz, sowie sein Neffe Erzherzog Franz Karl und dessen Gattin Erzherzogin Sophie. Der erstgeborene Sohn des Paares, der spätere Kaiser Franz Joseph, sollte von seinen 86 Lebensjahren 83 Sommer in Ischl verbringen. Ab etwa 1867, dem Entstehungsjahr der Doppelmonarchie Österreich-Ungarn, wurde Ischl vollends zur Sommerresidenz. Die gesamte europäische Hocharistokratie, Diplomaten und Künstler gaben sich hier bei der oft pausenlosen Folge von Veranstaltungen ihr Stelldichein.

Erzherzog Johann fand weder an Baden noch an Ischl Gefallen. Für ihn, der das Hofleben und die Gesellschaften verabscheute, bildeten in jungen Jahren Rohitsch-Sauerbrunn und Bad Gleichenberg, später Gastein ruhigere und damit liebenswertere Ziele.

Was Anna anbelangt, so ist aus den Quellen zu ersehen, dass sie sich häufig einer Kur unterzog. Anna bevorzugte in späteren Jahren Bad Ems und Teplitz

Tobelbad bei Graz. Anna unterzog sich häufig einer Kur und besuchte dabei verschiedene Kurorte innerhalb der Monarchie.

Schönau, gelegentlich hielt sie sich auch in Tobelbad bei Graz auf. Von einem Erholungsurlaub aus Triest schreibt sie am 3. Juni 1856 an Johann:

... Heute als Montag ein herrlicher Tag – Ich fuhr schon um 1/2 8 Uhr am Meere – es war eine sehr gute Luft – dann zuhause – um 9 Uhr baden – da machte ich eine sehr unangenehme Entdeckung – nämlich – wie das Bad nur ein wenig kühl ist – so wie es mir angenehm wäre 25 Grad bekomme ich augenblicklich einen kleinen Krampf beym Herz – ich lies nattürlich gleich warm zuflüssen, da hörte der Krampf sogleich auf – aber das warme Bad macht mir den Kopf eingenohmen und ich fühlte als ob ich zu wenig sehe – ich werde sehr vorsichtig baden müssen – Schlaf und Apetit ist noch gut – die Hitze ist bis jetzt nicht gar so stark – ich bin von 9 Uhr bis abends 6 Uhr zuhause – leider kann ich wenig arbeitten – es erhitzt mich alles, Durst hätte ich sehr – das Wasser kann ich aber ohne Wein nicht trinken – es machet mir den Magen blöde – nehme ich Wein dazu – so fürchte ich Wallungen – es ist wohl ein Kreuz – das Wasser das Wasser – ist wohl schrecklich ...

Am 13. Juni 1856:

... der Doktor sagt es sey eine abscheuliche Luft und eine menge Leute hätten Schwindel. Ich bekomme bald den Wadenkrampf, bald Zehenkrampf, in den Fingern Krampf – kurz so wie heute war es noch nie ...

Schon zwei Tage später:

... ich bitte komme bald, damit ich von hier fortkomme – es ist keine Einbildung – es thut mir wirklich das Bad nicht gut, ich werde den Tag segnen wenn ich fortkomme ... die Rebenburgs gehen leider heute fort, ihr hat es recht gut getan ...

Im Jahr 1858 befindet sich Anna zur Kur in Bad Ems. Sie berichtet an Johann, der sich auf einer Reise nach Belgien kurz in Frankfurt aufhält:
Ems, 10. Juni 1858
Lieber Alter!
So unendlich herzenleidend es mir war, dass ich ohne Dir fort musste – so war es aber doch am besten dass Du in Frankfurt geblieben bist – denn es war entsetzlich heiss. Was soll ich Dir von Ems sagen? es ist sehr schön hier und doch höchst langweilig – ich glaube 4 Wochen kann sein, dass ich aushalte, zudem hat der gute Steffan eine Wohnung gewählt – 2 Bleikammern von Venedig – niedrig und kleine Zimmer – die Aussicht allerdings auf den belebtesten Platz – aber ich kann es jetzt Vormittags kaum aushalten, wie wird es erst Nachmittag werden – wenn sich die Sonne recht auf die Fenster leget. Es ist jedermann unbegreiflich, wie er gerade diese kleinen Zimmer gewählt hat, ich bin schon heisser und habe Kehlkopfschmerz – der hiesige Doktor will, das ich in dieser Wohnung nicht bleibe, aber ich getrau mich nicht auszuziehen wegen Steffan, es könnte ihn kränken, ich will gerne wenigstens warten bis Du kommst, die Zimmer sind viell niederer wie die welche ich in Tobelbad hatte und viel kleiner, also denke Dir meine Beängstigung und es wären im Hause vielleicht hohe Zimmer gewesen zur Auswahl – unbegreiflich …

Einen Tag später:
… ich habe heute mit Gott zu trinken begonnen – zwei kleine Becher, der erste war mir zuwider, der zweite schon angenehm – baden werde ich erst morgen – nur fünf Minuten. Der alte Doktor Vogel ist ein recht lieber Herr, ganz einfach in allem, er kennt Dich als Du in Ems warst hat er Dir die Quellen gezeiget. Aber was soll ich Dir von Ems sagen – langweilig, langweilig, langweilig. Franzi sagte heute er wäre lieber in Bad Wörschach als hier, wenn er eine Cur brauchen würde.
… es ist schon sehr voll hier – laute weltfremde Leute – es ist ordentlich unheimlich – Du würdest Dich hier nicht lange aufhalten mögen.
Es sind mir einige Häuser, die sehr lieb und ländlich liegen, wo man ganz ungeniert sein kann, nur mich hat Steffan recht mitten hineingesetzet, wo kaum Luft ist … ich werde heute gegen Abend einen Eselsritt machen, um aus meinem Stillleben hinauszukommen.

Drei Tage später:
… Nun hoffe ich, Du wirst Dich bei unserem guten Erzherzog Steffan recht ausruhen und Dich ganz mit Deinem Husten und Heiserkeit auskurieren …
Doktor Vogel segiert in einem fort, ich soll aus dem Quartier ausziehen, es kömt mich so schwer an, da muß man doch alle Kästen wieder neu ausräumen, soll ich – werde sehen … ich glaube und hoffe, dass mir das Trinken sehr sehr gut thun wird, ich fühle es, Gott gieb das es so gut bleibt …

17. Juni 1858:
... Du sagtest Franzi hätte mir geschrieben ich bekam aber keine Zeile von ihm – ach für mich – hat Franzi nie Zeit – das ist ja mein grosser Kummer, mein „nagerter" Wurm, ich muss schliessen, den sonst muss ich weinen und das soll man bey der Emser Kur nicht ...

Ems 10ten July 58
G. A.!
... mir fangt nun an das Wasser nicht mehr recht zu schmecken ich glaube es ist genug des Guten, Vogler glaubt auch, mit 22 Bädern ist es gut, trinke nurmehr 3 Becher täglich. Es ist sonderbahr wie das eigene Gefühl der beste Leiter ist ...

Als der damals 22-jährige Johann 1804, im Geburtsjahr Annas, vermutlich zum ersten Mal Salzburger Boden betrat, gehörte dieses Land noch als Kreis dem Herzogtum Österreich ob der Enns (Oberösterreich) an. Seine Erhebung zum selbstständigen Herzogtum innerhalb der Monarchie erlebte Johann nicht mehr, sie erfolgte 1860, ein Jahr nach seinem Tod.
Der Erzherzog war häufig in diesem von der Natur so reich ausgestatteten Gebirgsland, einige Male in seiner Funktion als General-Genie-Inspektor während der Napoleonischen Kriege, später um an Sitzungen der Landwirtschaftsgesellschaft teilzunehmen oder auch auf der Durchfahrt nach Tirol, wobei er die Strecke von der Obersteiermark durch das Ennstal über Radstadt und Lend bevorzugte. Diese Reisen hatten immer einen dienstlichen oder zumindest halb offiziellen Charakter. Rein privater Natur dagegen war Johanns erster Besuch in Gastein im Jahr 1822, dem noch weitere 33 Kuraufenthalte folgen sollten.
Ein ungewöhnlicher Unfall war der Anlass, der Johann in Gastein Heilung suchen ließ. Ein Stier hatte ihn attackiert und im Schulterbereich stark verletzt. Am Brandhof steht heute noch sein einarmiger Schreibtischsessel – der zweite Arm, so die Familienüberlieferung, soll unmittelbar nach dem Unfall dazu verwendet worden sein, um Oberarm und Schulter des Verletzten provisorisch zu schienen. Wie aus Briefen zu entnehmen ist, empfahl, nachdem die Schmerzen auch nach Monaten noch nicht gänzlich abgeebbt waren, Leibarzt Dr. Peintinger aus Leoben eine Kur in dem damals noch eher unbekannten Gastein.
Johann erreichte jedenfalls am 12. Juli 1822 das Wildbad in Gastein, nahm Quartier im Gasthof „Straubinger" und unterzog sich drei Wochen lang der heilsamen Bäder.
Er hatte sich vor dem Antritt seiner Badekur in Aussee aufgehalten und mit Anna und ihrem Vater über eine gemeinsame Zukunft gesprochen. Wie erwähnt stand Vater Plochl der Verbindung skeptisch gegenüber. Der Standesunterschied, das Zaudern Johanns, die Schwierigkeiten, die Johann seitens

des Kaisers zu erwarten hatte, der Spott, der sich über Anna ergießen würde, falls die Heirat nicht zustande käme, mochten dafür mehr als ausreichende Gründe gewesen sein. Noch dazu fiel dieser Besuch gerade in jene Zeit, in der Anna in einer zumindest brieflichen Beziehung zu dem jungen, in Vordernberg lebenden Vinzenz Pfeifer stand, die Johann nun mit den ihm zur Verfügung stehenden Mitteln zu vereiteln suchte. Seine Freunde und Vertrauten, Vinzenz Huber und Zahlbruckner, waren ihm dabei behilflich. Um einer allfälligen Kontrolle der Briefe durch die Zensur keine Nahrung zu geben, verwendete er Abkürzungen und Symbole. Anna wird im folgenden Schreiben als *er, das Individuum* und Vater Plochl als *des Individuums Vorsteher* umschrieben. Am 17. Juli 1822 schreibt er aus Gastein an Vinzenz Huber:

... in Aussee war ich 2 Tage – zwey Tage, die ich nie vergessen werde, denn sie haben mir, Thomas dem Zweifelnden, mehr gezeiget, als ich jemals vermuthen durfte – ich gieng hin, fest entschlossen, Licht zu erhalten, Umstände verfügten es, daß ich in freyer Luft gehend über alles reden konnte – theils ich, theils Zahl. erfuhren alles, und nun weiß ich, woran ich bin.

Das Resultat ist – daß jener, von welchem ich rede, mehr darüber gedacht hat als wir, daß ich ihm in allem weit nachstehe und mit einem solchen Gemüthe, wo Einfalt, Herz, Klugheit, Anhänglichkeit sich so aussprechen, gar nicht messen kann – Sie wissen, wie es einem gehet, wenn man glaubet, am besten alles überleget zu haben – und dann an jemand stößt, der alles das, was man sagen will, bereits ins Aug gefaßt hat – ich stund zulezt mit offenem Maul und bewunderte – kurz, besagtes Individuum ist tadelloß, in jeder Rüksicht – ich schied tief beweget, es ihm überlassend, das Beste auszudenken und es Gott übertragend, ob über kurz oder lang wir zusammenkommen sollen oder nicht – mehr kann ich nicht schreiben – das weitere einmal mündlich.

Des Individuums Vorsteher, von dem ich nicht urtheilen konnte, ist mir noch ein Räthsel, es spricht viel gegen, noch viel mehr für ihn, die Zeit wird es aufklären, woran ich bin, so viel ist richtig, daß er über etwas brütet, was ich nicht weiß, daß er aber seit einer langen Unterredung mit mir aber äusserst herzlich ist, obgleich ich nur über Leben und Weltansichten sprach. So viel zu Ihrer Wissenschaft, die Actien stehen bey dem ersteren, wie sie stehen sollen, das ist am besten ...

Leben Sie wohl
Johann

Johann sandte an seinen Bruder Kaiser Franz ausführliche Berichte über Gastein. Er beschrieb die Gegend, berichtete von einem ungeheuren Reichtum an Wasserfällen, Eisbergen, Alpenansichten, Wildnissen und hohen Gipfeln. Weiters meinte er, dass eine Holzleitung mit Thermalwasser auch für Badeanstalten in *Hofgastein* nützlich sein könnte. Die Quellen selbst, so meinte er, ließen keine chemische Analyse finden, die Heilkraft des Wassers bilde *das Elektrische oder Magnetische, oder wie man es nennen möge.*

Da die Gasteiner Thermen seine Schmerzen merklich linderten und bald sogar beseitigen konnten, hielt Johann dem Ort ein Leben lang die Treue. Anfangs fuhr er allein zur Kur, später in Begleitung Annas und im Jahr 1839 verbrachte die Familie mit dem erst wenige Monate alten Franzi einige Sommerwochen im inzwischen eigenen Haus.

Während der ersten Aufenthalte wurde Johann auf Geheiß des allgegenwärtigen Fürsten Metternich polizeilich überwacht. Jedes Ziel seiner Wanderungen, seine Bekleidung im Stil eines steirischen Landmannes, seine Interessen an Botanik und Mineralogie und selbst seine Gewohnheit im Kreise einfacher Badegäste das Essen beim „Straubinger" einzunehmen, schienen den Geheimpolizisten wichtig genug zu sein, um davon schriftlich Meldung nach Wien zu geben. Dank dieser Überwachung ist man heute über die Wanderziele Johanns – Kreuzkogel, Nassfeld, Hochkreuz, Rauriser Goldbergbau – genau informiert.

Im Jahr 1826 – Anna lebte bereits als „Hausfrau" in Vordernberg – kam Johann erneut nach Gastein zur Kur. Anna hielt sich, wie aus dem Briefwechsel des Paares hervorgeht, zu dieser Zeit ebenfalls zur Kur in der Untersteiermark auf. Ein kleiner Ort zwischen Marburg und Cilli war ihr Ziel – Bad Neuhaus –, in alten Reiseführern besonders bei Erschöpfungen und Frauenleiden empfohlen. Anna, die in Begleitung von Dr. Peintinger und einigen Damen aus Vordernberg war, fühlte sich nicht wohl und klagte über Unwohlsein, Schwindel und Schmerzen.

Im Jahr 1826 fuhr Johann zu einer Badekur in Gastein, Anna besuchte damals Bad Neuhaus in der Untersteiermark.

Johann, diesmal begleitet vom Grafen Morzin, dem Sekretär Binner, dem Maler Loder und einem Büchsenspanner, unternahm mit der ganzen Gesellschaft wieder ausgedehnte Wanderungen, die ihn auf den Kreuzkogel und den Gamskarkogel führten. Am 5. August gelang es ihm, den Gipfel des Ankogels zu erreichen. *Man sieht ganz Kärnten, Salzburg, einen großen Teil des Nachbarlandes Tyrol und halb Obersteyer, die bekannten Schladminger Alpen und jene des Grundlsees,* schreibt er seiner Anna begeistert. *Wir tranken auf die Gesundheit des Kaisers – und ich noch auf jene von ..., woran ich immer denke.*

Mehrmals kann man in den Briefen an Anna den Namen Pyrker lesen. *Mit Pyrker gespeiset und mit den anderen,* berichtet er. Freund Pyrker ist zwei Jahre später Ehrengast bei der feierlichen Einweihung des Brandhofes. Obwohl er die Feierlichkeiten in seinen Memoiren genauestens beschreibt, wird die Anwesenheit Annas, die bei diesem Anlass erstmals als „Hausfrau" der Öffentlichkeit präsentiert wird, mit keinem Wort erwähnt.

In Gastein begleitet Pyrker den Erzherzog auf so manchen Wanderungen, diskutiert mit ihm über Politik, Gott und die Welt. Beide sollten ab nun fast jährlich zur gleichen Zeit ihre Badekur in Gastein absolvieren, beide galten wenige Jahre später durch ihre von Kaiser Franz I. sanktionierten Pläne, den Badebetrieb auszubauen und zu modernisieren, als die größten Wohltäter Gasteins. Auf ihr Betreiben entstand eine aus Holzrinnen und Tonrohren bestehende Thermalwasserleitung vom Wildbad in das zwei Wegstunden entfernte Hofgastein. Seit damals wuchs der Bekanntheitsgrad der beiden Kurorte sprunghaft an.

Ladislaus Pyrker von Felsö-Eör, dessen Name heute kaum mehr bekannt ist, war Abt des Stiftes Lilienfeld, von 1820 bis 1827 Patriarch von Venedig, danach bis zu seinem Tod 1847 Erzbischof von Erlau (Ungarn). Man nannte den mit Grillparzer, Schubert und Friedrich Rückert befreundeten Kirchenfürsten, der eine unglaubliche Zahl von Gedichten, Legenden und Epen hinterließ, schon zu seinen Lebzeiten den „Homer der Habsburger".

Seine „Tunisias", die die Heerfahrt Kaiser Karls V. schildert, und sein Heldenepos „Rudolph von Habsburg" waren in gebildeten Kreisen ebenso bekannt wie seine Gedichte mit dem Titel „Alpenlieder", die auf die schwärmerische Art der Biedermeierzeit die Alpenwelt des Kaiserstaates verherrlichen.

Das Gedicht „Das Heimweh" vertonte Franz Schubert für eine Singstimme und Begleitung durch Piano-Forte und widmete es seinem Freund, dem Kirchenfürsten.

Doch zurück zu Erzherzog Johann. Den endgültigen Entschluss, sich auch in Gastein niederzulassen, realisierte der Habsburger durch den Ankauf eines Grundstücks, das dem ihm gut bekannten Gastwirt Straubinger gehörte. Im Jahr 1828 wurde mit dem Bau des Hauses begonnen, im Sommer 1830 konnten Johann und Anna bereits ihre Bäder im eigenen Heim nehmen, da sie über eine eigene Thermalwasserleitung verfügten.

Johann, der in Gastein ein Grundstück erworben hatte, konnte ab 1830 mit seiner Gattin Thermalbäder im eigenen Haus genießen.

Selbstverständlich hatte Johann sich verpflichtet, für das Badewasser einen jährlichen Brunnenzins von einem Gulden und 40 Kreuzern zu bezahlen. Bis zum Tode Johanns führte das am linken Ufer der Gasteiner Ache gelegene Gebäude den Namen Erzherzog Johann-Haus. Sohn Franz nannte sein Erbe dann Villa Meran, und die nächste Generation unter Rudolf Graf Meran führte nach einem Umbau 1928 den Namen Meran-Haus ein.
Im Sommer 1829, als der Erzherzog mit seiner nun endlich offiziell angetrauten Gattin nach Gastein angereist war, fand am Gipfel des Gamskarkogels die feierliche Einweihung einer Schutzhütte statt, die Johann nebst der Anlage eines Reitweges aus eigener Tasche bezahlt hatte, um einen bequemen und sicheren Anstieg zu ermöglichen. Thomas Ender hat die Szenerie auf und um den bekannten Gasteiner Aussichtsberg dargestellt und durch einige Personengruppen bereichert: Anna, kenntlich durch ihr helles Kleid, ist von Damen umgeben, während zwei Männer mitgebrachte Speisen und Getränke aus Tragkörben auf einen Tisch laden. Johann erklärt seinen Freunden die Gegend. An die 70 Personen sollen bei diesem Fest dabei gewesen sein.
Die ursprüngliche Hütte, die über 100 Jahre ihre Funktion erfüllte, ist mittlerweile als Küche in einen Neubau integriert. Drei Jahre später versuchte Johann in Begleitung, der auch wie so oft sein Kammermaler Matthäus Loder angehörte, die Glocknergruppe von Heiligenblut aus durch das Mölltal in Richtung nach Kaprun zu überwinden. Das Vorhaben musste jedoch beim Anblick eines Gletscherbruches aufgegeben werden. Der Grazer Historiker Hannes Lambauer beschreibt im Katalog zu der von ihm im Jahr 1982 in Bad

Aussee gestalteten Ausstellung mit dem Titel „Erzherzog Johann – sein Leben in den Bergen“ die Schwierigkeiten und Anfänge des Alpinismus:
Bei all diesen frühen Hochgebirgsunternehmen des Erzherzogs muß man berücksichtigen, daß hier tatsächlich Pioniertaten vollbracht wurden. Abgesehen von der mangelhaften Ausrüstung fehlte jede Orientierungshilfe, es gab keine Karte, es mangelte an Steigen und Aufstiegshilfen, an Führern und an Unterständen. Die Einheimischen, meist Jäger und Hirten, kamen zwar in Höhen, die ein Durchschnittsreisender nie sah, jedoch entwickelten nur ganz wenige den Ehrgeiz, unter Lebensgefahr auch den Gipfel zu besteigen. Daß die meisten frühen Expeditionen ohne schwere Unfälle blieben, ist wohl auf die hervorragende körperliche Konstitution dieser „Naturburschen“ zurückzuführen. Erzherzog Johann konnte mit ihnen mithalten und vollbrachte Höchstleistungen an Kraft und Ausdauer am Berg. Als Bergwanderer legte er in kurzer Zeit große Strecken zurück. Bei seinen Hochgebirgs- und Gletscherwanderungen benützte der Erzherzog bereits gefärbte Sonnengläser mit Seitenschutz. Zur ständigen Ausrüstung zählten ein zerlegbares Reisemikroskop, ein Magnet, eine in Form und Ausführung hochwertige Schere und ein Reisewerkzeug, in dessen Griff dreizehn verschiedene Werkzeuge eingesetzt werden konnten.

Andere Einrichtungen, die Johann initiierte und die den Aufenthalt der Kurgäste angenehmer machten, waren Wege auf das Nassfeld und gefahrlose Zugänge zu viel bewunderten tosenden Wasserfällen in und um Gastein. Bis zum Ende der Monarchie 1918 erinnerte am Bärenfall im Nassfelder Tal ein Denkmal, die so genannte „Steinkanzel“, an die Verdienste Johanns um Gastein und seine Umgebung.
Der Erzherzog, der es liebte, sich an eine straff vorgeplante Tagesordnung zu halten, hatte auch für die Aufenthalte in Gastein ein festgelegtes Programm entworfen. Die Notizen dazu sind im Archiv Meran erhalten. Johann erwähnt darin die großartige Natur, lobt die Ruhe, die nicht durch lästige Veranstaltungen wie Bälle und Theater gestört wird, und gibt Ratschläge für den Kur- und Badebetrieb, *um für die Gesundheit den größten Nutzen zu erzielen.* Er würdigt weiters das friedliche Miteinander der Kurgäste – ohne Trennung der Stände. Das gemeinsame Leben aller Gäste dokumentierte sich am besten an der Mittagstafel beim „Straubinger“, an der bis zu 70 Personen Platz fanden: *... daß die am längsten im Bade weilenden Gäste obenan sitzen und die neu Ankommenden den untersten Platz einnehmen und so nach Maßgabe der Abreisenden hinaufrücken, als eine allen Streitigkeiten vorbeugende Maßregel.*
Johann und Anna suchten auch nach der Fertigstellung ihres Hauses fast täglich die Tafel des nahe gelegenen Gasthofs „Straubinger“ auf, sie nahmen die gleichen Speisen wie alle Gäste ein, bevorzugten allerdings den eigens mitgebrachten Tropfen aus ihrem Weingut in Pickern.

Im Sommer 1832 langte *Allerhöchster Besuch* in Gastein ein, da Kaiser Franz I. das Gasteiner Tal und seinen Bruder mit einem Besuch beehrte. Der Kaiser besichtigte die Badeanstalten, die neu angelegte Thermenleitung und nahm an Festlichkeiten teil, die Knappen und Bauern für ihn vorbereitet hatten. Johann begleitete den Bruder bis nach Hofgastein und verbrachte den Abend bei Freund Pyrker, der ebenfalls mit dem Kaiser zusammengetroffen war. Am nächsten Tag wanderte Johann zurück ins Wildbad, um auf Anna zu warten, die an diesem Tag, dem 17. August, mit der Kutsche ankommen sollte.

Warum Anna ihren Aufenthalt erst nach dem Besuch des Kaisers antrat, ist aus den schriftlichen Quellen nicht zu entnehmen. Obwohl sie nun schon einige Jahre mit Johann verheiratet war, blieb ihr Stand *in dubio*, wie Johann in einer Denkschrift an seinen Bruder schon 1830 angeführt hatte. Wie bereits erwähnt, bestätigte Kaiser Franz erst im Juli 1834 in feierlicher Form die Erhebung Annas *aus gewissen hochbeweglichen Ursachen* in den deutsch-erbländischen Freiherrenstand mit dem Namen „von Brandhofen".

Beim nächsten kaiserlichen Besuch, im Jahr 1837, war Anna, die Freiin von Brandhofen, offiziell dabei. Diesmal war der Neffe Johanns, Kaiser Ferdinand I., zu Besuch.

In den „Mitteilungen der Gesellschaft für Salzburger Landeskunde" für das Jahr 1960 findet sich in einem von Heinrich Zimburg verfassten Artikel das folgende Zitat eines Augenzeugen:

... Ich konnte nicht umhin, die äußerste Leutseligkeit und die gänzliche Ungezwungenheit zu bewundern, welche bei dem Erzherzog und seiner unmittelbaren Umgebung herrschte. Er aß ganz dieselben Speisen wie wir anderen hatten, und nur beim Wein fand ein Unterschied statt. Denn diesen bringt er gewöhnlich selbst mit ins Bad, und was mich ganz besonders freute, er gab davon auch den seiner unmittelbaren Gesellschaft zunächst sitzenden Gästen mit freundlicher Liberalität zu kosten. Die Frau Baronin Brandhofer war übrigens etwas wortkarg ...

Weit reichende Folgen und ein sichtbares Ergebnis Monate später brachte der Kuraufenthalt des Paares im Sommer 1838. Seit neun Jahren hatten Anna und Johann auf Nachwuchs gewartet, nun im August *zeigten sich die ersten Anzeichen eines Zustandes auf welchen zu hoffen beyde aufgegeben hatten,* berichtet Johann rückblickend in seinem „Brandhofer".

Noch heute wird bei Führungen im Heimatmuseum von Gastein darauf hingewiesen, dass die Thermen bei dem Paar ihre fruchtbringende Wirkung bewiesen hätten. Dass zwischen dem Kuraufenthalt im August und dem Geburtstermin des Sohnes im März 1839 nur ein Zeitraum von acht Monaten bestand, spielt dabei keine Rolle.

Ähnlich wie in Ischl, wo sich Erzherzogin Sophie einer Bäderkur unterzogen hatte und nach längerer Unfruchtbarkeit kurz hintereinander drei Söhnen

(die „Salzprinzen“) das Leben schenkte, stieg nun das diesbezügliche Renommee von Gastein sprunghaft an.
Bald nach der Geburt seines Sohnes vergrößerte Johann den Gasteiner Besitz um einige Liegenschaften. Rund um das Wohnhaus der Familie entstand eine Gartenanlage mit ausgefallenen Alpenpflanzen, die von Johann, der über solide botanische Kenntnisse verfügte, größtenteils eigenhändig eingesetzt wurden.
Jedes Jahr wurde am Namenstag Annas, dem 26. Juli, eine kleine Runde von Freunden eingeladen, um diesen Tag zu feiern. Anna, die keine großen Gesellschaften mochte, fühlte sich in diesem kleinen Rahmen recht wohl.
Welche Rolle Anna in der Gesellschaft prominenter Besucher spielte, ist nicht bekannt. Johann traf sich in Gastein mit König Friedrich August II. von Sachsen, mit russischen und preußischen Diplomaten und Militärs, dem Herzogspaar von Württemberg, mit dem Fürsten Schwarzenberg und vielen anderen Prominenten. Er organisierte, wenn es das Wetter zuließ, Wanderungen und Jagden, an denen gelegentlich auch Sohn Franzi teilnehmen durfte. Dass der erst siebenjährige Franzi am 6. August 1846 seine erste Gams erlegte, fand natürlich auch Erwähnung im Tagebuch des stolzen Vaters.
Eines der populärsten Bilder Johanns mit dem Titel „Der Schütze und sein Sohn“ entstand während eines Kuraufenthaltes in Gastein. Der Maler Johann Fischbach stellt Vater und Sohn auf der Böckfeldalm dar, im Hintergrund ist die Bergwelt um Gastein zu sehen.
Ein Zeugnis für die große Beliebtheit der Familie gibt die Ausgabe Nr. 1 der „Tiroler Schützen-Zeitung“ vom 7. Jänner 1847. Das Jagdglück des kleinen Franzi wird in einem Aufsatz, der gleichzeitig eine Huldigung und eine Art Tätigkeitsbericht Johanns in Gastein darstellt, detailliert geschildert:
... Rasch wird gezielt, der Schuß kracht und im Rauche stürzt der Bock zusammen. Durch alle Berge hallt der siegreiche Schuß herwieder und ein Hurrah bricht aus der Brust derjenigen, die nun kamen, um Zeuge dieses ersten Jagd-Triumph's zu sein und der Freude des nun eingeweihten neuen Gämsenjägers, der voll Selbstbewusstsein auf die edle Beute sah, die dem Gämsenbart auf dem Hute des Grafen von Meran die wahre Weihe gab.
Freude glänzte aus dem seelenvollen Auge des glücklichen Vaters und jubelnd zog man mit reicher Beute, denn noch sechs Stücke waren gefallen, der Heimath zu, nicht achtend der Beschwerden, die nun der Rückweg both. Galt es doch die Besorgniß einer zärtlichen Mutter ob Mühen, Anstrengung und Gefahren zu beschwichtigen, auf's Neue Freude zu verkünden. Und so geschah es. Wer mahlt die Wonne und den Stolz ob des siebenjährigen Gämsenschützen, dieser schönen Hoffnung der Alpenländer! –

Bei der Einweihung des Kaiser-Franz-Denkmals in Hofgastein im Jahr 1847 trafen Johann und Anna zum letzten Mal mit Freund Pyrker zusammen. Dem

„Der Schütze und sein Sohn“: Erzherzog Johann und Sohn Franz auf der Böckfeldalm bei Gastein.

ehemaligen Patriarchen von Venedig und Erzbischof blieb es erspart, die Kämpfe in und um die Lagunenstadt und den blutigen Verlauf der Revolution in Ungarn im darauf folgenden Jahr zu erleben.
Als sich Anna im nächsten Frühjahr während der ärgsten Unruhen in Wien befindet, fragt sie schriftlich bei Johann an, ob nicht *ihre wenigen Preziosen* in das Haus nach Gastein geschafft werden sollen. *Gastein ist wohl das sicherste für mich und Franzi,* ist auch ihre Meinung im Mai des Jahres 1848.
Nach seiner Wahl zum Deutschen Reichsverweser verbringt Johann mit Frau und Kind im Hochsommer einige Tage in Gastein. Die Briefe, die Anna einige Monate später aus Frankfurt an den Verwalter Wudich schreibt, zeigen ihre Verzweiflung über die aussichtslose politische Situation. Wiederholt spricht sie von der Ruhe in Gastein.

Die umgebaute Villa Erzherzog Johanns und das Jägerhaus in Gastein.

Der Aufenthalt der Familie im Wildbad dauert 1849 besonders lange an. Anna gelingt es, sich zu erholen und der bereits zehnjährige Franzi begleitet seinen Vater auf der Jagd und nun auch schon bei ausgedehnteren Touren. Im Folgejahr erhält Johann während seines Kuraufenthaltes die Verständigung von seiner Wahl zum Bürgermeister von Stainz. Johanns Brüder, Erzherzog Rainer und Erzherzog Ludwig, waren 1851 zu Gast.

Der schon vorhin zitierte Heinrich Zimburg berichtet über die letzten Aufenthalte der Familie:

... Am 23. Juli des Jahres 1855 traf der Erzherzog mit seiner Frau im Wildbad ein. Die Jagd bot dem Erzherzog wie immer die größte Zerstreuung. Bei schönem Wetter wurden auch kleine Ausflüge in Kreisen von Freunden gemacht. Wenn die Frauen nicht mitgehen wollten, wurden sie zu einem gemeinsamen Ziel gefahren, wo sie ihre Männer, die eine Fußwanderung vorzogen, erwarteten, um so den Rest des Tages gemeinsam zu verbringen. Bei diesem Urlaub war es vor allem Prinz Albert von Preußen, welcher eine Tochter des preußischen Kriegsministers Rauch geheiratet hatte, der den Erzherzog oft begleitete. Die beiden Frauen verstanden sich gut und so verbrachten die Familien öfters gemeinsam die Tage ...

1856:

... Am 13. August unternahm der Erzherzog mit seiner Frau einen Fußausflug in das Nassfeld, wobei er bemerkte, daß er die Gletscher schneefrei und die Flora

aufgeblüht fand. Der 18. August wurde als des Kaisers Geburtstag (Kaiser Franz Joseph) *diesmal besonders festlich begangen. Am Vorabend war das Wildbad beleuchtet, an allen Fenstern brannten zwei Kerzen und auf den Pfeilern der erzherzoglichen Villa flammten Pechpfannen empor. Oberhalb des Wasserfalles wurde ein Pechbaum und Pechkränze brennend in den Wasserfall geworfen. Alle Badegäste waren unterwegs und die Straßen waren voll von Menschen.*

Die beiden letzten gemeinsamen Kuraufenthalte in den Jahren 1857 und 1858 verbrachte das Paar in gewohnter Weise in seinem geliebten Gastein. Anna hielt diesem Kurort auch nach dem Tode des Erzherzogs weiterhin die Treue und verlebte hier teils allein, teils mit ihrem Sohn und der anwachsenden Familie fast in jedem Jahr einige Sommerwochen.
Am 15. Juli 1865 ernannte sie die Gemeinde des Wildbades Gastein im Kronland Salzburg für ihre Verdienste um den Neubau der Kirche zur Ehrenbürgerin. Kein anderer Ort hat ihr jemals diese Ehre erwiesen. Das Diplom für die Gräfin von Meran findet sich noch heute im Besitz der Familie. Das Meran-Haus erbte nach Annas Tod ihr Sohn – es ist bis zur Gegenwart im Eigentum der Nachkommen. Eine Gedenktafel im Inneren des Gebäudes weist darauf hin, dass Kaiserin Elisabeth hier 1886 *die Badekur gebrauchte.*
Alte Postkarten und Prospekte aus jener Zeit, als das Meran-Haus als kleines Hotel Verwendung fand, zeigen die Entwicklung des Gebäudes. Das ursprünglich einstöckige Haus erhielt in einer ersten Umbauphase eine Mansarde. Um 1930 zeigt das Hotelprospekt ein aufgestocktes und stark vergrößertes Gebäude, das alte Landhaus blieb praktisch innerhalb des Zubaues erhalten. Die Halle und das „Zirbenzimmer“ waren mit Originalmöbeln und -bildern ausgestattet. Im Prospekt ist zu lesen:

Meranhaus
Telegrammadr.: Meranhaus Badgastein, Fernruf 328.
Zentral im eigenen großen Garten, anschließend der Kurpark, gelegen. Komfortabel, ruhig, vornehm, 33 Zimmer und Gesellschaftsräume.
Thermalbäder im Hause.
Lift, Zentral- und Ofenheizung, fließendes warmes Wasser, Lichtsignale. Feine Familienküche, nach Bedarf Diätkost. Über Wunsch Pauschalkuren.
In unmittelbarer Nähe, jedoch vollkommen getrennt, die kurgemäße Ruhe nicht störend Meran's Café „Jägerhaus“,
2 Säle, Terrasse am Kurmusikplatz; Touristeneinkehr, Kurfrühstück, Bridgejause.
Mittagtisch und Nachtmahl. – Täglich Konzert.
Das hier erwähnte Jägerhaus ist heute noch erhalten, hier hielten sich die Jäger Erzherzog Johanns auf. Da das an der Kaiser-Franz-Josephstraße gelegene Meran-Haus heute wieder als Privathaus dient, können die Räume nicht besichtigt werden.

12

Ständig unterwegs

Reisen und Logistik zwischen vielen Domizilen

Die vielfachen Aktivitäten Erzherzog Johanns erforderten einen steten Wechsel seines Aufenthaltes. Sein ausgeprägtes Pflichtbewusstsein trieb ihn dazu, alle von ihm gegründeten Institutionen zu beraten, zu fördern und *die Besseren* als Multiplikatoren seiner Ideen anzufeuern. Ständig galt es, Sitzungen des Joanneums oder der Landwirtschaftsgesellschaft zu besuchen, deren weit verstreute Filialen zu kontrollieren, Vorträge zu halten, Eröffnungen im Dienste des Allgemeinwohles und Feiern für das Land oder das Kaiserhaus vorzubereiten. Dazu kam noch seine berufliche Tätigkeit als Generaldirektor des Genie- und Fortifikationswesens, die es mit sich brachte, Festungsanlagen von der Grenze zu Italien bis nach Ungarn und von Böhmen bis nach Galizien zu planen und errichten zu lassen.

Erst 1849, nach der Beendigung seiner Funktion als Reichsverweser, quittierte er im Einvernehmen mit dem jungen Kaiser Franz Joseph diesen Dienst. Kaiser Franz, der Bruder Johanns, hatte ihn in den Jahren zwischen 1815 und 1835 mehrfach mit der Organisation von Reisen in die Steiermark und in die anderen Länder Innerösterreichs, nach Kärnten, Krain und in das Küstenland, nach Triest, Istrien, Fiume betraut. Natürlich waren ihm diese Gebiete von verschiedenen Reisen im Dienste der Verbesserung von Wirtschaft und Verkehr bestens bekannt.

Der Regierungsantritt Kaiser Ferdinands brachte für Johann neue Aufgaben und erweiterte seinen Aktionsradius, der in den vergangenen Jahren begrenzt war. Johann, der nun als Vertreter des Kaisers Manöver der preußischen und russischen Armee besuchte, erhielt mitten im Frieden mit der Ernennung zum Feldmarschall die höchste militärische Würde des Kaiserstaates.

All diese Tätigkeiten, dazu gelegentliche Aufenthalte in Wien oder erholsame Tage bei Wanderungen oder Jagden trennten ihn räumlich von Anna. Es existiert kaum ein Brief, in dem sie nicht darunter leidet, dass er wieder in der Ferne weilt. Die Klagen über ihr Alleinsein ziehen sich fast 40 Jahre lang wie ein roter Faden durch ihre Briefe – von der Verlobungszeit bis kurz vor dem Tod ihres Gatten.

In Gottes Namen Gedult, Gedult, Gedult zu haben ist mein tägliches Gebeth. Mögest Du nur wohl sein und dein Genick Dich nicht allzusehr plagen – alles andere trage ich schon – nur du gesunt und Franzi ..., schreibt Anna im Oktober 1857 aus Graz. In diesem Jahr – Johann war bereits 75 Jahre alt – waren die

Hauptwohnsitze des Paares das Palais Meran in Graz und das Schloss Stainz. Briefe und Nachrichten, entweder durch die Post oder durch Boten weitergeleitet, konnten damals innerhalb der Steiermark genauso schnell befördert werden wie heute.

Wesentlich komplizierter war die Beförderung von Nachrichten 20 Jahre zuvor, als Johann als Vertreter des Kaisers eine ausgedehnte Reise zu Manövern nach Russland, in die Türkei und nach Griechenland zu absolvieren hatte. Was den ersten Teil der Reise betraf, so hatte der Zar zu Manövern im Militärlager von Wosnessenk unweit Odessa geladen. Johann berichtet brieflich so oft als möglich über alle Details der Reise. So erzählt er, dass sein Platz bei einem Festbankett zwischen dem Zaren Nikolaus und dem Großfürsten Michael gewesen sei. Johann war übrigens mit großem Gefolge unterwegs, 32 Generäle, verschiedene Honoratioren und der Maler Thomas Ender hatten die Möglichkeit, Österreich zu repräsentieren. Der Zar, der sich nach Johanns Gattin erkundigte und eine Lithografie Annas zu sehen wünschte, stellte sogar einen Kurier zur Verfügung, um ihr vom Wohlbefinden ihres Gatten zu berichten.

Die Weiterfahrt von Odessa über das Schwarze Meer nach Konstantinopel (Istanbul) erfolgte mit dem Raddampfer „Marianna“. Das österreichische Dampfschiff war erst im Jahr zuvor in Fiume (Rijeka) vom Stapel gelaufen und hatte die Order, von Triest auslaufend, die Adria und die Ägäis, die Dardanellen und den Bosporus zu durchqueren, um Johann und sein Gefolge von der Küste der Krim in Russland abzuholen. Der Umstand, dass die „Marianna“ in Seenot geriet und nur mit Glück und aller Mühe vor dem Versinken gerettet werden konnte, bewog Johann übrigens nach seiner Rückkehr, eine Wallfahrt vom Brandhof nach Mariazell zu unternehmen, um der Mutter Gottes Dank zu sagen.

Zuvor aber hatte Johann noch zwei Staatsbesuche zu absolvieren. Den Höhepunkt der Reise bildete ohne Zweifel der Besuch in Konstantinopel, von dem er in seinem Tagebuch und seinen Briefen berichtet. Er erzählt von der Begrüßung durch Said-Pascha, vom Stadtrundgang, von Besichtigungen, Ausflügen und von dem ungeheuren Prunk, der jede Veranstaltung, jedes Fest und jedes Essen umrahmte. Nach Besuchen im Bazar, in türkischen Bädern, in Moscheen, in Kaffeehäusern beschreibt Johann den Empfang beim Sultan. Thomas Ender wurde angehalten, die herrlichen Gebäude und alles Pittoreske zu skizzieren – zur besseren Erklärung aller schriftlichen Angaben.

Johann, der sogar die Speisenfolge während des Festessens notiert, berichtet von 33 Gängen, zehn Weinsorten und elf Arten von Sorbet. Während er den Schöpsenbraten und das frische Obst lobend erwähnt, kritisiert er die meisten Speisen als zu fett und übersüß.

Die „Marianna“ brachte die Österreicher wohlbehalten durch die Ägäis, vorbei an den Inseln Mykonos, Delos, Naxos zum Hafen Piräus, wo auf dem Schiff eine Quarantäne einzuhalten war, da ein Gerücht umging, dass sich an Bord

einige Kranke befänden. Johann besorgte Zeitungen, erhielt einige Briefe von Anna und übergab der Schifffahrtsgesellschaft „Lloyd“ seine Briefe, die von Triest weiter expediert werden sollten. Johann berichtet von seinen Erkundigungen der klassischen Stätten des antiken Griechenland und einem Staatsempfang bei König Otto, einem Wittelsbacher, der dem Kaiserhaus durch zahlreiche familiäre Verknüpfungen nahe stand. Der Erzherzog traf sich in Athen auch mit dem weit gereisten Orientalisten und hoch gebildeten Diplomaten Freiherr Anton von Prokesch-Osten, der mit ihm eng befreundet war. Dieser österreichische Gesandte zählte zur entfernten Schwägerschaft von Anna, war doch Dr. Anton Werle, der Mann von Schwester Mali, in erster Ehe mit der Schwester von Prokesch-Osten verheiratet gewesen.
Am 29. Oktober schreibt der Erzherzog in sein Tagebuch:
29. Oktober. Es war Sonntag – gebannt auf meinem Schiffe mußte ich den Gottesdienst entbehren, dies war mir sehr hart, ich bin gewohnt seit meinen Kinderjahren demselben nachzugehen und in meinen älteren habe ich erst den Wert desselben kennen gelernt und so viel Trost und Stärke da gefunden, ich unterließ zwar nicht, öfter zu beten, aber die gewohnten Orte mangelten mir – wie sehnte ich mich nach meiner lieben Kirche in Vordernberg, mitten unter meiner Gemeinde von Arbeitsleuten, in Lembach unter den Weinbauern, in den Stadt- und Dorfkirchen meiner Berge oder gar in der stillen Kapelle des Brandhofes, oder verborgen vor jedem menschlichen Auge in dem Oratorium der Michaeler in Wien. Wie sehnte ich mich, mit meinen lieben Völkern, Bekannten, Freunden, Hausgenossen, Gesinde vereint oder allein mit meinem guten Weibe wieder in der Heimat zu Gott zu beten. Es fing an solchen Tagen, wo Erinnerungen mir lebendig wurden, das Heimweh sich zu melden an, und es steigerte sich, wenn ich so wie jetzt so viele Zeit ruhig, unbeschäftigt auf einem Flecke festgebannt war –, wo nicht verschiedene oder neue Gegenstände mich in Anspruch nehmen.
Wie mochte Anna die monatelang dauernde Abwesenheit ihres Gatten ertragen haben? Vermutlich verbrachte sie die Zeit in Vordernberg oder auf dem Brandhof. Wahrscheinlich blätterte sie in Johanns Atlanten, um seine Reise auf den Landkarten zu verfolgen. Vielleicht konnte sie die Zeit nützen, um ihre Geschwister zu besuchen? Ganz sicher aber erwartete sie sehnsüchtig Johanns Briefe. Wie groß die Sehnsucht Annas war, zeigt die Tatsache, dass sie ihrem Mann nach Triest entgegenfuhr, um ihn vom Endpunkt seiner Reise abzuholen. Der Kommandant der k. k. Fregatte „Medea“ hatte Anna vorgeschlagen, Johann mit diesem Schiff bis nach Cattaro (heute Kotor, Montenegro) entgegenzufahren, um dort zusammen mit ihm in Quarantäne zu gehen. Anna, die Seefahrten nicht besonders liebte, lehnte dies dankend ab und zog es vor, in Triest zu warten. Unterdessen dampfte die „Marianna“ durch die Adria, vorbei an Ragusa (Dubrovnik), der Insel Lissa, dem Hafen Zara (Zadar), den Inseln Dalmatiens und jener des südlich von Istrien gelegenen Quarnergolfes. Seit 1797 gehörten die mehr als 1000 Inseln und Inselchen Dalmatiens sowie

die Küste mit den Hafenstädten zu Österreich. Am 20. November erreichte die Fregatte, herausgeputzt mit allen Flaggen, Wimpeln und Standarten, den Hafen von Triest. Die Batterien salutierten lautstark zu Ehren der Zurückgekehrten, die sich allerdings entsprechend der strengen Sanitätsvorschriften in Quarantäne begeben mussten. Anna eilte Johann entgegen und bezog mit ihm die Villa Zanchi, ein schönes Landhaus mit einem wundervollen Garten, das ihnen auch bei weiteren Aufenthalten in Triest zum Quartier werden sollte. Die Quarantäne des Paares ging am 30. November zu Ende.
Außer aus Johanns Tagebüchern sind viele Details dieser Reise aus den Tagebüchern des Reichsfreiherrn Hauptmann Leopold von Haan zu entnehmen, dessen Nachfahrin Dr. Victoria Haan die Handschriften des Erzherzogs und die von Haan über die russisch-türkische Reise 1998 edierte.
Anna war wohl darüber informiert, was diese Reise für Österreichs Außenpolitik bedeutete. Denn es war Johanns Gewohnheit, in seinen Briefen nicht nur persönliche Dinge und die Belange ihrer Domizile zu besprechen, sondern auch die Tagespolitik zu streifen. In seinem Tagebuch, in das Anna volle Einsichtname hatte, geht er gedanklich auf die Problematik ein, die sich aus der Beziehung zwischen der Türkei und Österreich ergab.
... Ich konnte über diesen Tag während der Fahrt nachdenken. Ein Erzherzog von Österreich – keiner vor ihm – war in diesen Regionen des Sultans gewesen. Man machte mich auf den Umstand aufmerksam, daß noch nie ein Osmanischer Herrscher in seinem Serail ein ähnliches Gastmahl, weder Fremden noch Großen seines Reiches ja selbst Mitgliedern seiner eigenen Familie gegeben, daher dieses Beispiel einzig in den Annalen der Geschichte dastehet. Friede, Freundschaft zwischen zwei Mächten, welche in früheren Zeiten so lange blutige Kriege miteinander geführt hatten – und der Wechsel der Dinge – jene Macht, welche die andere hatte zittern gemacht, welche die Hauptstadt zweimal hart bedränget, große Landstriche derselben besessen hatten, jetzt froh, die Freundschaft derselben zu besitzen und wünschend, sie möge zu ihrer Erhaltung tätig sein. So hat sich das Blatt gewendet ...
Mit der *bedrängten Hauptstadt* spricht Johann die Belagerungen Wiens in den Jahren 1529 und 1683 durch die Türken an.

Wenn Johanns Dienst und seine Verpflichtungen seine Abwesenheit erforderten, blieb Anna häufig allein. Die Möglichkeit, ihren Mann zu begleiten, wurde durch die Geburt von Franzi 1839 für einige Jahre weiter eingeschränkt. Anna und Johann verfügten um 1850 über eine große Anzahl ansehnlicher Wohnsitze, die alle wohnlich ausgestattet waren und innerhalb eines Jahres mehr oder weniger häufig bewohnt wurden. Es waren dies, um nur die wichtigsten zu nennen:

das Palais Meran in Graz,
Schloss Stainz in der Weststeiermark,

Schloss Stainz in der Weststeiermark. Anna war mit den Verwaltern ihrer Domizile in ständigem brieflichen Kontakt.

das Weingut Pickern bei Marburg in der Untersteiermark,
der Brandhof zwischen dem Seeberg und Mariazell,
das Haus in Vordernberg, dazu die Radwerke,
Schloss Schenna bei Meran,
das Landhaus in Gastein,
das Blechwalzwerk in Krems mit den dazu gehörigen Wohngebäuden,
das Michaelerhaus in Wien, nahe der Hofburg,
Annas Geburtshaus in Aussee.

In fast all diesen Domizilen gab es natürlich einen Verwalter, dazu Hausangestellte sowie Bedienstete, die in den eventuell angeschlossenen Land- und Forstwirtschaften tätig waren und die regelmäßig Anweisungen bekamen. Fixpunkte im Jahresablauf waren im Winter ein Aufenthalt in Wien, den Spätsommer verbrachte man in Gastein, die Weinlese in Pickern, den Oktober in Schenna und dazu gab es während der warmen Jahreszeit Jagdaufenthalte auf dem Brandhof.

Anna machte den Wechsel zwischen den Wohnsitzen zeitlebens ohne zu murren mit. Sie erwähnt zwar häufig, warum es ihr gerade jetzt *hier* nicht gefällt und dass sie lieber *dort geblieben* wäre. Manchmal spielt dabei die *Langeweile,* häufig aber die schlechte Luft oder irgendeine unangenehme körperliche Empfindung eine Rolle.

Wie aufwändig ein Transfer der Familie mit dem damals noch kleinen Franzi war, zeigt der folgende Brief von Erzherzog Johann an den Gewerken Vinzenz Huber in Mürzzuschlag im Zusammenhang mit einer Übernachtung. Außer

Das Weingut Pickern bei Marburg in der Untersteiermark. Johann und Anna verbrachten hier jedes Jahr einige Wochen.

Johann, Anna und Baby Franzi müssen noch der Obersthofmeister Morzin und einige Bedienstete untergebracht werden.

Wien am 6. Juni 1839
Meine Frau welche sie herzlich grüßen läßt – trägt mir auf, ihnen zu melden, daß wir Mondtags den 10t dieses bey ihnen zwischen 4 und 5 Uhr Abends einzutreffen gedenken, – verstehet sich wenn sie zu Hause sind. Die Frau läßt ihnen weiters sagen daß sie sie versichert, für uns und Morzin die gewöhnlichen Zimmer zu lassen. Die Aurel, Kindsfrau und die Mati in das grosse Zimmer zu legen, – Speisen dann nur für den Abend wo wir nicht viel essen dürfen könnten wir unten wo sie gewöhnlich sich aufhalten. Mit kömmt, der Bediente Josef, der Jäger von Morzin und ein Mädel. Wir gedenken Dienstags um 8 Uhr früh weiter zu fahren. Nun habe ich meinen Auftrag ausgerichtet. Neues weiß ich ihnen garnichts zu Schreiben, das wenige hebe ich mir auf selbst zu Erzählen. Endlich kommen wir einmal wieder zu Hause worüber wir alle eine grosse Freude haben, um so mehr als in diesem Jahre für mich Ruhe ist.
Grüssen sie mir ihre Frau und alle die ihrigen auf baldiges wiedersehen
Johann

Ein halbes Jahr später benötigen Johann und seine Familie wieder die Gastfreundschaft von Vinzenz Huber. Bei beiden Aufenthalten fällt die große Zahl an Bediensteten auf. Solange Franzi im Kindesalter war, musste stets ein Arzt (Dr. Peintinger, Dr. Marenzeller, Dr. Siegl oder der von Anna wegen seiner Launen gefürchtete Dr. Taubes) die Reisenden medizinisch beraten oder versorgen.

Erlauchte Hochgebohrne Frau!
Heute früh erhalten wir Euer Freyherlichen Gnaden verehrtes, angenehmes güttiges Schreiben vom 7. ... und dankend für die ehrenvolle Erinnerung küssen wir die Hand und bitten nur mit dem gnädigsten Herrn Seiner kaiserlichen Hoheit bey uns vorlüb zu nehmen.
In dieser gehorsamsten Voraussetzung haben wir folgende Eintheilung gemacht:

Die Hohe Herrschaft in	*1 Zimmer, das gewöhnliche*
Kammerjungfer in	*1 Zimmer, das anstossende*
Prinz Franzi in	*1 Zimmer, das sogenannte Grosse*
Kindsfrau und Mädchen in	*1 Zimmer, in selber Etage*
Fräulein J ... in	*1 Zimmer, anstoßend*
Herr von Frossard in	*1 Zimmer, sogenannten Grafenzimmer*
Dr. Siegl in	*1 Zimmer, letztes gegen den Garten*
4 Bediente in	*1 Nanny Zimmer, obere Etage*
1 Kuchelmagd in	*1 Zimmer, bey unser Köchin Stubenmädl,*

somit verbleiben in Reserve das Tafelzimmer und Schreibstübl obere Etage, und Euer Höchstfreyherrlichen Gnaden können in der Eintheilung noch bey Dro. Ankunft beliebe Abänderung treffen.
In freudiger Erwartung Ihrer baldigen Ankunft und des Glückes unseren steyrischen jungen Landstandt Prinz Franzy wieder zu sehen, legen wir uns Seiner Kaiserlichen Hoheit zu Füßen und küssen ehrfurchtsvoll die Hände
Euer Erlaucht
Hochgebohrenen gnädigsten Frau
unterthänigst
Johanna und Vinzenz Huber
Mürzzuschlag den 9. Dezember 1841
Obwohl Huber das Paar seit Jahrzehnten kennt und von Johann als Freund tituliert wird, wählt er doch die damals üblichen Floskeln, die in einem Brief an hochgestellte Personen als selbstverständlich galten.

In den Jahren vor Franzis Geburt ergaben sich wiederum andere Schwierigkeiten, wenn Anna ihren Johann auf einer Dienstreise begleiten sollte. Denn es wäre unschicklich gewesen, Anna allein verreisen zu lassen. Das zeigt der Brief von Erzherzog Johann an Vinzenz Huber, eine Reise nach Triest betreffend. Huber soll Anna, mit der sich Johann in Triest treffen will, auf der Fahrt über Klagenfurt und Laibach ins Küstenland begleiten. Für Unterkunft, Pass und Sicherheit ist gesorgt:
Vodb am 20t Mai 1832
Morgen gehe ich nach Klagenfurt ab wo ich doch einmal die Kärntner zu sehen und zu sprechen hoffe. Ihren Brief erhielt ich und beantworte denselben ganz kurz.

Der Hafen von Triest. Im Jahr 1837 leistete hier Anna Johann nach seiner Orientreise während der Zeit der Quarantäne Gesellschaft.

Wegen dem Vertrauen darüber sollte keine Erwähnung mehr geschehen wir kennen uns wechselseitig lange genug und sind darüber im Reinen. Was die Sprache betrifft so hat es nichts auf sich – da überall wo sie hinkommen Deutsche sich befinden – und ich ihnen durch ein Offenes Schreiben in jedem Falle bey meinen Kriegskammeraden alle und jede Unterstützung verschaffen kann.
Was die Polizey betrifft – so hat es seine gewissen Weege, Triest ist eine Handelsstadt wo grosser Verkehr ist – sie nehmen aber Paß mit sich. Schwester oder Schwägerin oder Tochter wie sie glauben – die hohe Person kann sich geehrt finden es zu seyn. Meine Hausfrau hat Unterkunft bey Buscheck – welchem ich Schreibe so bald ich das bestimmte von ihnen weiß und welcher ihnen entgegenkömmt – was sie betrifft, so kommen sie entweder dort oder bey mir unter – das ist meine Sache –. Was das übrige betrifft so habe ich es bereits ihnen geschrieben – meine Hausfrau besorget alles und sie haben sich um nichts zu kümmern.
Am 27 wäre die Abreise von hier über Klagenfurt, Villach, Udine nach Triest wo wir zusammenkommen. Schreiben sie ohne Hehl und ganz aufrichtig wie immer ihr wünschet ob es im geringsten ihnen rücksichtlich ihrer Verhältniße und Geschäfte zusammengehet oder nicht – bis Donnerstags Mittag bitte ich es meiner Hausfrau zu wissen zu machen – das ja oder nein – im ersteren Falle besorgen sie den Paß – der gehet über Laybach, Gratz.– Sollte es nicht seyn so hat es nichts auf sich, nur daß sie es zu wissen machen.
Grüssen sie mir die ihrigen.
Johann
Recht aufrichtig!
jedem Falle muß ein Mann mit – da keine ihrer Schwestern mitgehen – und da wären mir freylich wenn es Ihre Zeit und Geschäfte Erlaubet, Sie der liebste.

Die Grenzstation am Semmering. Schon 1825 wurde Erzherzog Johann beauftragt, eine Reise seines kaiserlichen Bruders in die Steiermark zu organisieren.

So eine leichte Gelegenheit giebt sich nicht so bald und es läßt sich in Triest auch in Handels Geschäften manches sehen und besprechen.
Meine Hausfrau grüsset sie alle herzlich. Wann werde ich einmal zu Hause ruhig sitzen können.
Leben sie recht wohl ihr
Johann
Schreiben sie mir ohne Umstände recht aufrichtig ob sie mit kommen oder nicht – allein ich wünschte die Antwort bis Sonntags Mittag in Vordernberg zu haben.

Huber scheint sich anfangs nicht besonders erfreut über die bevorstehende Reise an die Adria gezeigt zu haben, da er offenbar befürchtete, in ein Gebiet zu kommen, wo nur Italienisch verstanden würde. Der erwähnte Pass hatte innerhalb des Kaiserstaates in einer Zeit, in der Überwachung und Polizeikontrolle als unumgänglich erschienen, nur die Funktion eines Ausweises. Bemerkenswert ist die Idee Johanns, Anna als die Schwester, Tochter oder Schwägerin Hubers auszugeben. Die leiblichen Schwestern Annas waren häufig bei kleineren Reisen innerhalb der Steiermark oder bei Kuraufenthalten dabei, die beschwerliche Kutschfahrt nach Triest, die von Graz aus einige Tage in Anspruch nahm, war vermutlich für sie doch ein zu riskantes Abenteuer.

Private und dienstliche Reisen erforderten in der Biedermeierzeit genaueste Planung, Vorbereitung und Organisation. Welche Einzelheiten beim Überschreiten der Grenze zwischen Niederösterreich (*Österreich*) und der

Wahlheimat Johanns zu bedenken waren, zeigt ein Schreiben des Sekretärs Zahlbruckner an seinen Bruder, die Organisation einer Reise von Kaiser Franz I. in die Steiermark betreffend. Erzherzog Johann war an der Planung dieser Reise beteiligt.

Gratz den 20t August 825

Liebster Bruder!

Seine Kaiserliche Hoheit beauftragen mich, dir Angeschlossenes zur Production für S. Majestaet den Kaiser, und dessen vermuthlich Morgen Nachmittags zwischen 4 – & 5 Uhr über den Semering geschehende Reise zu übersenden. Es sind, wie du siehst Abschiedsworte im Nahmen Styria's gesprochen, welche sammt den beyden beyliegenden Lorbeer- und Myrthen-Kränzen (für Kaiser und Kaiserin) *den allerhöchsten Herrschaften in dem Augenblick übergeben werden sollen, als Ihr Reisewagen zum Anlegen der Radschuhe auf der Spitze des Semmering hält. Die Übergabe selbst, soll nach des Herrn ausdrücklichen Willen ohne alles Aufsehen, ohne sonst Jemand zu benachrichtigen durch eine junge Person (am besten ein nettes aber rein und steyrisch gekleidetes Mädchen) geschehen, wo der Herr Dir die Wahl und Bestimmung überläßt, und nur wünscht, daß du ohne persönlich dabey zu seyn, Jemand verläßigen mit der Überreichung absendest, der auf selbe achtet, ihr den rechten Moment bezeichnet, und sich dann ohne Aufsehen wieder mit ihr entfernt.*

Ich schicke alles durch den Eilwagen, damit du alles noch zur rechten Zeit erheltst.

Wir begleiten S. Majestaet nach Wiener Neustadt, von wo der Herr gerade nach dem Brandhof geht, und von dir Nachricht des Ablaufes, am liebsten mündlich durch dich selbst erwartet.

In größter Eile, und mit 1000 Grüßen an die Deinigen

Dein

Zahlbruckner

Die hier erwähnten *Radschuhe* übernahmen bei steilen Bergstraßen eine wichtige Bremsfunktion. Ob Johann von Wien aus den Auftrag erhalten hatte, die Details der Reise zu organisieren, oder ob es ihm selbst ein Anliegen war, „seine" Steiermark im besten Licht zu präsentieren, ist nicht bekannt.

Welche Probleme das Reisen und auch die Beförderung der Post im Revolutionsjahr mit sich brachten, zeigen die beiden Ausschnitte aus Briefen Annas an Johann vom Mai 1848 aus Wien:

... Eben erfahre ich das künftige Woche alles von der Burg nach Schönbrunn ziht. Dein Militär Gewehr ist nicht nach Vordernberg gekommen, sondern man sande es nach Gräz – ich werde es nach Botzen senden lassen – Morzin geht Morgen von hier zu Dir ab – Ich muß schliesen sonst versäume ich die Post ...

Morzin ist Heute früh fort – er will in 4 Tagen und einer Nacht in Trient sein, er hat einen recht bequemen und recht leichten Hofwagen mit – dem solst Du bey

Von der Oesterreichisch-Kaiserlichen,
zu Ungarn Apostolischen, in Böhmen, der Lombardie und Venedig, Illyrien, Galizien etc. Königl. Majestät etc. Unseres Allergnädigsten Herrn wegen werden alle k. k. Civil- und Militär-Behörden, dann geistliche und weltliche Obrigkeiten beauftragt, auswärtige Behörden aber geziemend ersucht, Vorzeiger dieses, die Frau Gräfin von Meran, welche mit Dienerschaft von hier nach den deutschen Bundesstaaten, Belgien und der Schweiz reiset
nicht allein aller Orten zu Wasser und zu Lande sicher und ungehindert durchkommen, sich aufhalten und zurückkehren, sondern derselben auch beförderſamen, geneigten Willen, Schutz und Hilfe nach Erforderniß angedeihen zu lassen, denn hieran geschieht gedacht Ihrer k. k. Apostolischen Majestät Allergnädigster Wille und Wunsch.

Gültig

Gratis.

Für Seine k. k. Apostolische Majestät.
Wien den 28. Mai 1858.

Reisedokument für Anna Gräfin von Meran.

Dir behalten – er ist viell bequemer als Dein Reisewagen, und es können 2 Personen recht gut alles packen – Frosart kann dann einen von Deinen Wägen mit hieher nehmen – und etwa den Diener mit – da Morzin seinen Jäger mitbringt …
Deine treue Anna

Zehn Jahre später beabsichtigte Anna, eine größere Reise zu machen. Zweck dieser Unternehmung war es, sich mit Johann und Sohn Franz zu treffen, die nach einer mehrtägigen Fahrt auf dem Rhein einer Einladung an den Königshof in Brüssel Folge geleistet hatten. Annas Pass wurde in Wien vom Amt des Obersthofmeisters ausgestellt. Die Unterschrift des Hofbeamten, der kraft seines Amtes die Unterzeichnung an Stelle Kaiser Franz Josephs leistete, ist unleserlich.
Von der Oesterreichisch-kaiserlichen
zu Ungarn Apostolischen, in Böhmen, der Lombardei und Venedig, Illyrien, Galizien eetc. königl. Majestät etc. Unseres Allergnädigsten Herrn wegen werden alle

k. k. Civil- und Militärbehörden, dann geistliche und weltliche Obrigkeiten beauftragt, auswärtige Behörden aber geziemend ersucht, Vorzeigerin dieses,
die Frau Gräfin von Meran, welche mit Dienerschaft von hier nach den deutschen Bundesstaaten, Belgien und der Schweiz reiset
nicht allein aller Orten zu Wasser und zu Lande sicher und ungehindert durchkommen, sich aufhalten und zurückkehren, sondern derselben auch befördersamen, geneigten Willen, Schutz und Hilfe nach Erforderniß angedeihen zu lassen, denn hieran gedacht ihrer k. k. Apostolischen Majestät Allergnädigster Wille und Wunsch.
Für Seine k.k. Apostolische Majestät.
Wien, den 28. Mai 1858
Gültig
(Unterschrift, unleserlich)

In jenem Zeitabschnitt von etwa 100 Jahren, vom Geburtsjahr Johanns 1782 bis zum Tode Annas 1885, ergaben sich neben vielen anderen Veränderungen auch grundlegende Erneuerungen auf dem Gebiet des Reisens. So brauchte ein geübter Wanderer für die etwa 200 Kilometer lange Strecke auf der Straße zwischen Wien und Graz über den Semmering etwa fünf Tage, wenn man als Tagesleistung etwa 40 Kilometer berechnet. Die Postkutsche benötigte um 1840 für die gleiche Strecke etwa 30 Stunden reine Fahrzeit, eine Zeit, die nur einzuhalten war, weil man an den Poststationen die Pferde wechseln konnte. Wenn Johann oder Anna vom Brandhof oder von Graz kommend diese Strecke befuhren, wurde zumeist in Mürzzuschlag bei Freund Huber übernachtet.
Das Bahnzeitalter begann im Kaiserstaat Österreich 1832 mit der Eröffnung der Linie Linz – Budweis. Es galt als Sensation, dass auf dieser Strecke Pferde eingesetzt wurden, die eine Kutsche auf Schienen ziehen mussten. Zum Zentrum des Eisenbahnbaus, allerdings mit Lokomotivbetrieb, wurde Wien. Es war dem Erzherzog zu verdanken, dass die Bahnlinie, welche die Residenzstadt mit Österreichs wichtigstem Hafen – Triest – verbinden sollte, nicht über das flache Westungarn, sondern durch die Steiermark gebaut wurde. Johanns Offiziere und Ingenieure des Geniekorps übernahmen die Vermessung der Strecke, die Kosten für das Jahrhundertprojekt teilten sich die Stände des Landes Steiermark und das Ärar. Im Oktober 1844 konnte Johann in Vertretung Kaiser Ferdinands die Teilstrecke Mürzzuschlag – Graz im Beisein von hoher Geistlichkeit, Beamtenschaft und Militär, umrahmt von Festreden, Paraden, Musik und Kanonendonner dem Verkehr übergeben. Anna und der fünfjährige Franzi waren bei den Feierlichkeiten in Graz zugegen.
Johanns Genieoffiziere und natürlich vor allem Karl Ritter von Ghega bewiesen in den nächsten Jahren, dass es möglich war, Bergstrecken mit Hilfe von speziellen Lokomotiven zu überwinden. 1854 war die Strecke über den Sem-

mering, die erste Gebirgsbahn Europas, vollendet, schon drei Jahre später verband ein Schienenstrang die gesamte Distanz zwischen der Donau und der Adria. Anna selbst nahm in ihren späteren Jahren – so weit es möglich war – bei ihren Reisen immer die Eisenbahn in Anspruch.

Die verschiedenen Domizile Annas und Johanns waren selbstverständlich in genügendem Maße mit allen Utensilien, die man damals für nötig erachtete, ausgestattet. Hausrat, Wäsche und Geschirr, die für alle Wohnungen angeschafft wurden, hatten ihren festen Platz. Anders war es mit Annas Garderobe, die – verpackt in Körben oder großen Koffern – mit ihr den Wohnort wechseln musste. Anna entwickelte mit den Jahren außerdem ein ausgeklügeltes System, was den Transport und die Lagerung von Lebensmitteln betraf. So wurde der Wein aus Pickern und von Stainz in Graz oder am Brandhof gelagert, Wildbret kam eingesalzen oder geräuchert aus der Obersteiermark, Honig und Salz aus Aussee, Obst aus Meran, frisches Gemüse und Forellen wiederum aus Stainz. Annas Gemüsegarten am Brandhof war für die dortige Versorgung vorgesehen. Von Graz aus wurden Schmalz, Eingemachtes und Kompott zu den anderen Wohnungen transportiert. Die von Anna praktizierte Logistik ist aus den folgenden Briefausschnitten der Jahre 1856/57 zu ersehen:

Triest, 12. Juni 1856
Mein guter Alter
… dürfte ich dich bitten in Botzen der Fräullein Therese zu sagen, Sie möchte die Gütte haben ein Pfund rohe Seide – aber nicht zu dicke durch dich mir zu senden – auf Strümpfe für den Wintter – ich sehe dass seitdem ich im Wintter diese seitenen Strümpfe trage – ich immer warme Füsse habe …

Krems, Sonntag 12 Uhr Mittag (ohne Datum)
… Eben als ich aus der Kirche wegfuhr, um nach Krems zurückzukehren, begegnete ich deinen Bothen mit dem Hahn und zwei Haselhühnern, ich erfuhr, dass du und Wimpffen morgen hierher kommst, ich werde daher ein Speisen für alle richten lassen …

Graz, 20. April 1857
Lieber guter Alter, morgen kommt Erz. Sigismund bis Abends zu Dir, ich weiss nicht welche Anstalten du gemacht hast – habt ihr zu essen zu trinken – sind die Betten fertig – kurz ich weiß rein nichts – ist nur die Pfeifenbergerin bei dir – die wird schon Anstalten machen. … den Joseph sende sogleich zurück, damit wir diese Woche alles in Ordnung bringen können, dann können wir nächste Woche wenn du willst nach Brandhof gehen oder nach Stainz. Heute sind die Zimmerleute am Palkon – das ist ein langsames Volk … heute bekam ich keinen Hahn und kein Haselhendel, vermutlich hat es die Leni behalten …

Eine Seite aus einem privaten Album der Gräfin von Meran. Anna pflegte die Visitenkarten ihrer Besucher in das Buch einzukleben, in der Mitte ein Stich des Palais Meran in Graz.

Graz, 24. April 1857
Lieber Alter!
Gestern brachte man mir zwei Packete, in einem war ein Brief von dir, einer an Franzi ... wir sind Gottlob mit dem Haus fertig, alles wurde gereinigt und die Schalusien sind eingehängt, das ist immer eine furchtbare Arbeit ... wenn du dich nur nicht verdirbst in diesem eiskalten Wind ... ich getraue mir nichts zu sagen wegen Stainz gehen, der Doktor wird immer gleich zornig ...

Graz, 2. Mai 1857
Mein lieber Alter!
Ich war um 4 Uhr hier – fand Franzi wohl – aber wie immer sehr schwer gehe ich allzeit von Dir fort und ich habe keine Ruhe, wenn ich nicht bey dir bin, besonders ist mir bang wenn ich Dich in den grossen Räumen in Stainz so allein weiss, wenn ich fertig werde, kome ich Dienstag nachmittag zu dir – längstens Mittwoch auf Mittag. Doktor Taubes fragt ob er nicht nach Stainz gehen sollte – froh wäre ich, wenn er bey dir wäre ... der Weg ist schlecht über Dobl, von Strassgang an ist er ziemlich gut. Es hat auch hier geregnet, so Gott will erholen sich die Rüben auch noch, wenn nur jetzt keine Kälte kommt. Wenn du nur nicht so allein schlafen würdest, Peter könte ja sein Bett immer abends zur Schlafzimmerthür richten ...

Wien, 8. Mai 1857
Mein guter Alter!
Ich bin sehr gut hier angekommen, Schmuck hatt mir alles sehr gut vorbereitet und die Kreuz ein Essen gerichtet ich hatte Apetit ass und nahm einen Schluck Österreicher Wein. Als ich um $^1/_2$ 10 zu Bette ging, hatte ich schon Schwindel und um 11 Uhr einen furchterlichen Kopfschmerz – ich nahm Pulferln ... ich war schon bei Ludwig, er sieht sehr mager aus. Erzherzogin Sophie gehet am 13ten nach Dresden, Erzh. Franz am 16ten nach Prag, das hörte ich heute ... am Brandhof waren Romaskan und Resi, sie sehen gut aus ...

Brandhof, 16. Mai 1857
Lieber Alter!
Da Peter den Jakob ablösen geht, sende ich Dir heute die Post und zugleich die Milch für morgen früh. Ich bin von ganzem Herzen froh, dass ihr heute einen so brachtvollen Tag habt – denn hier war ein starker Reif. Der Zwicknagel hat heute den Hahn geschossen, auf welchen Franzi gestern ging. Ich hoffe ihr habt die Wagerln bestellt um euch abzuholen, denn ich sagte nichts. Ich werde das Mittagessen bis 11 Uhr bestelen, damit Franzi und Sigmund fort können um 4 Uhr 26 gehet der Postzug von Bruck nach Graz. Ich gehe den ganzen Tag wie der ewige Jude herum und genisse die gute Luft. Wäre ich nur bey euch oben ...

Tobelbad, 26. Juni 1857
Lieber guter Alter!
... Willst du am Sonntag hier schlafen und dann nach Krems gehen, oder willst du von Pöls nach Krems gehen ... ich würde zu dir nach Krems gehen, zwei Tage dort bleiben, damit ich dort alles abthun mit Leni könnte ... Hast du deinen schwarzen Frack mit? Oder soll ich nach Graz darum schreiben? Du brauchst ihn zur Eisenbahneröffnung ...

Graz, 1. Oktober 1857
Lieber Alter!
... ich bitte dich nehme vom Postmeister in Seewiesen einen 4-Sitzer und lasse gleich vom Postmeister die drei Frauenzimmer nach Bruck führen – er thut es recht gerne. Die Franzl will, wenn es dir recht ist 12 oder 14 Gams in Brandhof einsalzen und dann für unsere Leute selchen – dafür keinen Ochsen schlagen ... Neues weiss ich gar nichts – die Kaiserin Anna soll bald hier durchkommen ...

Graz, 2. Oktober 1857
Mein guter Alter!
... Gestern habe ich von Dir nichts gehört – vielleicht bringet mir heute die Post etwas – denn leider das was man in Stainz per Post aufgibt komt erst den anderen Tag in unsere Hände – aber wenn man dem Postknecht etwas schenkt – und

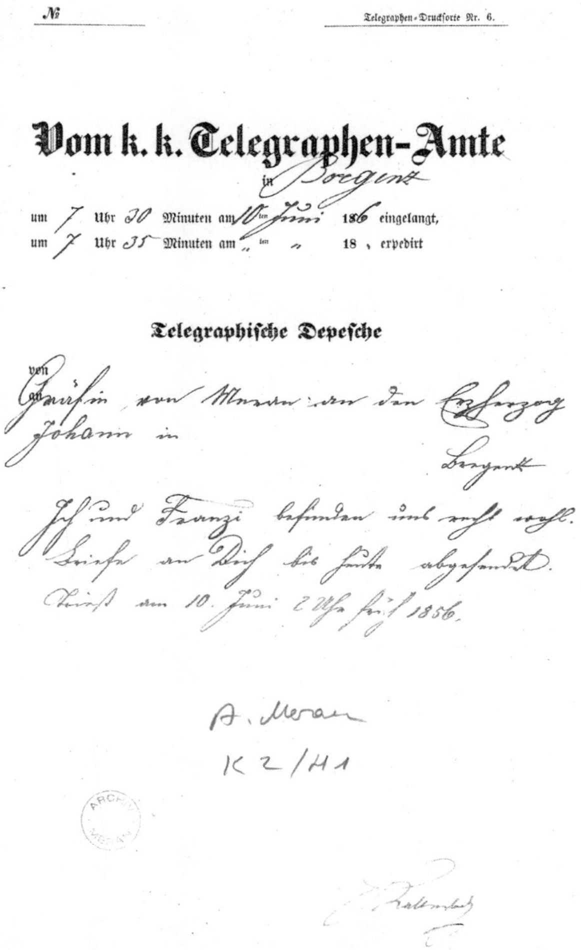
№ Telegraphen-Drucksorte Nr. 6.

Vom k. k. Telegraphen-Amte in Bregenz

um 7 Uhr 30 Minuten am 10. Juni 1856 eingelangt,
um 7 Uhr 35 Minuten am „ „ 18 , expedirt

Telegraphische Depesche

von Gräfin von Meran an den Erzherzog Johann in Bregenz

Ich und Franzi befinden uns recht wohl. Briefe an Dich bis heute abgesendet.
Triest am 10. Juni 2 Uhr früh 1856.

A. Meran
K 2/H 1

Depesche von Anna an Erzherzog Johann. Nachdem Sohn Franz einen Unfall im Hafen von Triest überstanden hatte, meldete Anna ihr und sein Wohlbefinden.

in einem Brief giebt zum Heraustragen – so bekomme ich ihn am nähmlichen Tag ... Franzi geht heute auf die Jagd nach Premstätten ... von Kaiserin Anna kein Wort ...

Graz, 13. Oktober 1857 Früh
Lieber Alter!
... die Abendpost brachte den beygelegten Brief von Erz Ludwig. Der gute Herr wird mir immer erst kommen wenn es schneit – oder vielleicht gar nicht. Wenn wir nur vom Weingarten zurück sind früher – dann gehet alles – aber im Weingarten (Pickern) *mit so vielle Herren ist es immer schwer ... Sage dem Neuhold er*

soll mir die eingelegten Gurgen doch zwey drey Gläser hereinsenden durch dich. Wildbröd habe ich gar nichts.

13. Oktober Nachmittag
M. g. Alter!
... Eben als wir zum speisen gehen wollten, kam der Bothe mit die Weintrauben – ich und Franzi wir danken dir herzlich dafür – die Blauen schmecken mir am besten ...

Brandhof, 28. Oktober 57
... wenn die zwei hohen Herren komen sage ihnen meinen Gruss ... im Falle sie mit dir nach Brandhof kämen ist das grosse Zimmer mit zwey Betten gerichtet und ein Bedientenzimmer. Die Tasche mit Profiant wird jetzt alle Tage um eine Stunde früher an Euch kommen da ich nicht mehr hier bin. Es wird in bester Ordnung gehen. Ich bitte dich vergesse nur nicht abzurechnen. Die bestellten Kotzen kamen aus Mariazell – mir gefallen 4 Stück – die rothen gefalen mir nicht. Franzl sagt für den Augenblick brauchet sie hier keine Gämsen ....

Graz, 29. Oktober 57
... da im Hause alles beschäftigt ist mit Fenstereinhängen, liess ich die Pfeiffenbergerin hereinkommen die kochet für mich – sie sagt eine Menge hätten die in Stainz schon Most – und es wäre noch eine Menge Obst zum abnehmen, aber das Obst last sich gar nicht halten – in zwey drey Tagen wird die Äpfel schon schwarz. Hier im Garten in Graz ist alles verbrannt, die Bäume schon sehr gelb. Ach und gar kein Gemüse – hätte ich nur alles da was im Brandhof im Garden ist. Nehme mir kein Reh jetzt mit, ich habe so eines, dafür aber zwey frische mittlere Gämsen. Schlögl soll es wohl sein – von Krems weiss ich nichts. Theuer wird alles ungeheuer, nahmentlich Butter, Schmaltz, Gemüsen. Most trinken die Leute fürchterlich viell.
Sage der Franzi in Brandhof, sie sol doch die leeren Weinfässer gleich nach Marburg senden, sonst werden sie schlecht ...
... Mit die Gäms dachte ich einen Theil nach Bruck geben – dann Gusswerk, da bringt man es schon vielleicht an – für dieses Jahr etwas billiger geben.

Annas Leistung, die Übersicht über alle Haushalte zu behalten und deren reibungsloses Funktionieren zu überwachen, ist als höchst ungewöhnlich und respektabel zu bewerten. Auch die Organisation des Nachschubs von Nahrungsmitteln auf die Almen, wo sich Johann oft mit Franzi oder mit Jagdgästen aufhielt, scheint ihr keinerlei Schwierigkeiten bereitet zu haben. Besuche von hochgestellten Persönlichkeiten, ja selbst aus dem Kaiserhaus waren in allen Domizilen offensichtlich stets willkommen. Auf der anderen Seite berichtet Anna über alle ihre Unpässlichkeiten und zeigt sich auch ständig um die Gesundheit Johanns besorgt.

13

Spurensuche in Graz

Witwenstand für 26 Jahre

... Einige Frauen wurden dadurch so elektrisiert, dass sie von ihren Sitzen aufstanden und dem Erzherzog zum Anklingen zu eilten ..., berichtete der in Berlin lebende Schweizer Geograf Carl Ritter in einem Brief an seinen Bruder. Er schildert dabei ausführlich seine Beobachtungen über den Verlauf der Versammlung deutscher Naturforscher und Ärzte in Graz im September 1843. Was hatte die Damen so erfreut, dass sie ganz gegen die üblichen Anstandsregeln mit den Gläsern in der Hand zu Johann liefen? Die Veranstaltung, die sich aus Vorträgen, Exkursionen, Diskussionen, musikalischen und volkskundlichen Darbietungen zusammensetzte, bot selbstverständlich auch Festbankette, bei denen die Gattinnen der Grazer Honoratioren und der Gäste ebenfalls anwesend waren. Anna war es in diesen Jahren bereits gewöhnt, ihren Mann gelegentlich bei offiziellen Anlässen zu begleiten. Carl Ritter, der von dem Allgemeinwissen Johanns, seiner Kompetenz auf vielen Gebieten und seinem natürlichen Charme nahezu überwältigt war, beschreibt die eingangs erwähnte Szene:

Als einmal bei Tisch (wo stets 300 – 400 – 500 Gäste speisten) auch einmal auf die Gesundheit seiner Gemahlin, die gegenwärtig war, getrunken wurde, stand er auf, dankte, pries das Lob der Frauen und der Mütter, und gedachte in dem edelsten Sinne auch der Opfer, die die versammelten Männer der Wissenschaft ihren Frauen, ihren Familien brächten durch die Abwesenheit aus so entfernten Gegenden, dankte den Frauen, die gegenwärtig waren und ihre Männer begleitet hatten, für ihre Theilnahme, ließ alle edlen Frauen, die gegenwärtig oder abwesend, hoch leben.

Als späterhin auch die Gesundheit des einzigen Sohnes des Erzherzogs ausgebracht wurde, durch den er erst seit vier oder fünf Jahren beglückt ward, und der die größte Freude seines Lebens ausmacht, zeigte sich in der Gegenrede der liebende Vater auf das rührendste; er schloß seinen Dank mit den Worten: „daß nun eine Hauptaufgabe für ihn die Erziehung seines Sohnes geworden, aber glauben Sie mir, meine Herren, mein erstes Bemühen wird sein, ihn zum Menschen zu bilden, das Übrige wird ihm dann alles von selbst zufallen." Allgemeiner Jubel konnte nicht fehlen.

Nach der Geburt von Franzi war Graz allmählich zum zentralen Wohnsitz der Familie geworden. Johann hatte ja – bedingt durch das Verbot, sich in

Bei der Versammlung deutscher Naturforscher und Ärzte in Graz im Jahr 1843 dankte Erzherzog Johann seiner Gattin und den anwesenden Damen in einer schwungvollen Rede für ihre Teilnahme.

Tirol aufzuhalten, von dem noch die Rede sein wird – schon Jahrzehnte zuvor begonnen, sich durch Gründungen, Protektorate, Unterstützungsvereine und Ankäufe an die Steiermark zu binden. All diese Tätigkeiten und Verpflichtungen erforderten oft seine Anwesenheit in Graz. In den ersten Jahren logierte Johann im Gasthaus „Weißes Lamm" in der Schmiedgasse, später am Tummelplatz, dann in einem Haus, das Ritter von Kalchberg gehörte und dort stand, wo sich heute der Gasthof „Brandhof" (Ecke Gleisdorfergasse – Luthergasse) befindet. Die nächste Bleibe lag in der Vorstadt St. Leonhard, wo Johann sich im Haus eines Oberpostamtsverwalters eingemietet hatte. Das Häuschen stand auf einem kleinen Hügel, umgeben von einem Blumengarten und Bäumen unweit des Kroisbaches mit Blick auf die Wiesen des Glacis, wo sich heute der Stadtpark befindet. Im Hintergrund war der Schlossberg zu sehen, damals noch wenig begrünt, da dessen Umgestaltung nach den Zerstörungen in der Zeit der Franzosenkriege viele Jahre in Anspruch nahm.
Johann begann um 1828, einige Parzellen in der im Aufbau begriffenen Vorstadt zu beiden Seiten des Kroisbaches anzukaufen. Am 1. August 1828, wenige Monate vor seiner Hochzeit, erwarb Johann das Grundstück mit dem kleinen Haus. Doch es sollte noch Jahre dauern, bis an dieser Stelle der Neubau des Palais Meran erfolgte.

Anna hielt sich in den ersten Jahren ihrer Ehe mehrfach in Graz auf. Vermutlich begleitete sie ihren Gatten zu Empfängen, kirchlichen Festen, Jubiläen des Joanneums und militärischen Feierlichkeiten. Gelegentlich wurde sie in der Grazer Presse erwähnt, ganz selten wurden ihr Repräsentationspflichten übertragen.

Einladung zu einem von Johann veranstalteten Fest in der Burg zu Graz, die heute der Sitz des Landeshauptmannes ist.

Im März 1835 stirbt Johanns ältester Bruder, Kaiser Franz I., in Wien und in allen Provinzen des Kaiserstaates ist Staatstrauer angesagt. So auch in Graz, wo die Garnison mehrere Tage lang militärische Trauerfeiern für ihren obersten Kriegsherrn zelebriert.

Vier Jahre später – unter der Regierung von Kaiser Ferdinand I. – erhielt das Grazer Hausregiment, die „27er", ab 1853 als „Belgier" bezeichnet, neue Fahnen. Die „Leibfahne" des ersten Bataillons, gleichzeitig die Regimentsfahne, zeigte ein weißes Fahnenblatt, beidseitig bestickt. Die Vorderseite wies die Mutter Gottes auf, die Rückseite den kaiserlichen Doppeladler. Die feierliche Weihe und Übergabe der Fahnen an das Regiment fand am 6. Oktober 1839 auf dem Glacis statt, dem Paradeplatz der Garnison und der Promenade der Grazer Bürgerschaft. Zur Feier waren neben all den Militärs, der Geistlich-

Fest zur feierlichen Einweihung des Denkmals für den Bruder Erzherzog Johanns, Kaiser Franz, in Graz. Der Platz, der früher Franzensplatz genannt wurde, heißt heute Freiheitsplatz.

keit, dem Gouverneur, dem Landeshauptmann, den Honoratioren und dem Publikum auch drei Damen geladen, die die wichtige und ehrenvolle Funktion einer Fahnenpatin auszuüben hatten. Eine der Damen war Anna, damals bereits Freiin von Brandhofen. Die „Grätzer Zeitung" berichtet in ihrem Beiblatt „Der Aufmerksame" von dem *erhabenen Ereignis*:

... Eine unübersehbare Menge Menschen drängte sich mit freudiger Theilnahme herbei. Eine ehrenvolle Auszeichnung wurde diesem vortrefflichen Regimente dadurch zu Theil, daß die Pathenstellen drei erhabene Damen übernahmen, die diese Fahnen mit reich bestickten Bändern, eigenhändig schmückten. Es waren dies Ihre Excellenz die Gemahlin des Herrn Landesgouverneurs Frau Emma Gräfin v. Wickenburg, Dame du Palais; Ihre Excellenz die Gemahlin des Herrn Landeshauptmannes Aloisia Gräfin v. Attems, ebenfalls Palastdame, und die hoch- und wohlgeborene Frau Anna Freiin v. Brandhofen ...

... Hierauf schlug der Herr Fürstbischof zuerst auf jeder Fahne im Nahmen der allerheiligsten Dreieinigkeit drei Nägel ein. Diesem Beispiel folgten die drei erhabenen Fahnenmütter, die hohe Generalität, der Herr Oberst mit seinem Offizierscorps, die anwesenden hohen Damen und Herrschaften, mehrere Hono-

rationen, und schließlich übernahm nun eine Anzahl von Unteroffizieren und Gemeinen der Reihe nach den Hammer, um diese neuen Palladien des Regiments zu befestigen ...
... Mittags war große Tafel von 170 Gedecken in dem ständischen Redoutensaale, von dem Herrn Obersten Freiherrn von Binder und seinem Offizierscorps veranstaltet, welcher die drei erhabenen Fahnenmütter, Seine Excellenz der Herr Landes-Gouverneur, so wie die hohe Generalität beiwohnten, zu welcher Verherrlichung auch die Chefs der Civil- und Militär-Administration und Beamte, dann eine große Anzahl Herren Stabs- und Oberoffiziere dieser Garnison und des uniformirten Bürgercorps geladen waren ...

Die nächste Festlichkeit in Graz, bei der Anna sicherlich zugegen war, aber offiziell keine Erwähnung findet, war der Besuch des Kaiserpaares Ferdinand und Maria Anna im August des Jahres 1841. Anlass für diesen *Allerhöchsten Besuch* war die Enthüllung des Denkmals für Kaiser Franz, das bis heute an der gleichen Stelle steht: Der früher nach dem Kaiser benannte Franzensplatz heißt allerdings seit dem Ende der Monarchie Freiheitsplatz.
Zu dieser Zeit stand der Neubau des Palais Meran in Leonhard schon vor seiner Vollendung. Für Planung, Entwurf und Bauausführung war Georg Hauberisser verantwortlich, dessen Sohn Jahrzehnte später die Herz-Jesu-Kirche im Stil der Neogotik erbauen sollte. In einem „Grätzer Führer" aus dem Jahr 1843 wird das Objekt in der Leonhardstraße als *Neugebäude Sr. k. k. Hoheit des durchlauchtigsten Erzherzog Johanns* erwähnt. In den nächsten Jahren wurde das Palais durch Zubauten und Aufstockung ständig erweitert, und es gelang Johann, weitere Parzellen im Umkreis zu erwerben.
Palais und Liegenschaften wurden 1854 durch eine Bestätigung Kaiser Franz Josephs zu einem Fideikommiss erklärt. Der nächste Besitzer war Franz Graf Meran, danach ab 1891 – nach dem Majoritätsprinzip – dessen ältester Sohn Johann. 1938 erwarb die deutsche Reichsfinanzverwaltung das Palais, nach Kriegsende galt das Gebäude daher als deutsches Eigentum, über das vorübergehend die Siegermächte verfügen konnten. Nach den Bestimmungen des Staatsvertrages von 1955 wurde die Liegenschaft der Republik Österreich übergeben, die in dem Gebäude eine Hochschule errichtete, die heute den Titel Universität für Musik und darstellende Kunst trägt.
Die Brandhofgasse in Graz (heute in den Bezirken St. Leonhard und Geidorf gelegen), begrenzte einst einen Teil der Parkanlagen, die zum Palais Meran gehörten. Was die Merangasse in Graz betrifft, die die Leechgasse mit dem Schillerplatz verbindet, so stellten 1852 die Anrainer der neuen Verbindungsstraße das Ersuchen an den Erzherzog, diese nach seinem Sohn Franz Graf Meran benennen zu dürfen. Die Erzherzog-Johann-Straße im Bezirk Mariatrost und die Erzherzog-Johann-Allee, welche die Glacisstraße durch einen Teil des Stadtparks mit dem Burgtor verbindet, erinnern ebenfalls an den bedeutendsten För-

Das nach Anna benannte Kinderspital in der Mozartgasse in Graz.

Z 350.

Hochgeborene Frau Gräfin!

Indem der Kinderspitals-Verein den Inhalt des an ihn unterm 21. December 1877 Z. 350 erlassenen gnädigen Schreibens zur Kenntniß nimmt und die Bestimmungen bezüglich der Bettstiftung weiland Sr. Excellenz des Herrn Peter Grafen von Morzin dankbar acceptirt, erklärt er, daß die diesfalls erlassenen Verfügungen stets unverbrüchlich aufrecht erhalten

derer der Steiermark. Der Meranhofweg in Ragnitz erinnert an einen kleinen Gutshof der Familie, der bis in die Nachkriegszeit als Annenhof bekannt war und in Annas Testament – *da dieser für die Bedürfnisse des Palais viel Werth hat* und *Deine Frau und Kinder dort gern weilten* – Erwähnung findet.

Zwischen einem Dr. Karl Plochl und Annas Verwandtschaft ist keine Verbindung festzustellen – eine nach diesem Grazer Magistratsdirektor benannte Straße liegt nahe der Kirchner-Kaserne des österreichischen Bundesheeres.

Einige der Bestimmungen in Annas Testament, die sich auf Grazer und Ausseer Institutionen beziehen, lauten:

An Legaten bestimme ich:

a. Meinem lieben Kinderspitale in Graz Eintausend Gulden Öst. Whg.

b. Jeder der fünf Kinderbewahranstalten in Graz den Betrag von Einhundert Gulden öst. Whg.

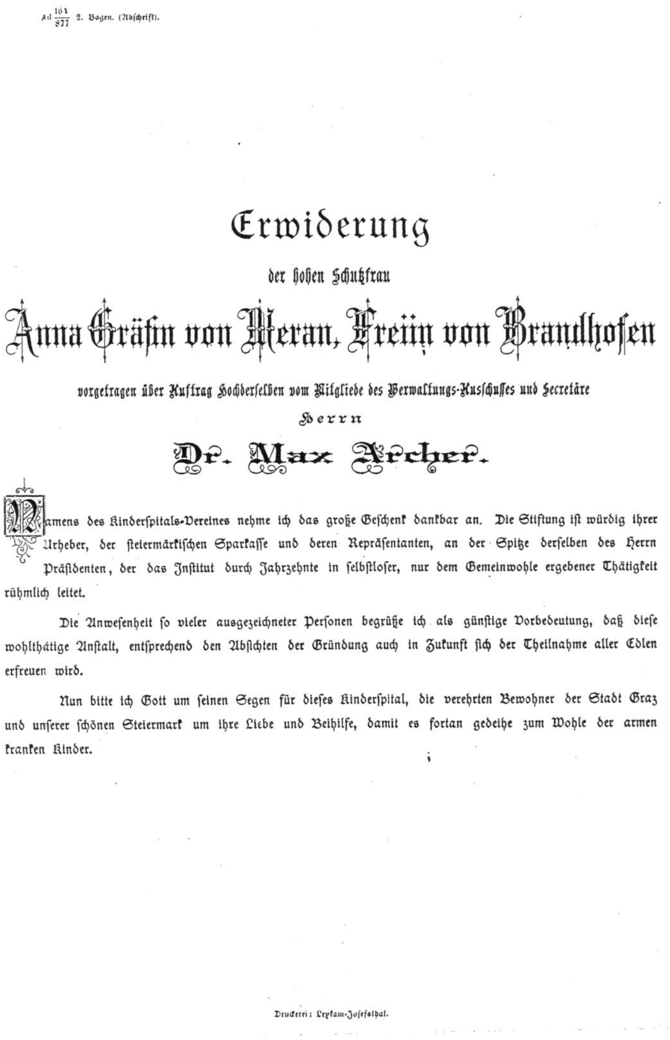

Ad $\frac{161}{877}$ 2. Bogen. (Abschrift).

Erwiderung

der hohen Schutzfrau

Anna Gräfin von Meran, Freiin von Brandhofen

vorgetragen über Auftrag Hochderselben vom Mitgliede des Verwaltungs-Ausschusses und Secretäre

Herrn

Dr. Max Archer.

Namens des Kinderspitals-Vereines nehme ich das große Geschenk dankbar an. Die Stiftung ist würdig ihrer Urheber, der steiermärkischen Sparkasse und deren Repräsentanten, an der Spitze derselben des Herrn Präsidenten, der das Institut durch Jahrzehnte in selbstloser, nur dem Gemeinwohle ergebener Thätigkeit rühmlich leitet.

Die Anwesenheit so vieler ausgezeichneter Personen begrüße ich als günstige Vorbedeutung, daß diese wohlthätige Anstalt, entsprechend den Absichten der Gründung auch in Zukunft sich der Theilnahme aller Edlen erfreuen wird.

Nun bitte ich Gott um seinen Segen für dieses Kinderspital, die verehrten Bewohner der Stadt Graz und unserer schönen Steiermark um ihre Liebe und Beihilfe, damit es fortan gedeihe zum Wohle der armen kranken Kinder.

Druckerei: Leykam-Josefsthal.

Anna war die Schutzfrau des Kinderspitales in Graz.

c. Den Krippenvereinen in Graz zweihundert Gulden Öst. Whg.
d. Den Armen in Aussee Dreihundert Gulden Öst. Whg.
e. Der Kinderbewahranstalt in Aussee Einhundert Gulden Öst. Whg.

Das *liebe Kinderspital*, das Anna in ihrem Testament bedenkt, ist das nach ihr benannte „Anna-Kinderspital", dem 1880 der Status einer k. k. Universitätsklinik verliehen wurde. Anna war zwar nicht die Gründerin dieses Spitals, doch stand der 1842 gegründete Kinderspitalsverein unter ihrer Patronanz. Schon ein Jahr später erfolgte in der Klosterwiesgasse die Eröffnung eines provisorischen Krankenhauses mit acht Betten, was natürlich viel zu wenig war. Schon bald konnten die kleinen Patienten in ein neu erbautes Haus mit

DANKBLATT

der Direction des Kinderspitales in Graz

an

die hochgeborne Frau Gräfin von Meran
Freiin von Brandhof

für eine milde Gabe, bestehend in Zwei Hundert zehn Gulden öst. W.
als gnädigst gespendeten Jahres-Beitrag für 1859.

Graz am 1. Juli 1859

Für dieses Almosen danken
die armen kranken Kinder im Namen des Herrn.

KINDER SPITAL

ARCHIV MERAN

Anna spendete wenige Wochen nach dem Tode Erzherzog Johanns 210 Gulden für das Kinderspital, hier das Dankschreiben.

Gärtchen in der Villefortgasse nahe dem Glacis übersiedeln. 1859 gelang es dem Verein, der auch von der Steiermärkischen Sparkasse unterstützt wurde, ein Grundstück in der Nähe des waldreichen Rosenhaines in Graz-Geidorf anzukaufen. Im Jahr 1877 konnte ein großes modernes Gebäude bezogen werden, das allen damals modernen medizinischen Anforderungen entsprach. Die Kapazität war inzwischen auf 100 Betten gestiegen, etwa 4000 Kinder wurden jährlich ambulant behandelt. Offensichtlich kamen viele Legate und Spenden zur Unterstützung des Anna-Kinderspitals zusammen, so dass es sich rentierte, vorgedruckte Dankesschreiben anfertigen zu lassen, in die nur der Name des Spenders und die Summe eingetragen werden mussten. Für Anna gab es das folgende Dankschreiben:

Dankblatt der Direction des Kinderspitales in Graz an die hochgeborene Frau Gräfin von Meran, Freiin von Brandhof, für eine milde Gabe bestehend in zwei Hundert zehn Gulden als gnädigst gespendeter Jahres-Betrag für 1859. Für diese Almosen danken die armen kranken Kinder im Namen des Herren.

Graz am 8. Juli 1859.

Trotz dieses Beitrags für das laufende Jahr spendete Anna anlässlich des Todes ihres Gatten eine weitere namhafte Summe, wie ebenfalls ein Dankschreiben des Vereins bezeugt:

Hochgeborne
Gnädigste Frau Gräfin!
Der ergebenst gefertigte Verein für das Kinderspital in Graz gibt sich die Ehre, für die Summe von vierhundert Gulden, welche nach Hinscheiden des unersetzlichen Herrn Vereins-Ober-Direktors als welcher Sr. Kaiserliche Hoheit der Durchlauchtigste Herr Erzherzog Johann dem Verein in gedeihlichster Weise vorzustehen die Gnade hatte, – den innigsten tief gefühlten Dank auszusprechen, und die Bitte daran zu reihen, Gnädigste Frau Gräfin mögen auch ferner dem Kinderspital den gnädigsten Schutz angedeihen zu lassen, – unter welchem dieser Verein während der verhältnißmäßig kurzen Dauer desselben so sichtliches Gedeihen und so einflussreiche Wirksamkeit entfaltet hat.
Graz, am 6. Juli 1859
Der Verein für das Kinderspital
Baron ...

Am *11. Mai 1859 um 8 1/4* Uhr stirbt Erzherzog Johann in seinem *Palais Leonhard-Gasse Nr. 723 zu Graz in Steiermark*. So steht es in Johanns Totenschein, ausgestellt von der k. k. Garnisons-Seelsorge in Graz. Als Todesursache wird eine *Lungenlähmung* angegeben.
Wie war es zu diesem plötzlichen Todesfall gekommen? Wenige Tage zuvor hatte sich Johann noch auf den Bahnhof in Graz begeben, um einen Verwandten – den Großherzog von Toskana – auf seiner Durchreise nach Wien zu treffen. Seine zu diesem Zeitpunkt bereits bestehende Erkältung wurde – bedingt durch kaltes regnerisches Wetter – zu einer Lungenentzündung. Der langjährige Hausarzt, Dr. Ritter von Taubes, konnte trotz Zuziehung anderer Doktoren den Verlauf der Krankheit nicht mehr stoppen. Johann, der im 78. Lebensjahr stand, erhielt die Sterbesakramente. Sohn Franz, inzwischen Rittmeister, wurde telegrafisch von seiner Garnison in Ödenburg nach Graz gerufen. Es war ihm möglich, den Vater noch lebend anzutreffen. Anna stand ihrem Gatten in seinen letzten Stunden bei.
Das für Angehörige des Kaiserhauses zuständige Obersthofmeisteramt in Wien veröffentlichte an vier Tagen folgende Bestimmungen, die Kaiser Franz Joseph für seinen Großonkel ausgegeben hatte:
Ceremoniel-Protokoll vom Jahre 1859
Mittwoch, den 11. Mai:
Heute morgen langte die telegraphische Nachricht hier ein, daß Seine kaiserliche Hoheit der durchlauchtigste Herr Erzherzog Johann Baptist heute zu Gratz, nach einer kurzen Krankheit, selig im Herrn entschlafen ist. Über Antrag des k. k. Obersthofmarschalls wurden auf allerhöchsten Befehl ein Beamter des Obersthofmeisteramtes (Ceremoniel Protokollsführer v. Raymont) und ein Beamter des Obersthofmarschallamtes (Hofkonzipist Huimann) nach Gratz entsendet, um im Sterbehause das bekanntermaßen vorhandene Testament des Höchstverbliche-

K. K. Garnisons-Seelsorge in Graz

Todtenschein

Totenschein von Erzherzog Johann, der am 11. Mai 1859 im 78. Lebensjahr in seinem Palais in Graz verstarb.

nen zu übernehmen und anher zu überbringen. Auch geruhten Sr. Majestät der Kaiser Allerhöchst ihren General-Adjutanten Baron Kellner nach Gratz zu beordern, um der Gräfin von Meran und dem Grafen von Meran das allerhöchste Beileid zu bezeigen.

Donnerstag, den 12. Mai:
Auf allerhöchste Anordnung wurde für weiland Seiner kaiserlichen Hoheit den Höchstseligen Erzherzog Johann Baptist die Hoftrauer nach der IV. Klasse, d. i. auf die Dauer von sechs Wochen heute angezogen und wird dieselbe mit folgender Abwechslung, nehmlich während der ersten zwei Wochen die tiefe und durch die letzten vier Wochen die mindere Trauer getragen werden.

Sonntag, den 15. Mai:
Abends um 5 Uhr wurde die Vigil für weiland Sr. kaiserliche Hoheit den Höchstseligen Erzherzog Johann in der Hofburgpfarrkirche, jedoch nur im Stillen abgehalten.

Dienstag, den 17. Mai:
Vormittags um 11 Uhr fand ebendaselbst das Seelenamt statt, welchem Ihre k. k. Majestäten und sämmtliche anwesenden Herren Erzherzöge und Frauen Erzherzöginnen öffentlich, d. i. mit Cortegirung des Hofstaates beiwohnten, wobei bemerkt wird, daß Ihre kaiserliche Hoheiten der Großherzog von Toscana mit dem

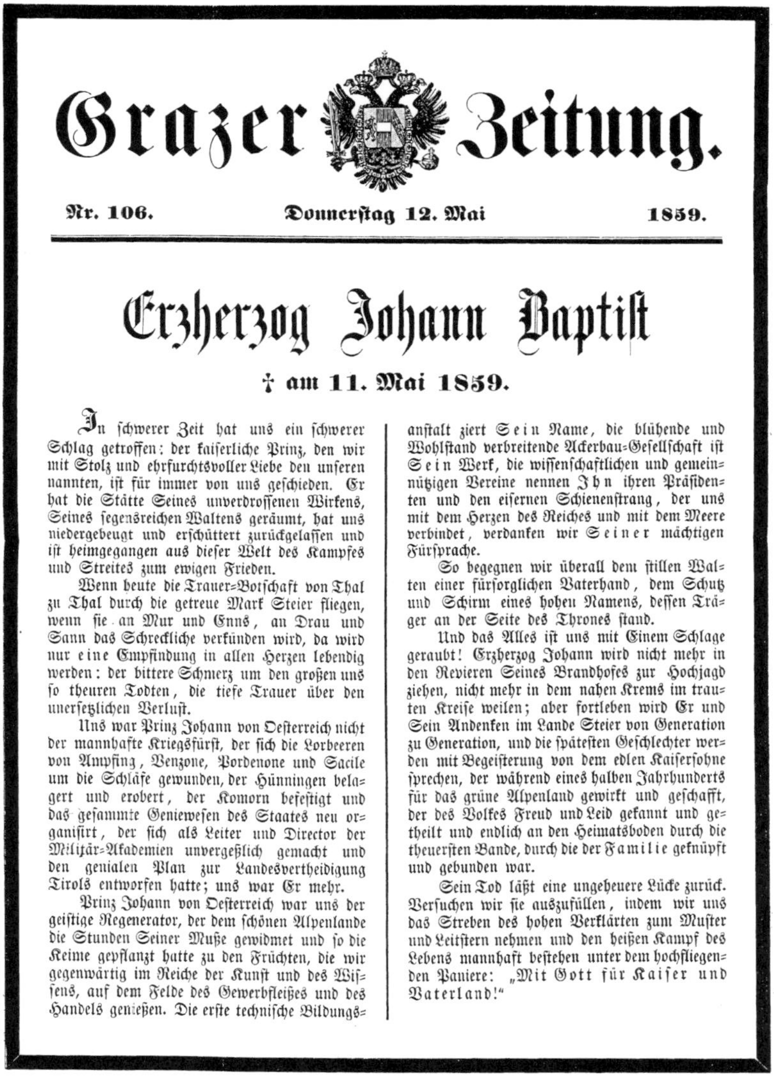

Grazer Zeitung.

Nr. 106. Donnerstag 12. Mai 1859.

Erzherzog Johann Baptist

† am 11. Mai 1859.

In schwerer Zeit hat uns ein schwerer Schlag getroffen: der kaiserliche Prinz, den wir mit Stolz und ehrfurchtsvoller Liebe den unseren nannten, ist für immer von uns geschieden. Er hat die Stätte Seines unverdrossenen Wirkens, Seines segensreichen Waltens geräumt, hat uns niedergebeugt und erschüttert zurückgelassen und ist heimgegangen aus dieser Welt des Kampfes und Streites zum ewigen Frieden.

Wenn heute die Trauer-Botschaft von Thal zu Thal durch die getreue Mark Steier fliegen, wenn sie an Mur und Enns, an Drau und Sann das Schreckliche verkünden wird, da wird nur eine Empfindung in allen Herzen lebendig werden: der bittere Schmerz um den großen uns so theuren Todten, die tiefe Trauer über den unersetzlichen Verlust.

Uns war Prinz Johann von Oesterreich nicht der mannhafte Kriegsfürst, der sich die Lorbeeren von Ampfing, Venzone, Pordenone und Sacile um die Schläfe gewunden, der Hünningen belagert und erobert, der Komorn befestigt und das gesammte Geniewesen des Staates neu organisirt, der sich als Leiter und Director der Militär-Akademien unvergeßlich gemacht und den genialen Plan zur Landesvertheidigung Tirols entworfen hatte; uns war Er mehr.

Prinz Johann von Oesterreich war uns der geistige Regenerator, der dem schönen Alpenlande die Stunden Seiner Muße gewidmet und so die Keime gepflanzt hatte zu den Früchten, die wir gegenwärtig im Reiche der Kunst und des Wissens, auf dem Felde des Gewerbfleißes und des Handels genießen. Die erste technische Bildungsanstalt ziert Sein Name, die blühende und Wohlstand verbreitende Ackerbau-Gesellschaft ist Sein Werk, die wissenschaftlichen und gemeinnützigen Vereine nennen Ihn ihren Präsidenten und den eisernen Schienenstrang, der uns mit dem Herzen des Reiches und mit dem Meere verbindet, verdanken wir Seiner mächtigen Fürsprache.

So begegnen wir überall dem stillen Walten einer fürsorglichen Vaterhand, dem Schutz und Schirm eines hohen Namens, dessen Träger an der Seite des Thrones stand.

Und das Alles ist uns mit Einem Schlage geraubt! Erzherzog Johann wird nicht mehr in den Revieren Seines Brandhofes zur Hochjagd ziehen, nicht mehr in dem nahen Krems im trauten Kreise weilen; aber fortleben wird Er und Sein Andenken im Lande Steier von Generation zu Generation, und die spätesten Geschlechter werden mit Begeisterung von dem edlen Kaisersohne sprechen, der während eines halben Jahrhunderts für das grüne Alpenland gewirkt und geschafft, der des Volkes Freud und Leid gekannt und getheilt und endlich an den Heimatsboden durch die theuersten Bande, durch die der Familie geknüpft und gebunden war.

Sein Tod läßt eine ungeheuere Lücke zurück. Versuchen wir sie auszufüllen, indem wir uns das Streben des hohen Verklärten zum Muster und Leitstern nehmen und den heißen Kampf des Lebens mannhaft bestehen unter dem hochfliegenden Paniere: „Mit Gott für Kaiser und Vaterland!“

Nach dem Tod Erzherzog Johanns herrschte tiefste Trauer.

Erbgroßherzoge und dem Erzherzog Carl, nach ihrem Erzherzogsrange im Zuge eingetheilt waren (die Frauen Erzherzoginnen von Toskana sind hiebei weder öffentlich, noch incognito erschienen).

Noch nie hat unsere Stadt eine so große Volksmenge in so ernster Stimmung gesehen, berichtete die „Grazer Tagespost“ wenige Tage später. Vom Sterbehaus, dem Palais Meran, bis zum Burgtor stand das Grazer uniformierte Bürgerkorps Spalier, den Beginn des Trauerzuges bildete eine Ehrenkompanie. Sechs Schimmel aus dem Marstall des Erzherzogs zogen den Leichenwagen,

den Offiziere begleiteten. Die hohe Geistlichkeit war durch Fürstbischof Ottokar Maria Graf Attems und vier Prälaten vertreten. Dem Sarg folgte Anna, gestützt von Sohn Franz. Als Vertreter des Kaisers waren die Erzherzöge Albrecht und Josef erschienen. Die Leiter aller Behörden, die Generalität, die Rektoren der Universität, die Professoren des Joanneums, der Magistrat, die Handels- und Gewerbekammer, all die vielen Vereine, deren Protektor der Verewigte gewesen war, und tausende Grazer gaben dem Erzherzog das letzte Geleit. Die Trauerfeier glich einer letzten Ehrung für einen ungekrönten König.
Die Trauermesse wurde im Grazer Dom zelebriert. Auf einem *castrum doloris* lagen die Kaiserkrone und der Herzogshut der Steiermark, Hut und Stab eines Feldmarschalls, auf einem Kissen Johanns österreichische und ausländische Orden. Der Erzherzog wurde vorübergehend im Grazer Mausoleum beigesetzt.
Für Anna begann mit ihrem neuen Lebensabschnitt als Witwe eine schwere Zeit. Zu ihrer Trauer kamen bald Fragen um die Verwaltung der Güter, Probleme mit dem Bau des Mausoleums in Schenna, Diskussionen mit dem Sohn und schließlich finanzielle Sorgen hinzu. Trotz des Schmerzes, den sie über den Tod Johanns empfand, musste der Alltag weitergehen. Um auch den äußeren Gepflogenheiten zu entsprechen, bestellte sich Anna Trauerkleider mit den dazupassenden Accessoires. Viele der Rechnungen für diese Ausgaben sind erhalten geblieben. So beispielsweise eine Rechnung über acht schwarze Seidenhüte, die Anna für 49 Gulden in einem Geschäft in der Grazer Herrengasse erwarb.
Persönlicher Vertrauter und gleichzeitig ihr Rechtsberater in der Zeit nach Johanns Tod ist der Anwalt Dr. Schmuck aus Wien. Anna erteilt ihm die schriftliche Vollmacht, als ihr Stellvertreter für die Vormundschaft über den noch nicht volljährigen Sohn Franz zu agieren. In einem ihrer Briefe an den Anwalt meint sie, dass, wenn Johann in Wien verstorben wäre, das Kaiserhaus die ganzen Unkosten für das Begräbnis übernommen hätte. Im Frühjahr 1860 wurde Franz Graf Meran vom Obersthofmarschallamt für volljährig erklärt und konnte somit über sein Vermögen – allerdings eingeschränkt durch die Bestimmungen des Fideikomiss – verfügen.
Trotz all dieser Sorgen und Probleme ging Annas Leben als Witwe weiter, und in der Folge fanden auch wieder erfreulichere Ereignisse statt, auch wenn die Zeugnisse dafür weniger werden. Am 23. November 1863 wurde ihre Schwiegertochter Resa von Kaiserin Elisabeth zur Palastdame ernannt, eine Ehrung, die innerhalb der Familie gebührlich gefeiert wurde. Im Dezember dieses Jahres war Anna – inzwischen selbst werdende Großmutter – zu einer Taufe in der kaiserlichen Familie geladen: Wie schon im Zusammenhang mit der kaiserlichen Verwandtschaft erwähnt, war dies die Taufe des kleinen Franz Ferdinand im Palais in der Sackstraße 18 in Graz. Der Vater des kleinen Erzherzogs war Karl Ludwig, ein Bruder Kaiser Franz Josephs, die Mutter Maria Annunziata war eine Bourbonin aus dem Königreich Neapel und Sizilien. Zu

den prominenten Gästen zählten auch Franz Josephs Eltern, Franz Karl und Erzherzogin Sophie, von der böse Zungen behaupteten, dass sie für viele Jahre der einzige Mann am Kaiserhof in Wien gewesen sei. Ein Paar, das noch mehr Aufsehen erweckte, war Erzherzog Ferdinand Max und seine Frau Charlotte von Belgien. Dieser beliebte Bruder Franz Josephs hatte zu dieser Zeit bereits Kontakte mit Mexiko aufgenommen. Wenige Monate später brachte die österreichische Fregatte „Novara" den nun als Kaiser Maximilian bezeichneten Habsburger über den Atlantik nach Mexiko. Maximilian, der von Miramar über Triest mit dem Zug nach Graz gekommen war, nächtigte im Hotel „Erzherzog Johann" – schräg gegenüber dem Geburtshaus Franz Ferdinands. Bis heute gehört das Hotel – das von Erzherzog Johann die Zustimmung für die Namensführung erhielt – zu den ersten Hoteladressen in Graz. Ein Maximilian-Zimmer erinnert an diesen denkwürdigen Besuch. Das Hotel „Erzherzog Johann", zu dem auch ein Restaurant und ein Café gehören, ist der einzige Gastronomiebetrieb in Graz, der zu Ehren Annas einen schönen Raum mit Blick auf die Altstadthäuser der Sackstraße „Anna-Plochl-Zimmer" nennt.

Annas finanzielle Situation ließ sie – die ein Leben lang praktisch veranlagte Frau – erwägen, um eine Witwenpension nach Erzherzog Johann, der ja den Rang eines Feldmarschalls innegehabt hatte, anzusuchen. Sohn Franz distanzierte sich von diesen Plänen seiner Mutter. Der undatierte Brief an Dr. Schmuck zeigt deutlich die Enttäuschung über ihren Sohn:
Lieber Herr Docktor!
Nach viellen Kämpfen Tränen durchwachten Nächten – habe ich mich durch die Nothwendigkeit gezwungen endlich entschlossen, mit meinem Sohne ernstliche Rücksprache zu halten – und ihn gebeten er möchte daß von Ihnen mir eingesendete Majestäts Gesetz Lesen und mir seine Meinung zu Papier bringen – Gott sey gelobt er war so Liebevoll und hat alles gelesen und ausgestrichen beigesezt kurz seine Meinung kund gegeben – ich bin inig froh daß endlich so viell geschehen ist – mein Sohn sagte zwar eben Heute wieder – liebe Mutter mache waß Du willst, nur lasse mich aus dem Spill, nämlich er giebt das Majestäts Gesetz nicht ein, will auch von allen Folgen frey sein – mein Gott waß heißt daß? Ich kann mir ja nicht anderst helfen als den Kaiser um etwaß zu bitten – und die Pension einer Feldmarschalin anzusprechen scheint mir – ist von mir nichts ungerechtes, ich bitte Sie inig (wenn Sie es für gut halten) sprechen Sie mit den edlen guten Grafen von Kuefstein – dieser Herr war so überaus theilnehment zeugte mir so viell Herz – vielleicht zeugt er mir einen weg, um an das Ziel zu gelangen, sagen Sie denn Grafen alles und empfehlen Sie mich seinem Schutze. Ich sende alles ganz so – wie es mein Sohn mir übergab zu Ihrer Einsicht, Sind Sie und Graf Kueffstein damit einverstanden – dann bitte ich Sie besorgen Sie die Abschrift wie man derlei Majestäts Gesuch machet, vermag ich nicht, Gott weiß das dieser Schritt einer meiner schwersten in meinen so aussergewöhnlichen Lebenstagen

Anna überlebte ihren Gatten um 26 Jahre. Ihre Witwenzeit verbrachte sie zum Großteil in Graz und in Aussee.

ist – Gott der Herr wird mir beistehen – daß ich durch diesen Schritt die Gnade des Kaisers nicht für immer verliehre – es wäre ja mein Todes Stoß – Stehen Sie mir bey – mein treuer Freund.
Ihre
danckbahre Anna Meran
Daß Benehmen meines Sohnes die Liebe die er mir schenken könnte – würden mich mehr heilen als alle Medizinen der Welt – er ist besser als er war – aber kalt und bemessen ist jede Zeile in seinen Briefen – Gott im Himmel weiß, was er gegen mich hat –!

Doch schließlich verfasste Anna mit Hilfe ihres Sohnes und ihres Anwaltes ein Gesuch an Kaiser Franz Joseph um die Gewährung einer Feldmarschall-Witwenpension:
An
Seine kaiserl. königl. apost. Majestät
Kaiser von Österreich etc. etc.

Allerunterthänigste Bitte
Der Anna Gräfin von Meran, Freiin von Brandhofen
um allergnädigste Anweisung einer Feldmarschall-Witwen Pension

Eure kaiserl. königl. apost. Majestät!
Als es im Jahre 1859 dem Allmächtigen gefallen hat Se. kaiserl. königl. Hoheit den Erzherzog Johann von Österreich meinen Gemahl aus dieser Welt in ein besseres Leben abzurufen, geruhten Euere Majestät der vom tiefsten Schmerze ergriffenen Witwe in huldvollster und unvergesslicher Weise lindernden Trost dadurch zu spenden, daß Allerhöchst dieselben den Feldmarschall-Lieutenant Keller eigens nach Graz sandten, um nicht nur die Allerhöchste Theilnahme an diesem unersetzlichen Verluste an den Tag zu legen, sondern auch auf diesem Weg die Wünsche und Anliegen, die ich bezüglich meiner Zukunft hegen durfte, erheben zu lassen.
Nachdem mein durchlauchtigster Gemahl mich letztwillig mit einem für meine Lage vollkommen entsprechenden Witwengehalt bedacht hatte, glaubte ich damals – ohne nähere Kenntniß des Vermögensstandes – einer gesicherten Existenz mit Beruhigung entgegensehen zu können und unterließ es in dieser Richtung eine Bitte zu stellen.
Heute jedoch sehe ich mich genöthigest, Euerer Majestät mit einer allerunterthänigsten Bitte zu nahen, von deren huldvollen Gewährung es abhängt, ob ich den Rest meiner Lebenstage in Kummer oder in sorgenfreier Ruhe zubringen könne.
Gestatten Euere Majestät allergnädigst, daß ich eine kurze Darstellung Erzherzog Johann hinterlassenen Vermögens vorausschicken dürfe.
Durch die Überzeugung geleitet, daß der Hauptlebensnerv für Steiermark in seiner Eisenindustrie liege, solche aber auf den Standpunkt, den sie in anderen Ländern einnimmt, gehoben werden müsse, hat Wailand der Erzherzog Johann

durch Ankauf zweier Hochöfen in Vordernberg sich an diesem Industriezweig schon vor Jahren betheiligt und mit unermüdlichem Streben den dortigen Bergbau und Hochofenbetrieb zu einer Entwicklung gebracht, die einen derartigen Besitz bei den damaligen Conjuncturen gewinnreich machte.
In neuerer Zeit wurde leider das Eisen und Kohlenwerk Krems bei Graz angekauft.
Alle anderen Besitzungen des höchstseeligen Erzherzogs liefern entweder nur sehr geringen oder gar keinen Ertrag und kommen sonach in keinen Betracht.
Das gedachte Eisenwerk bei Krems erforderte außer dem Kaufschillinge noch nahmhafte Geldkräfte, indem es fast ganz neu angelegt werden mußte. Ungeachtet jeder disponible Betrag dahin verwendet worden, schritt die Vollendung des Baues nur langsam vorwärts und der höchstseelige Erzherzog sah sich zur Aufnahme einer bedeutenden Anleihe gezwungen deren spätere Abzahlung und Betheiligung am National Anlehen dessen Vermögensverhältnisse erschütterten.
Erst als ich während der Minderjährigkeit meines Sohnes die Vermögens-Verwaltung übernahm, gelangte ich nach und nach zur Erkenntniß der höchst ungünstigen finanziellen Lage.
Das Eisenwerk Krems, das bereits so nahmhafte Summen verschlungen, erforderte zur entsprechenden Inbetriebsetzung noch weitere bedeutende Beträge, auf angekaufte Waldungen waren noch beträchtliche Kaufschillingreste ausständig.
Dazu kam noch andauernde Stockung im Eisengeschäfte und endlich der Wegfall aller anderen von meinem durchlauchtigsten Gemahl bezogenen Einkünfte.
Mit größter Sparsamkeit und Einschränkungen führte ich während der Vormundschaft die Sache so gut es ging. Allein nachdem mein Sohn die Vermögensverwaltung übernommen, stellte sich die Sachlage so ungünstig, daß er zu einem nahmhaften Anlehen im Auslande und anderen geringeren im Inlande seine Zuflucht nehmen und dadurch seinen Besitz nochmalen mit Schulden schwer belasten mußte.
Das Eisenwerk wurde nun allerdings vollendet, mehrere Gläubiger ausbezahlt, allein der gehoffte Ertrag blieb bei der noch stets zunehmenden Geschäftsstockung aus und die Last der Zinsen und Amortisationszahlungen kamen dazu.
Unter so ungünstigen Verhältnissen kann an einen gewünschten Verkauf der Eisenwerke nicht gedacht werden und selbst die größten Einschränkungen lassen keine Aussicht, daß dermalen mein Sohn sein Auskommen finden und gleichzeitig den ganzen mir letztwillig zugesicherten Witwengehalt von 24 000 fl. Conv. Münze in Silber ausfolgen könne.
Seit zwei Jahren konnte mir mein Sohn kaum die Hälfte dieser Summe in Barem zur Verfügung stellen und nur durch Abtretung von Grund und Boden in meinem Besitz, von dem ich kaum zwei Prozent erhalte, war derselbe in der Lage seinen im Testamente ausgesprochenen Verpflichtungen nachzukommen.
Trotz der nur immer möglichen Einschränkungen für meine Person sind doch so viele Verpflichtungen vorhanden, denen ich entsprechen muß, es werden Ansprüche an mich als Witwe des allgeliebten Wohlthäters, des Erzherzog Johann gestellt, deren Erfüllung ich dem Gedächtniß meines unvergesslichen Gatten schulde.

Euere Majestät werden hieraus Allergnädigst ermessen, wie schmerzlich die Lage einer Mutter ist, die den ihr gebührenden Witwengehalt mit dem Bewusstsein beziehen müsste, daß ihr geliebter Sohn denselben nur mit voraussichtlicher gänzlicher Zerrüttung seines Vermögens aufzubringen vermag.
Ohne nun den allerhöchsten Bestimmungen Euerer Majestät vorgreifen zu wollen, glaube ich nun unter den gegebenen Umständen als Witwe eines k. k. Feldmarschalls berechtigt zu sein die Allerunterthänigste Bitte zu stellen:
Euere kaiserliche königliche apostolische Majestät wollen geruhen mir als einer k. k. Feldmarschalls-Witwe eine Pension Allergnädigst zu bewilligen.
Euerer kaiserl. königl. apostol. Majestät
treugehorsamste Anna, Gräfin von Meran

Kaiser Franz Joseph ließ das Gesuch positiv erledigen. Die Beziehung zwischen Anna und ihrem Sohn verlief in der Folge ohne Komplikationen.
Anna konnte sich ab dem 12. April 1864 an ihrer ersten Enkelin erfreuen, die nach ihr den Namen Anna erhielt. Nach einer Maria im Folgejahr erblickte 1867 ein kleiner Johann das Licht der Welt. Ein weiteres Mädchen und drei Buben vervollständigten die Zahl der Enkel, die alle in Graz geboren wurden und deren Hauptwohnsitz das Palais Meran in der Leonhardstraße war.
Auf der Spurensuche nach Annas Tätigkeiten in Graz stößt man auf ihr Album mit eingeklebten Bildern, auf eine Theaterkarte für das k. k. Hoftheater nächst dem Kärnthnerthor Parterre Sitz 84 und Visitenkarten von Persönlichkeiten, die mit ihr in Kontakt getreten waren. Künstler, Politiker, Militärs sind darunter anzutreffen, im Zusammenhang mit Graz fallen die Namen Wickenburg, Dietrichstein, Carneri, Mandell und Prokesch-Osten auf. Anna erhielt im Lauf der Jahre zahlreiche Dankschreiben für Spenden, Glückwünsche zum Geburtstag und sogar Huldigungsgedichte.
Für das Jahr 1872 ist ein Diplom zu finden, das Anna als Gründerin des steiermärkischen Seidenbau-Vereines bezeichnet. Am 18. August 1873 bekam sie ein Anerkennungsdiplom für ihre landwirtschaftlichen Produkte, die in diesem Jahr bei der Weltausstellung in Wien zur Schau gestellt wurden. Anna war bereits 79 Jahre alt, als sie sich 1883 über ein Diplom als Ehrenmitglied der Gesellschaft vom Roten Kreuz und als Vizepräsidentin des Patriotischen Vereines für Steiermark freuen konnte.
Am 6. Jänner 1884 trafen zahlreiche Glückwünsche zu ihrem 80. Geburtstag ein. Besonders herzlich fielen dabei die guten Wünsche aus der Heimat aus – Glückwünsche aus Aussee, obwohl nur Sohn Franz die Ehrenbürgerschaft erhalten hatte.
1883 verfasste Anna ihr offizielles Testament, das dem Obersthofmarschallamt übergeben wurde. Eine gleich lautende Abschrift wurde einen Tag nach ihrem Tod beim k. k. Landesgericht kundgemacht:

Im Jahr 1878 wurde der Erzherzog Johann-Brunnen auf dem Grazer Hauptplatz errichtet und feierlich eingeweiht.

Mein Testament
Im Namen des Allmächtigsten Gottes, des Vaters, des Sohnes und des Heiligen Geistes!
Ich unterzeichnete Gräfin Anna von Meran, Freiin von Brandhofen, Wittwe des Erzherzogs Johann von Österreich, erkläre hiemit im Zustande voller Gesundheit, des Körpers und des Geistes im folgenden mein Testament.

1. Mein entseelter Leib soll in der Gruftkapelle zu Schönna an der Seite meines mir unvergesslichen Gemahls. Erzherzog Johann von Österreich und zwar nach dessen Eigenen Willen beigesetzt werden.
Mein Leichenbegängnis soll einfach, nach christkatholischem Gebrauche abgehalten werden.
Ich bitte meinen Sohn, zu veranlassen, daß ich in meinem Zimmer, in welchem ich sterbe, ruhig durch zwölf Stunden in meinem Bette belassen werde, und alle Versuche anzuordnen, ob mein Tod wirklich eingetreten sei, damit ich nicht scheintot begraben werde.
Ich soll ohne allen Prunk in einfachem schwarzen Kleide, mit weißer Haube und schwarzem Wittwenschleier, in der Hand das Kreuz, welches ich immer auf meinem Betschämel liegen habe – aufgebahrt werden. Meinen Rosenkranz und je-

ne Heiligenbilder, die ich stets neben mir am Bette habe, bitte ich, mir in den Sarg mitzugeben, sowie eine kleine Locke meines innigst geliebten Sohnes.
2. Es ist mein frommer Wille, daß jährlich an meinem Sterbetage eine heilige Messe bei dem Kreuzaltare in der Domkirche zu Graz gelesen werde, wozu ich ein Kapital von Einhundert Gulden in Öster. Whrg. widme.
Ebenso soll in der Gruftkapelle zu Schönna an meinem Sterbetage eine heilige Messe gelesen werden, wozu ich gleichfalls Einhundert Gulden in Österr. Währg. als Stiftungskapital bestimme.
3. Zu meinen Universalerben ernenne ich meinen Sohn Franz Grafen von Meran, Freiherrn von Brandhofen.
4. Für meine lieben Enkel und die übrigen mir Nahestehenden habe ich außer diesem Testamente bereits gedacht.
5. Mein braves Zimmermädchen Anna Kulnig, welche mich so treu pflegt, soll ihre zweifachen Jahreslohn, sowie eine ganze Zimmereinrichtung samt Bett und Bettzeug erhalten.
Den Personen, die bei meinem Ableben sich in meinen Diensten befinden, soll ein einfacher Jahreslohn ausbezahlt werden.
Die Therese Klehsl soll den Betrag von Einhundert zwanzig Gulden, den ich ihr jährlich gab, so lange sie lebt, fortbeziehen. – Ich empfehle sie meinem Sohne.
Die abgetragene Leibeswäsche und die gebrauchteren Kleider bitte ich jener Person zu geben, die mich am längsten gepflegt hat.
6. Alle Legate sollen den Legataren abzugsfrei ausgefolgt und die diesfälligen Gebühren von meinem Sohn als Universalerben bestritten werden.
7. Zum Schlusse bitte ich den allmächtigen Gott um Schutz und Segen für Seine Majestät den Kaiser und Ihre Majestät die Kaiserin.
Ich danke der ganzen Kaiserlichen Familie aus ganzen Herzen für alle Güte und alle Gnaden, die ich empfangen habe.
8. Allen meinen lieben Freunden nah und fern danke ich für ihre Liebe und Anhänglichkeit in den Tagen meines Glücke und der Trauer. Gott segne Alle, die mir meine Lebensaufgabe durchführen halfen. Meinen herzlichsten Dank den lieben Bewohnern der Stadt Graz.
Meinen geliebten Schwestern sage ich Dank für die vielen Beweise ihrer Liebe.
9. Mit unbegränzter Zärtlichkeit und Liebe segne ich meine lieben Enkel für ihr ganzes Leben. Ich bitte sie stets in Eintracht zu leben, den Geist opferwilliger Liebe gegen ihre Eltern und Geschwister walten zu lassen, das Andenken ihres hohen Großvaters und ihrer Großmutter Anna durch einfache Sitte und durch Seelenadel zu ehren.
Gott der Herr schütze Dich mein geliebter Sohn! Ich drücke den Scheidekuss auf Deinen lieben Mund. Gedenke öfters Deiner treuen Mutter mit Liebe.
Gott schütze Deine Gattin, Deine lieben, lieben Kinder! Lass sie täglich für mich beten. Erziehe sie fromm und einfach, ferne von Stolz.

14

Schloss Schenna bei Meran

Wohnsitz und Grabstätte in Tirol

Es war das erstemal, daß meine Frau diese Erde betrat und ich führte mein einzig Kind in ein Land, das mir so theuer werden sollte, wie nur, schreibt Erzherzog Johann in sein Tagebuch im Mai des Jahres 1845, nachdem er mit seiner Familie die Landesgrenze Tirols überschritten hatte. Der Jubel der Bevölkerung wollte schon in Lienz kein Ende nehmen, das Volk war scharenweise herbeigeströmt, Deputationen ehrten die hohen Gäste und nicht weniger als vier Schützenkompanien waren zum Empfang angetreten. Johann schildert am Abend des ersten Tages in Tirol seine Empfindungen: … *als ich so dachte wie vor Jahren ich nie mehr hoffen durfte, das liebe Land wiederzusehen, von dem ich, wie Alle glaubten für immer losgerissen war, das ich – bestand ja ein Interdict – nie mehr betreten durfte. Und jetzt bin ich dennoch wieder in daselbe gekommen, habe die alte Liebe gefunden, kann es Jahr für Jahr besuchen, kann das Theuerste, was ich habe, Weib und Kind, mit mir führen, um sie dem Land und Volk bekannt zu machen. Mein Sohn führt einen dem Land angehörenden Namen und ist ein Glied dieses Volkes …*

Das von Johann hier angesprochene *Interdict* bezieht sich auf die Zeit der Franzosenkriege. Der Erzherzog war damals im so genannten Alpenbund an den Vorbereitungen zu einem patriotischen Aufstand der *Gebürgsbewohner* gegen die Fremdherrschaft Napoleons von der Schweiz bis nach Dalmatien beteiligt. Durch Intrigen wurde die Aktion so dargestellt, als ob Johann ein eigenes Königtum in dieser Region plane. Das Misstrauen des Kaisers führte 1813 zur Verhaftung einiger Mitglieder des Alpenbundes. Johann selbst stand vorübergehend unter Hausarrest und Polizeiaufsicht und erhielt das Verbot, Tirol jemals wieder zu betreten.

Die Weiterreise der Familie glich einem wahren Triumphzug. Viele Veteranen aus den Franzosenkriegen versuchten mit Johann in persönliche Gespräche zu kommen. Die Landeshauptstadt Innsbruck, in der die Familie eine Woche verblieb, bot eine Festlichkeit und Feier nach der anderen.

Johann führte Anna in die Silberne Kapelle, wo einer der Lehrer von Franzi, Jakob Ernst, Chorherr des Stiftes Klosterneuburg, die Messe zelebrierte. *Es war der rechte Ort*, heißt es im Tagebuch des Erzherzogs, *da wo Ferdinand von Tirol und seine Philippine, deren Verhältnisse so manches Ähnliche mit den meinen haben, begraben liegen. Doch wenn bei Jenem die Frau so hoch erhoben würde, war sie deswegen nicht glücklicher, denn es herrschte damals kalt und steif das Spanische Wesen. Bei mir steht die Frau hoch genug, um mir anzugehören, und unser Leben ist durch nichts gehemmt, denn wir genießen unter Gottes Schutz vollkommene Freiheit.*

Johann zeigte Frau und Kind auch jenen Raum, in welchem sein Großvater, Kaiser Franz I. Stephan (der Gatte Maria Theresias), 1765 plötzlich während der Hochzeitsfeierlichkeiten von Johanns Eltern verstorben war.

Der Erzherzog fuhr mit seiner Familie auch nach Schloss Ambras, besuchte Schützenfeste und Bauerntheater, bevor die Reise mit der Kutsche weiter nach Bregenz führte. Die nächsten Stationen waren Landeck, der Arlberg, Feldkirch und schließlich Meran, wo sie am 27. Mai eintrafen. Die Meraner Bevölkerung hatte sich für den sechsjährigen Franzi eine besondere Überraschung ausgedacht. In die Tracht der alten Landsknechte gekleidet, marschierte eine wohl geordnete Kompanie von kleinen Buben auf, die das Banner des jungen Grafen von Meran mit sich führten.

Am gleichen Tag besichtigte die Familie Schloss Schenna bei Meran, das Johann käuflich erworben hatte. *Hier will ich, wenn es Gott gefällig ist, meinem Knaben ein Nest bereiten, hier mitten unter einem Kernvolk, in einer gesunden Gegend soll sein Wohnsitz sein,* vertraut Johann seinem Tagebuch an. Das Schloss, das *einfach wie der Brandhof* werden sollte, bedurfte einer gründlichen Renovierung. Doch der Aufstand in Tirols Grenzgebieten 1848 und Johanns Reichsverweserschaft erforderten immer wieder den Aufschub der geplanten Bauarbeiten. Im Jahr 1852 gelang es ihm, den angrenzenden Thurnerhof zu erwerben. Ein Weingarten auf diesem Besitz sowie einer auf dem Lehenshof St. Valentin in Eppan zeigten bald das in diesen Gegenden bisher unbekannte System, die Reben an kurzen Weinstöcken festzubinden. Schon im Vorjahr, 1851, hatte Johann Freunde, Bekannte und die Bevölkerung Merans zu einem *Hausschiessen* eingeladen. Nach altem Tiroler Brauch war der neue Besitzer eines Hofes verpflichtet, ein Festessen oder Schießen zu veranstalten. Alle, die mit Pulver und Blei und mit der Armbrust umzugehen verstanden, strömten von den Bergen und aus den Tälern herbei. Meran glich einem friedlichen Heerlager, mit tausenden von Schützen, die wohl auch hoffen konnten, einen der zahlreichen vom Erzherzog ausgesetzten Preise ergattern zu können.

Für Franzi, inzwischen zwölf Jahre alt, war wieder eine Schützenkompanie, nun aus größeren Buben seines Alters bestehend, eingetroffen. Für Anna gab es ein spezielles Programm mit Musik und Festgedichten, bei dem die Damen von Meran eine elegante Staffage bildeten. Überraschend war auch einer von Johanns Brüdern, Erzherzog Rainer, bis 1848 Vizekönig von Lombardo-Venetien, mit seinem Sohn Erzherzog Heinrich zum Fest gekommen.

Anna genoss es wohl, bei diesem Fest ebenfalls im Mittelpunkt zu stehen. Sie befand sich auf der Ehrentribüne neben Erzherzog Rainer, beteiligte sich an der Verteilung der Preise und erhielt selbst vom Stadtrat eine Medaille zur Erinnerung.

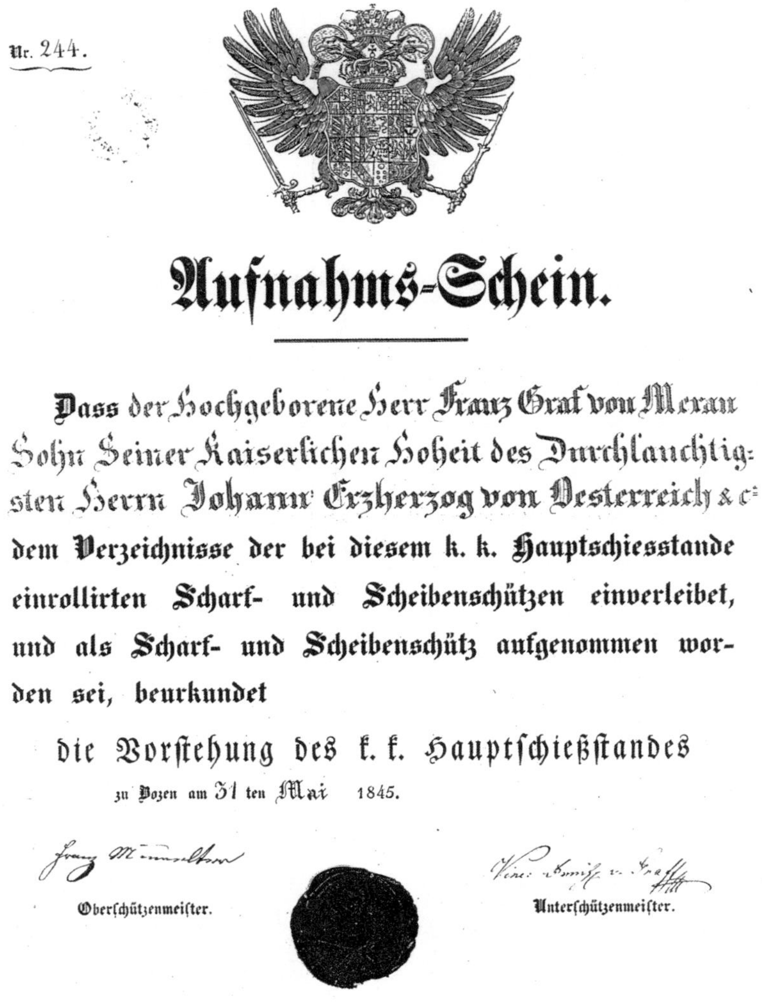

Nr. 244.

Aufnahms-Schein.

Dass der Hochgeborene Herr Franz Graf von Meran Sohn Seiner Kaiserlichen Hoheit des Durchlauchtigsten Herrn Johann Erzherzog von Oesterreich &c. dem Verzeichnisse der bei diesem k. k. Hauptschiesstande einrollirten Scharf- und Scheibenschützen einverleibet, und als Scharf- und Scheibenschütz aufgenommen worden sei, beurkundet

die Vorstehung des k. k. Hauptschießstandes

zu Bozen am 31 ten Mai 1845.

Oberschützenmeister. Unterschützenmeister.

Schon mit sechs Jahren wurde Franzi als Scharf- und Scheibenschütze in einen Schützenverein in Bozen aufgenommen.

Johann sollte nach der Aufhebung seines Landesverbotes für Tirol ab 1833 fast jedes Jahr nach Meran und Schenna kommen. Anna, die die Landschaft und das Klima Merans zu schätzen wusste, betrat auch 1847 Tiroler Boden. In diesem Jahr reiste sie mit Johann und Franzi nach Venedig, um anschließend über Schenna und Innsbruck nach Salzburg zu gelangen. Nach dem vorhin erwähnten Fest zur Einweihung von Schenna kam Anna erst 1857 wieder in die Stadt, deren Namen sie im Jahr 1850 mit dem Titel Gräfin von Meran erhalten hatte.

Es war viele Jahrzehnte lang Johanns Wunsch gewesen, dereinst die letzte Ruhestatt in Tirol zu finden. Zwischen seinem Tod und der Beisetzung seines Leichnams im Mausoleum bei Schenna sollten aber schließlich zehn Jahre vergehen.

Wenige Tage nach dem Tode ihres geliebten Gatten sieht Anna – neben dem Schmerz über *den großen Verlust* – noch eine Reihe von rechtlichen, organisatorischen und finanziellen Problemen auf sich zukommen. Dr. Schmuck in Wien ist zu dieser Zeit für sie nicht nur ihr Rechtsberater, was die Vormundschaft für Franzi und die Verwaltung der Güter betrifft, sondern auch ein verständnisvoller Freund, dem sie immer wieder ihre zwiespältigen Gefühle und sogar ihren mütterlichen Ärger über den Sohn anvertrauen kann. Resigniert und gleichzeitig verärgert erfüllt sie den Wunsch Johanns, dem von ihr wegen seiner Strenge gefürchteten Dr. Taubes im Palais Meran Quartier zu geben.
Wenige Tage nach Johanns Tod schreibt Anna an Dr. Schmuck:
... Ich glaube nicht, daß es meine Gesundheit aushält, diesen großen Verlust zu überleben – dazu die fürchterliche Last der Führung von allem – nebst der schrecklichen Geld Klemme in der jetzigen Zeit – alles dieses, verbunden mit meiner Gewissenhaftigkeit, Zaghaftigkeit, wird mich aufreiben. Schon jetzt zittere ich, wenn mir Baron Wimpffen Konto bringt – bald habe ich von jenen 5460 f nicht mehr – schauderhaft ist, was alles die hohe Leichenfeier betreffend kostet. – wäre mein guter Erzherzog in Wien gestorben, hätte der Hof es bezahlt – so aber müssen wir jene Kosten Tragen, es bleibt immer wahr – wie oft mein Erzherzog sagte – man hat wohl die Auslagen als Erzherzog – aber im Verhältnis hinkt es mit den Einnahmen. In Gottes Namen mit der lieben Hilfe Gottes werden wir doch durchkommen – ich bete so inniglich um seinen Beystand. Ich hebe alle Belege und Rechnungen genau auf. Herzlich danke ich Ihrer lieben Frau Gemahlin für das Spinnrad – ich werde dasselbe, wenn mir Gott den Winter erleben läßt, benützen und dabei mich recht an jene edle hohe Frau erinnern, welche die erste Besitzerin war.

Am 25. Mai 1859 – es sind erst zwei Wochen nach Johanns Tod verstrichen – schreibt sie von ihren schmerzlichen Gefühlen und erwähnt erstmals die Überführung nach Schenna.
Lieber Herr Doktor ...
... Wir waren also in Stainz und Krems. Ich glaube mein Herz zerbricht mir als ich in jene Zimmer kam – wo ich einst noch mit meinem Erzherzog wohnte. Ach Gott ich kann alle die schmerzlichen Erinnerungen nicht mehr so lange durchmachen – ich fühle mich heute wiederum so matt, so unerhört aufgeregt – ich kann es auf die Länge nicht aushalten, jeder Gegenstand bringt mich zu Tränen, die nie versiegen – mein Kopf, meine Augen, alles ist angegriffen, Gott stehe mir bei ...
... Am Freitag früh gehe ich und Franzi sowie Wiedermann nach Vordernberg sonst aber komme ich auf jeden Fall Montag abends nach Wien. Wenn nur Baron Wimpffen endlich einmal schriftlich etwas bekäme, worin ihm gesagt wird, daß er so lange hier zu bleiben hat, bis der liebe Erzherzog nach Schönna überführt wird ...
Ihre dankbare M.
Dr. Schmuck in Wien scheint für Anna unentbehrlich gewesen zu sein. Sie dankt überschwänglich für seinen Rat und seinen Beistand, überschüttet ihn

nahezu mit immer neuen Bitten und fleht ihn gleichzeitig an, sie und Franzi nicht im Stich zu lassen.

Erzherzog Johann hatte testamentarisch über keine Einzelheiten betreffs seiner letzten Ruhestätte verfügt, *Tiroler Boden* und *Tiroler Erde* waren seine häufig ausgesprochenen Wünsche, die für Anna zu erfüllen selbstverständlich war. Die Wahl des Ortes Schenna bei Meran für ein Mausoleum war unumstritten. Doch der Bau sollte sich als äußerst langwierig und schwierig erweisen, dessen Kosten die veranschlagte Summe von 120.000 Gulden bei weitem übertrafen. Anna hatte Entwurf und Bauleitung beim Wiener Architekten Moritz Wappler in Auftrag gegeben. Stilistisch ist der Bau der Neogotik zuzurechnen, eine Richtung, die, aus England kommend, langsam auch hier zur Mode geworden war. Erste neogotische Bauelemente finden sich allerdings schon Jahrzehnte vorher beim Bau der Kapelle am Brandhof. Das neben der Pfarrkirche von Schenna gelegene Mausoleum sollte aus einem Sakralraum und einer darunter gelegenen Krypta bestehen.
Anna, in großer Sorge, die Zahlungen nicht leisten zu können, teilt vier Jahre nach dem Tod des Erzherzogs dem Sohn ihre Finanzierungspläne für Schenna mit:
Graz 2ten Jänner 863
Du glaubst nicht wie kalt es im 2.-ten Stock ist – oft zu arg.
Lieber Sohn!
Danck für Deine und Resas Zeilen von Gestern – welche ich eben jetzt erhilt. Erlaube mir Dir ein Geständniß zu machen – und sey darüber nicht Bösse auf Deine Mutter. Ich kann keine Ruhe bey Tag und Nacht finden – wird der Gruftbau nicht fortgesezt – Du kannst es nicht – so habe ich mich entschlossen es zu thun – ich werde 2100 f von jetzt angefangen bis Ende November 1863 geben – ich verlange von Dir nichts – als 3000 f die rechne ich ab – diese hättest Du geben müssen für den Jänner wenn auch der Bau eingestellt wäre geworden – 1800 f gebe ich in Freuden für meinen Platz den ich einstens in der Gruft einnehmen werde – sorge Dich gar nicht wocher ich das Geld nehme – es wird nach Schönna von Monath zu Monath pünktlich gesendet werden –. Heute sendet Wiedermann 3000 f an Sölder die ich schon gab – ich habe mir nur fest bedungen der Bau muß mit die 21 000 f bis Ende November bis zum Dache fertig sein –. Dann in Gottes Nahmen mache du weiters waß Deine Cassa erlaubt und wan sie es erlaubt, es ist doch ein Schluß und kann warten oder klein fortgearbeitet werden. Guter Sohn mache mir keinen Vorwurf, keine Einwendung – es fordert meine innere Ruhe daß ich dieses für Dich und mich thue. Gott wird mir beistehen – Sollte ich im Jahre 1863 vor den November sterben – so bist Du gedeckt. – Mündlich mehr und alles genau – nur muß ich Dich bitten schweige bis Du mit mir gesprochen hast, der guten Resa und Schmuck sage es.
Darf ich hoffen uns bald zu sehen? Vielleicht kommst Du –.

Leider ist von Stainz gar kein Geflügel gekommen darf, oder soll ich noch etwaß senden im Falle Morgen eines ankommt?
Von allen den Meinen hätte ich Dir tausend Glück zu Neuen Jahr schreiben sollen – Doch ich war rein so gedrückt – dieser Tage nun ist es mir besser. Ich umarme Dich von Herzen
Deine treue Mutter Anna
Der in diesem Brief erwähnte Sölder (Franz von Sölder) war der Verwalter von Schloss Schenna, Wiedermann hingegen war früher einer von Franzis Erziehern, später der Sekretär des jungen Grafen.

Anna traf in ihrer Witwenzeit übrigens mehrmals mit Kaiserin Elisabeth zusammen, die Meran und seine Umgebung liebte. Die Kaiserin verbrachte 1870/71 einige Monate mit ihren Töchtern Gisela und Marie Valerie in der Villa Trautmannsdorf bei Meran.
Nach einer Bauzeit von zehn Jahren war das Mausoleum endlich vollendet. Der Unterbau besteht aus Granit, der Sakralraum aus rotem Sandstein. Front und Eingang sind nach Süden ausgerichtet. Die Außenmauer wird nach den Gepflogenheiten der Gotik von Strebepfeilern gestützt, eine durchbrochene Galerie mit Fialen (Spitztürmchen) und Wasserspeiern bildet die zeitgemäße Verzierung. Das Innere der Kirche und der Krypta ist schlicht gehalten. Im Hauptfenster über dem Altar sind die Namenspatrone der erzherzoglichen Familie dargestellt: Johannes, Anna und Franz. Ein großer Sarkophag aus Veroneser Marmor umschließt Johanns und Annas Gebeine.
Bei der Überführung der sterblichen Überreste von Erzherzog Johann ergaben sich ungeahnte bürokratische Schwierigkeiten. Die ehemals habsburgischen Länder Lombardei und Venetien waren nach den Kriegen 1859 und 1866 an das neue Königreich Italien gefallen. Da die kürzeste Strecke für den Transport des Sarkophages die Südbahn war, musste der Zug auch italienisches Staatsgebiet passieren. Die Abfahrt mit einem gewöhnlichen Zug erfolgte am 21. Juni 1869 in Graz. Franz Graf Meran und ein kaiserlicher Kommissär waren bis Laibach die einzigen Begleiter. Auf italienischem Boden war auf Anordnung der österreichischen und italienischen Regierung strengste Geheimhaltung der Aktion angeordnet worden. Erst nach dem Passieren der Tiroler Grenze wurde der Transport mit allen Ehren empfangen. Das letzte Wegstück zwischen Bozen und Meran wurde von Militärmusik, Schützenkompanien und von zahlreichen Tiroler Militär- und Zivilbehörden begleitet. Im Mausoleum warteten Anna und Erzherzog Rainer auf den Sarg, der nach einer stillen Messe in der Krypta verschlossen wurde.
Anna, die ein Leben lang daran gewöhnt war, organisatorische Angelegenheiten selbst zu entscheiden, kümmerte sich nun persönlich um das Vermächtnis, das die Seelenmessen für Johann regeln sollte. Nach ihrem Wunsch sollten bis in alle Ewigkeit, *ad aeternum,* zu Johanns Geburtstag am 20. Jänner,

seinem Sterbetag am 11. Mai, seinem Namenstag am 24. Juni und zu Allerseelen Messen zelebriert werden.
Nach Annas Tod veranlasste Sohn Franz ein weiteres Seelenamt am 4. August, dem Todestag seiner Mutter. Anna, die 26 Jahre nach ihrem Mann starb, wurde 1885 an der Seite Johanns beigesetzt. An der Beerdigung und dem Trauergottesdienst nahmen die Familie ihres Sohnes und Vertreter des Bürgertums und der Aristokratie teil. Die höchstgestellte Persönlichkeit war Erzherzog Franz Ferdinand, der spätere Thronfolger, zu dessen Taufe in Graz Anna 21 Jahre zuvor geladen war.
Die Parte Annas enthält die Worte:

Franz Graf von Meran, Freiherr von Brandhofen, Ritter des goldenen Vliesses, Sr. kais. und königl. apost. Majestät wirkl. Geheimer Rath, k. k. Major bei den Landesschützen zu Pferd in Tirol und Vorarlberg, erblicher Reichsrath, gibt im eigenen und im Namen seiner Gattin Theresia Gräfin von Meran, geborene Gräfin v. Lamberg, Palastdame Ihrer Majestät der Kaiserin, sowie seiner Kinder Anna, Marie, Johann, Franz Peter, Caroline, Rudolf und Albrecht, Grafen und Gräfinnen von Meran, von tiefstem Schmerze erfüllt, Nachricht von dem Hinscheiden seiner innigstgeliebten Mutter, beziehungsweise Schwieger- und Grossmutter, der
Frau Anna Gräfin von Meran,
Freiin von Brandhofen, geborenen Plochl
Witwe weiland Sr. kaiserlich königlichen Hoheit
des durchlauchtigsten Herrn Erzherzogs Johann von Oesterreich etc. welche am 4. August 1885, halb 5 Uhr in der Früh, nach langwierigem Leiden und nach Empfang der heiligen Sterbsakramente sanft verschieden ist.
Die irdische Hülle der theuren Verstorbenen wird Donnerstag den 6. August, 4 Uhr Nachmittags, im Sterbehause zu Aussee eingesegnet und den 8. August in der Familien-Gruft zu Schönna in Tirol beigesetzt.
Das feierliche Requiem wird Montag den 10. August, um 9 Uhr, in der Pfarrkirche zu Aussee abgehalten. Seelenmessen werden in der Domkirche zu Graz, sowie in den Patronatskirchen zu Stainz und St. Stephan gelesen.

Auf der Spurensuche in Schenna und Meran im September 2004 komme ich gerade zurecht, wie das Gerüst für die Restaurierung des Mausoleums abgebaut wird. „Besucher kommen sehr viele, besonders aus Österreich“, ist von dem Herrn, bei dem man Eintritt bezahlt, zu erfahren. An den Wänden der Krypta hängen etwas vergilbte Kränze und Schleifen, eine Gedenktafel aus Marmor weist die Spender aus, die zu einer Restaurierung im Jahr 1973 beigetragen haben: Natürlich ist hier die Familie angeführt, dazu die Länder Steiermark, Südtirol und Nordtirol, viele steirische Organisationen, die Gemeinden Schenna und Stainz – und überraschend und rührend jene beiden Gemeinden, in denen Annas und Johanns Geschichte begann – Aussee und Grundlsee.

Will man auf Spuren von Anna in Schloss Schenna, das, einige Gehminuten vom Mausoleum entfernt, erhöht über dem Ortszentrum liegt, stoßen, kann man bei einer offiziellen Führung, bei der einige Räumlichkeiten zu besichtigen sind, fündig werden. Zuerst betritt man einen Waffensaal, ausgestattet mit Rüstzeug aller Art aus mehreren Jahrhunderten, danach den Rittersaal mit einer Serie von Porträts der Familie Habsburg. Der nächste Raum, auch „Habsburgerzimmer“ genannt, war der Schlafraum des Grafen Franz Meran. Neben verschiedenen Ahnenbildern von der väterlichen Seite der Familie ist hier auch ein Bild von Anna zu bewundern.
Das anschließende Arbeitszimmer Johanns, eingerichtet im Biedermeier-Stil, ist seit seinem Tode fast unverändert. Den Schreibtisch des Erzherzogs, der ehemals in Vordernberg stand, hielt Anna später hier in Ehren. Fotos von Johann in seinen letzten Lebensjahren, weiters solche von Franz und Resa, stehen neben einem Bild, das Anna mit drei Enkelkindern zeigt. Als Besonderheit erwähnt der Führer die Lederaktentasche von Johann. Eine an der Ostseite angebrachte Lithografie von Kriehuber zeigt ein Porträt Annas nach einem von Schrotzberg gemalten Original. Weitere Museumsräume sind das ehemalige Empfangszimmer Annas und daran anschließend jenes Zimmer, in dem sie als Witwe zu schreiben und zu schlafen pflegte. Sehenswert sind natürlich auch die vielen Exponate, die an die Franzosenkriege und an Andreas Hofer erinnern. Die Wiege, in der der Tiroler Volksheld als Kind lag, erinnert stark an Annas Wiege im Meran-Haus von Bad Aussee.
Schloss Schenna befindet sich noch heute im Privatbesitz der Grafen von Meran; Franz Graf Spiegelfeld hat hier mit seiner Familie seinen Wohnsitz.
Bei einem Besuch im Frauenmuseum „Evelyn Ortner“ in der Altstadt von Meran, treffe ich zufällig auf Franz Graf Spiegelfeld, der zwei Verwandte durch die Sonderausstellung anlässlich des 200. Geburtstages von Anna führt. Der offizielle Titel der kleinen Schau lautet: „Eine Bürgerliche unter der Krone – Anna Plochl und das weibliche Universum im 19. Jahrhundert“. Die Exponate, die zumeist aus Meran'schem Familienbesitz stammen, wurden von Graf Spiegelfeld ausgesucht und von der Historikerin Rosanna Pruccoli im Frauenmuseum präsentiert und durch einen Ausstellungskatalog dokumentiert. Graf Spiegelfeld erläutert einige der Objekte, etwa ein Messgewand, das Kaiserin Elisabeth Anna bei einem Aufenthalt in Meran zum Geschenk machte, oder abgeschnittene Haarlocken von Johann, Anna und Franz, Handarbeiten Annas sowie den Schlüssel, mit dem man den Sarkophag Johanns öffnen konnte, um Anna an seiner Seite beizusetzen. Der Graf, der sich als „bloß“ angeheiratetes Familienmitglied bezeichnet, bekennt sich als ein wahrer Fan von Anna, die bis heute in Erinnerungsstücken aus ihrem Alltag in Schloss Schenna weiterlebt.

15

Die Nachkommenschaft

Familientreffen mit fast 1000 Personen

Erzherzog Johann war bereits 47 Jahre alt, als er nach langer Wartezeit endlich mit der Genehmigung seines Bruders die Ehe mit Anna schließen konnte. Der einzige Sohn des Paares, Franz Graf Meran, Freiherr von Brandhofen, erbliches Mitglied des Herrenhauses des k. k. Reichsrates, Major in der Armee und Güterbesitzer, zählte bei seiner Hochzeit erst 23 Jahre. Zwischen dem jungen Grafen und seiner Braut, dem *Hochgebornen Fräulein Therese Reichsgräfin von Lamberg, Freiin zu Ortenegg und Ottenstein, unter Zustimmung Ihrer Mutter, der Hochgebornen Frau Caroline verwitweten Reichsgräfin von Lamberg Freiin zu Ortenegg und Ottenstein, geb. Reichsgräfin von Hoyos, Sternkreuzordens und Palastdame Ihrer Majestät der Kaiserin,* wurde ein Ehevertrag geschlossen, der fünf Punkte enthielt. Im ersten Punkt ist das Versprechen des gräflichen Brautpaares auf eine wechselseitige, nur mit dem Tode zu erlöschende Liebe und Treue verankert. Im zweiten, dritten und fünften Punkt erfolgen detaillierte Bestimmungen über die finanzielle Absicherung der Braut. Im vierten Punkt wird auf die vorrangige Stellung Annas gegenüber ihrer Schwiegertochter hingewiesen:

Viertens: Sichert der gräfliche Herr Bräutigam für seinen Vorsterbungsfall, der Rücklassenden gräflichen Witwe die freie Wohnung in einem ihr beliebigen zu seinem Nachlasse gehörigen Schlosse oder sonstigen Real-Besitze, in der Art zu, daß der gewählte Witwensitz zur ungestörten und unbeschränkten Benützung der eingerichteten Herrschafts- und Dienerschafts-Lokalitäten jederzeit bereit sein solle; – nur wird der zum obigen Zeitpunkt noch am Leben befindlichen Mutter des Herrn Bräutigams, der Hochgebornen Frau Anna Gräfin von Meran, Freiin von Brandhofen das Vorrecht der Wahl ihres lebenslänglichen Aufenthaltes auf einem Schlosse oder Gute ihres Sohnes zustehen.

Der Ehevertrag wurde vom Brautpaar, der Brautmutter, der Mutter des Bräutigams und von mehreren Zeugen eigenhändig unterschrieben und besiegelt. Das Ende des Vertrages lautet:

So geschehen, Schloß Ottenstein am 8. Juli 1862.

Franz Gf. v. Meran m. p. *Als Bräutigam*	*Resa Lamberg m. p.* *als Braut*
Anna Gräfin Meran m. p. *Mutter des Bräutigams*	*Caroline Gräfin Lamberg m. p.* *geborene Gräfin Hoyos als* *Mutter der Braut*

Rudolf Graf Lamberg m. p.
als Zeuge

Anton Graf Szecsen m. p.
als Zeuge

Alphons Graf Mensdorff-Pouilly,
k. k. Oberst, als Zeuge

Alphons Gf. Wimpffen m. p.
k. k. Oberstlieutenant als Zg.

Graf Geisa Festetits m. p.
als Zeuge

Franz Emmerich Graf
Lamberg als Zeuge

Der Name Lamberg war im Kaiserstaat gut bekannt. Ein Vorfahre der Familie, der Diplomat Johann Graf Lamberg, war an den Verhandlungen der Friedensschlüsse von Münster und Osnabrück 1648 nach dem Ende des Dreißigjährigen Krieges beteiligt. Ein weiteres Familienmitglied, der Vater Resas, Franz Graf Lamberg, Kommandant der Truppen in Ungarn, wurde während der Revolutionsunruhen 1848 auf einer Schiffsbrücke bei Budapest ermordet.
Wenige Wochen vor der Hochzeit auf Schloss Ottenstein in Niederösterreich richtet Anna einen Brief an ihre zukünftige Schwiegertochter, in dem sie von dem bevorstehenden Tod ihres Bruders Johann berichtet und um die Besorgung eines Stoffes für ein Trauerkleid ersucht. Die erwähnte graue oder lila Kleiderfarbe galt damals als äußeres Zeichen der Trauer für einen Todesfall, der schon vor einiger Zeit eingetreten war. Anna, die jedes Jahr auf Kur zu fahren pflegte, wollte sich kurz vor der Hochzeit in Töplitz erholen, einem Heilbad in der Untersteiermark, nicht zu verwechseln mit Teplitz-Schönau in Böhmen, das sie in den nächsten Jahren ebenfalls besuchte. Anna klagt, wie so häufig in ihren Briefen, über psychische Erschütterung und körperliche Beschwerden. Ihrer Schwiegertochter Resa, die sie schon vor der Hochzeit als Tochter tituliert, scheint sie herzlich zugetan zu sein:
Graz, 17. Mai 1862
Liebe Tochter!
Die lieben herzlichen Zeilen, die ersten von Deiner Hand, mit denen Du mich erfreuest haben mich mit tiefer Rührung erfüllt! Zum ersten Male lese ich das liebe Mutter das mir die Braut meines theueren Sohnes, meine liebe Tochter entgegenruft, und daß Dir die Worte vom Herzen gehen beweißt mir die Innigkeit jeder Zeile.
Möge Gott seinen reichsten Segen über euren Herzensbund ausgießen, das ist was mein mütterliches Herz wünschet, und nie aufhören wird zu wünschen. Für die liebe Besorgung meiner kleinen Commission danke ich Dir. Ich habe leider die schmerzliche Aussicht bald meinen edlen guten Bruder zu verlieren und betrauern zu müssen –. Lichte graue und Lila Kleider habe ich – ein recht dunkles leichtes Sommerkleid wäre mir nothwendig – wenn Du glaubst Daß jenes was ich in ein Papier wickelte hübsch wäre – bitte ich Dich von diesen Stoff wenn er nicht zu durchsichtig ist, auf ein Kleid zu nehmen, und es meiner Schwester in daß Michaeler Haus zu senden.

Gute Resa wenn es sich thun läßt, waß mir mein Sohn bald Schreiben wird können – möchte ich gerne am letzten May nach Wien kommen – dort zwey Tage bleiben – um so bald wie möglich meine Badekur in Töplitz zu beginnen, damit ich wie ich hoffe bis 6ten July alles vollendet wieder in Wien eintreffen würde – Mein Hals ist beständig leident – Aufregung aller Art haben meine Nerven sehr erschüttert – dazu mein Schmerz am Arm der mich immerfort belästiget, das Bad wird mir gut thun, und dann hoffe ich auch mich am schönsten Tage unseres und auch meines Lebens, mit aller Kraft betheiligen zu können.
Empfehle mich Deiner lieben guten Mutter so wie allen denn lieben Deinen auf das Herzlichste, und empfange von mir aufs neue die Versicherung meiner zärtlichsten Liebe indem ich Dich innigst Umarme und küsse bin ich fürs Leben
Deine aufrichtigste Mutter Anna M.

Schon wenige Monate nach der Trauung wurde Annas Schwiegertochter von Kaiserin Elisabeth zur Palastdame ernannt, eine Auszeichnung über die sich schon Resas Mutter freuen durfte. In dieser Funktion begleitete Gräfin Caroline Lamberg die Kaiserin auf etlichen Reisen, so auch bei deren bekanntem Aufenthalt im Winter 1860/61 auf der Insel Madeira.
Ihre Majestät die Kaiserin haben der Frau Therese Gräfin Meran, geborene Gräfin Lamberg, zu Allerhöchstderen Palastdame zu ernennen geruht. Indem der Unterzeichnete die Ehre hat, Ihre Hochgeboren hievon in Kenntniss zu setzen, verbindet er damit den Ausdruck seiner ausgezeichneten Hochachtung.
Schönbrunn, am 23. November 1863
Unterschrift unleserlich

Die Ehe von Franz und Resa Meran war glücklich, verlief ohne größere Probleme und war mit sieben Kindern – vier Söhnen und drei Töchtern – gesegnet, die in den Jahren 1867 bis 1874 das Licht der Welt erblickten. Der erste Sohn des Paares, geboren am 26. Jänner 1867 in Graz, erhielt nach seinem Großvater Erzherzog Johann in der Taufe dessen Namen. Dieser Johann Graf Meran nannte 1891, eine Generation später, seinen Erstgeborenen nach dessen Großvater Franz. Dessen erster, im Jahr 1934 geborene Sohn wurde wieder Johann genannt. Der Sohn von diesem Johann Graf Meran wurde 1964 in Stainz geboren und trägt den Namen Franz. Nach Familientradition werden die Namen Johann und Franz für den jeweils Erstgeborenen abwechselnd geführt, diese Gepflogenheit hat jetzt die sechste Generation erreicht:
1. Generation:

Erzherzog Johann	∞	Anna Plochl, später Freiin von Brandhofen, Gräfin von Meran
geb. 1782 Florenz		geb. 1804 Aussee
gest. 1859 Graz		gest. 1885 Aussee

2. Generation:

Franz Graf Meran	∞	Theresa Gräfin Lamberg
geb. 1839 Wien		geb. 1836 Preßburg
gest. 1891 Abbazia		gest. 1913 Grundlsee

3. Generation:

Johann Graf Meran	∞	Ladislaya Gräfin von Lamberg
geb. 1867 Graz		geb. 1870 Moor
gest. 1947 Graz		gest. 1952 Graz

4. Generation:

Franz Graf Meran	∞	Wilhelmine Prinzessin von Auersperg
geb. 1891 Graz		geb. 1894 Weitwörth
gest. 1983 Stainz		gest. 1986 Schenna

5. Generation:

Johann Graf Meran	∞	Ingrid Messner
geb. 1934 Graz		geb. 1939 Stainz
gest. 1978 Graz		-

6. Generation:

Franz Graf Meran
geb. 1964 Stainz

Die vorhin erwähnten sieben Kinder von Franz und Resa wurden von Anna in einem zusätzlichen Schreiben zu ihrem offiziellen Testament bedacht. Anna überlegt dabei genau, welche Erinnerungsstücke für ihre Enkelinnen und Enkel geeignet sind:

Meiner lieben Enkelin Anna vermache ich meine fünf Reihen echter Perlen mit Brilliantschließen, zwey briliant Ohrgehänge, eine kleine Perlschließe, alles dieses ist in einem Eteu beisammen – im zweiten Eteu zwey Bracelets, jedes mit sechs Reihen Perlen und Briliant mit Perlen Schließen meinen echten Türkischen Schall – meine echte weiße Spitzengarnitur, meine silberne Toilette mir Spiegel zwey Armleuchter – Lavoar mit Becher.

Meiner lieben Enkelin Maria meine Briliant Broche in Form einer Schleife von echten Perl und Perltropfen und zwey Ohrgehänge von Brilianten und Perlen Tropfen. Daß Bracelet welches Du und Resa mir zu eurer Hochzeit geschenkt habt – mein französisches Umhangtuch, meine echten schwarzen Spitzen und die echte schwarze ... von Spitze.

Meiner lieben Enkelin Caroline ein Anhängsel von echten Perlen mit einem Brillianten in der Mitte – und daß Rococo Collier mit gleichen zwey Ohrringen – ein weisses echtes Spitzentuch.

Meinem lieben Enckel Jochann, die kleine Münzsammlung möchte er als Andencken an seine ihn so liebenten Großmama nehmen – dan meinen silbernen Studier Leuchter mit 4 Arm und eine Berlin Nadel, und meinen Album wenn sie ihm freuen – sonst einen seiner Geschwister geben.

✝

Johann Graf von Meran, Sr. Majestät wirkl. geh. Rat, Ritter des Ordens vom goldenen Vliesse, gibt im eigenen Namen, sowie im Namen seiner Geschwister **Anna Radey**, geb. Gräfin von Meran, **Marie Gräfin von Meran**, **Franz Graf von Meran**, k. k. Major, **Karoline Freiin von Doblhoff-Dier**, geb. Gräfin von Meran, **Rudolf Graf von Meran**, Landespräsident im Herzogtume Bukowina, **Albrecht Graf von Meran**, Curat, seiner Gemahlin **Laja Gräfin von Meran**, geb. Gräfin Lamberg, seiner Schwägerin **Marie Gräfin von Meran**, geb. Prinzessin von und zu Liechtenstein, seiner Schwäger **Johann Nep. Radey**, k. u. k. Major und **Heinrich Freiherr von Doblhoff-Dier**, k. k. Bezirkshauptmann, und aller Enkel, tiefbetrübt Nachricht von dem Ableben seiner innigstgeliebten Mutter, bezw. Schwieger- und Großmutter

Therese Gräfin von Meran

geb. Gräfin Lamberg

Palastdame weiland Jhrer Majestät der Kaiserin und Königin, Dame des Elisabeth-Ordens I. Klasse

welche Donnerstag den 11. September 1913, um 11 Uhr nachts, nach öfterem Empfange der heil. Sakramente im 78. Lebensjahre sanft verschieden ist.

Die entseelte Hülle der teueren Verblichenen wird Samstag den 13. September um 5 Uhr nachmittags im Sterbehause in Grundlsee eingesegnet und hierauf nach Schönna bei Meran zur Beisetzung in der Familiengruft überführt.

Die heil. Seelenmessen werden Dienstag den 16. September um 10 Uhr vormittag in der Hof- und Domkirche zu Graz und Mittwoch den 17. September, um 9 Uhr vormittag, in der Pfarrkirche zu Aussee gelesen.

Druck von Hans Fitzinger, Bad Aussee.

Parte für Annas Schwiegertochter, Therese Gräfin von Meran, die 1913 in ihrem Haus am Grundlsee verstarb.

Meinem lieben Enckel Franz Peter vermache ich mein Reise Eteui – mit Besteck und Becher – die Stock Uhr von Graf Peter Morzin, ein Vermächtniß an mich – und eine echte Perlen Nadel.
Meinem lieben Enckel Rudolf eine berlen Nadel – meine lange Goldkette – und ein Reise Silberbesteck.
Meinem lieben Albi – die Uhr welche ich immer getragen habe samt Ketterl, die Silbernen Tassen mit Flaschen und Trinkglas und silbernen Zuckerdose, eine Stecknadel mitten eine Perle und kleine Rautel herum – ich bekam es in Franckfurt von meinem lieben Erzherzog.

Der jüngste Enkel Albrecht (Albi) dürfte Annas Liebling gewesen sein. Albrecht war als Kind bekannt für seine Streiche, er wählte die Offizierslaufbahn, quittierte aber bald den Dienst, um Theologie zu studieren, und wurde schließlich Seelsorger in Grundlsee. An der Außenwand der heutigen Pfarre in Grundlsee ist eine Erinnerungstafel mit dem Porträt von Albrecht Graf Meran zu sehen. Albrecht war wegen seiner freundlichen Kontakte zur Bevölkerung äußerst beliebt.

Franz Graf Meran erhielt am Grundlsee vom Obersthofmarschallamt das Testament seiner Mutter.

Natürlich wurde in Annas Testament auch Schwiegertochter Resa bedacht: *Meiner Frau Schwiegertochter Gräfin Resa Meran geb. Gräfin Lamberg – das goldene Herz, welches ich zu meinem 70ten Geburtstage von euch erhilt, dann daß Collier von Kaiserin Ludovica, ferners daß grüne Blatt mit einem Brillianten – ich bekam es von Erzherzogin Dorothea, und mein echt persisches Tuch.*

Für ihren Sohn Franz legt Anna fest, dass einige Gegenstände von besonders ideellem Wert immer im Besitz des ältesten Sohnes der Familie bleiben sollten. Berührend in der Aufzählung wirkt die *Busennadel mit Zirkon*, jenem Stein, den Erzherzog Johann als Pseudonym für Anna während ihrer Brautzeit in seinen Briefen verwendete:

Mein innigst geliebter Sohn! –

Ich bitte Dich, daß Du nach meinem Hinscheiden folgende Wünsche Deiner Mutter zur Erfüllung bringest

1tens Wünsche ich daß nachstehend verzeichnete Gegenstände, welche mir besonders theure Andencken sind stets bey der gräflich Meran'schen Familie in der Art verbleiben, daß sie der jeweils älteste Graf von Meran im Besitze hat.

Diese Gegenstände sind:

a: Mein Diadem von Brillianten

b: Eine Broche von Brillianten in einem Etui, der in der Mitte befindliche große Stein, war ein Vermächtniß der Königin von Sachsen – Schwester Deines Vaters.

c: Zwey Ohrgehänge von Brillianten – in selben Etui.

d: Eine Busennadel mit Zirkon umgeben von kleinen Brillianten. Diese Nadel war das erste Geschenk welches ich von Deinem Vater erhielt.

e: Die Taschenuhr welche Dein Vater die lezten Jahre seines Lebens bis zu seinem Tode trug – und welche ich seit seinem Tode immer bey mir am Bette hatte.

f: Zwey Armreife – der eine von Kaiserin Caroline Auguste der andere mit Lila Stein von der Kaiserin Anna –.

g: Daß Bild ober meinen Betschämel den Hl. Johannes darstellend – eine Gabe Deines Vaters – es ist daß Bild – waß in der Franzensfeste Kapelle am Altar ist.

h: Daß schöne Cruzifix, welches immer in Deiner Eltern Schlafzimmer war – und worauf der letzte Blick Deines scheidenden Vaters geruht – es rührt von Kaiser Franz her.

i: Daß Kreuz von Elfenbein aus Jerusalem – ich erbte es von Erzherzog Franz Karl.

Annas Sohn Franz starb bereits im Alter von 52 Jahren, nur fünf Jahre nach seiner Mutter. Welche Umstände zu seinem Tod bei einem Aufenthalt an der Adria, in Abbazia, führten, ist nicht bekannt.

Nur fünf der sieben Kinder des ersten Grafen Meran – Anna, Johann, Franz, Karoline, Rudolf – hinterließen insgesamt 28 Nachkommen. Maria blieb ehe- und kinderlos, Albrecht verstarb als Priester, die Nachkommenschaft Karolines ist erloschen. Anna konnte weder die Geburt eines Urenkels noch irgendeine Hochzeit ihrer Enkel erleben.

Der bereits erwähnte Historiker Naschenweng publizierte 1982 in der Zeitschrift für Genealogie und Heraldik „Adler“ seine Recherchen zur Nachkommenschaft der gräflichen Familie Meran. Von den noch bestehenden Linien umfasst nach seinen Unterlagen der Zweig des Johann Graf von Meran 80 Prozent der Nachkommenschaft von Erzherzog Johann und Anna. Bei einer weiteren Verästelung dieser Linie liegen die Zweige Goess und Mayr-Melnhof zahlenmäßig in Führung. Naschenweng entwarf einen Stammbaum, der bis zum Jahr 1982 reicht.

Max Graf Meran, ein Mitglied der Familie in der fünften Generation hielt die Weiterentwicklung der Familie in Evidenz. Nach seinen Angaben betrug die Zahl der Nachkommen (mit den Angeheirateten) im Jahr 1994 schon 915 Personen, nach Abrechnung der Verstorbenen 682. Vier Urenkel von Johann und Anna waren 1982 noch am Leben, es waren dies Ladislaja Gräfin Harnoncourt,

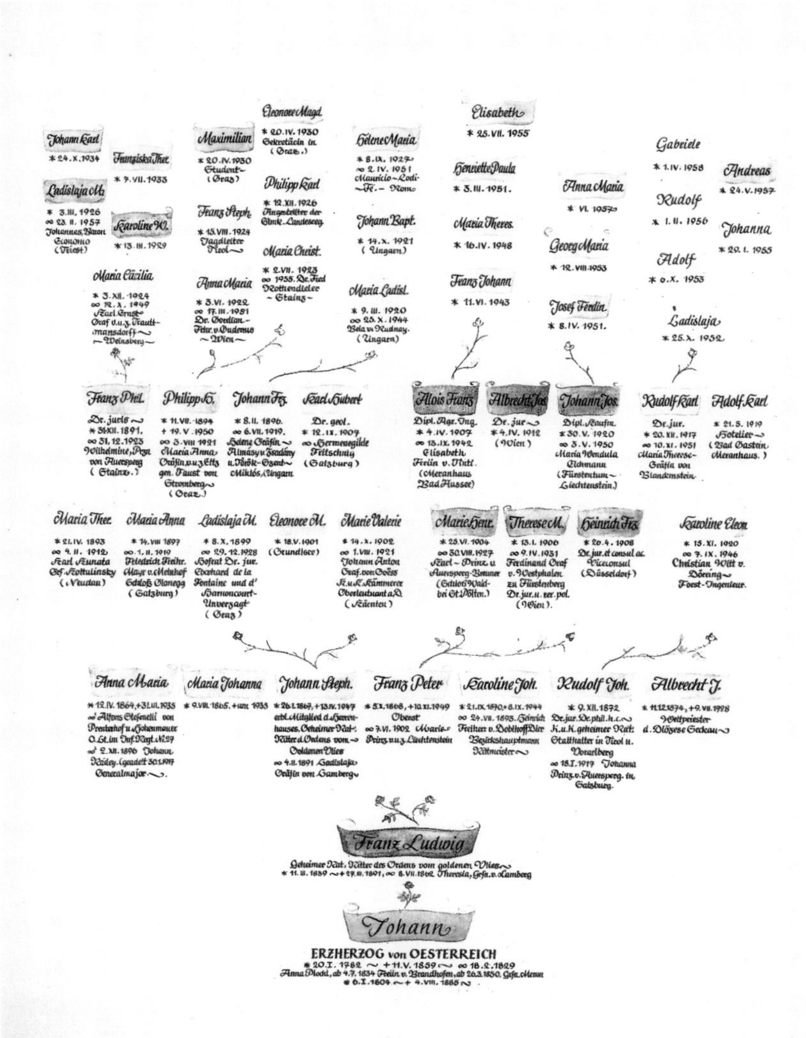

Für das Gedenkjahr 1959, das Erzherzog Johann gewidmet war, wurde dieser heute überholte und ungenaue Stammbaum gezeichnet.

Henriette Prinzessin Auersperg, Heinrich sowie Adolf Graf Meran. Drei Jahre später hatte sich die Zahl der direkten Nachkommenschaft auf 740 erhöht.
Im Juli 2004 nahm Marion Harnoncourt die Aktualisierung der Stammfolge ihrer Familie (genauer gesagt der Familie ihres Gatten) in Angriff. Nach ihren Angaben liegt die Zahl der Familienmitglieder inzwischen bei 892, wovon 830 noch am Leben sind. In der Stammtafel sind alle Nachkommen mit Geburts-, eventuell auch Sterbedaten, Hochzeitsort und -datum angeführt.
Bei einer Durchsicht der Stammtafel kann man in der Generation von Annas Enkeln und Urenkeln auf folgende Familiennamen treffen, die hier jeweils ohne Adelsprädikat oder akademische Titel angeführt sind:

Almasy von Zsadany	Kindermann
Auersperg	Lamberg
Auersperg-Breuner	Liechtenstein
Blanckenstein	Mayr-Melnhof
Doblhoff	Meran
Doblhoff-Dier	Pöll
Eltz	Radey
Frutschnigg	Stefenelli
Goess	Széchényi
Harnoncourt-Unverzagt	Tinti
Hatzfeld	Witt von Döring
Karaisl von Karais	

Die Nachkommen von Erzherzog Johann und Anna leben heute verstreut auf allen Kontinenten, einige Domizile, in denen einst auch Anna lebte, wie etwa Schloss Stainz, Schloss Schenna, das Meran-Haus in Aussee oder der Brandhof, werden auch heute noch von Mitgliedern der Familie Meran bewohnt.

Die Großfamilie pflegt sich an den Jahrestagen wichtiger Anlässe zu treffen. So war es auch im August 1954, als Annas 150. Geburtstag im Ausseer Land gefeiert wurde. Die Festrede am Ufer des Toplitzsees hielt damals der in der Steiermark weithin bekannte Politiker und Universitätsprofessor Dr. Hanns Koren. Die Rede – zweifellos ein Höhepunkt des Festprogramms mit Musik, Umzügen, Trachtengruppen, Festschießen und Theater in den Gemeinden Grundlsee und Bad Aussee – endete mit den folgenden Sentenzen:

Eines dürfen wir nicht vergessen: Erzherzog Johann hat sich die Eheschließung hart erkämpft. Er hätte sie aber nicht erzwungen und wäre an einem wunden Herzen zugrunde gegangen, aber er hätte ohne ausdrückliche Zustimmung seines kaiserlichen Bruders und Herrn nie geheiratet. Er war kein Revoluzzer, er war einer aus einer Zeit, in der man dem Menschenherzen wohl alle Sehnsucht und das Recht auf diese Sehnsucht zubilligte, in der man aber auch noch wußte, daß höher und über dem Verlangen der Herzen das Gesetz steht, das Recht und die Ordnung, und daß niemand ungestraft die Ordnung verletzt, auch wenn es dem Herzen zuliebe geschähe. Vergessen wir nicht, aus der Geschichte dieser beiden Menschen diese Lehre zu ziehen. – Und noch ein zweites müßten wir lernen, das uns der Erzherzog und seine Gemahlin in den Jahren des Wartenmüssens vorgelebt haben: die Geduld als große Tugend des Herzens. Unsere Gegenwart ist durch ein rasendes Tempo gekennzeichnet: aus dem Bereich der technischen Errungenschaften überträgt sich dieses Tempo immer mehr auf alle menschlichen Bereiche. Wir können nichts mehr erwarten, aber aus der Hast wächst Rücksichtslosigkeit und Oberflächlichkeit, aus der Unruhe Unfrieden, aus dem Unfrieden Hass und Zerstörung. Jeder Sämann weiß, daß er nicht am

Abend schon ernten kann, wenn er am Morgen gesät hat, denn jedes gute Ding und jedes Menschenwerk braucht seine Zeit für Wachstum und Reifung ...
50 Jahre später, im Juni 2004, traf sich die inzwischen kräftig angewachsene Großfamilie abermals anlässlich eines runden Geburtstages ihrer Stammmutter Anna Gräfin von Meran, geb. Plochl, in Aussee. Das Familientreffen unter dem Motto „200 Jahre Anna Plochl", das vom 25. bis zum 27. Juni 2004 anberaumt war, wurde von mehr als 600 Nachkommen besucht. Den Auftakt der Festlichkeiten bildete nach alter Tradition ein „Anna Meran Geburtstagsschießen" auf der Schießstatt der Grundlseer Schützengesellschaft in Gaiswinkl am Grundlsee.

Am Samstag, dem 26. Juni, trafen alle Zweige der Familie bei strahlendem Wetter am Meranplatz ein, vor dem Geburts- und Sterbehaus von Anna. Farbige Namensschilder, Essensbons, Pläne für die Wanderung zum Grundlsee und die Programmabfolge wurden ausgeteilt. Der Busverkehr war vorübergehend eingestellt, Musikkapellen rückten an, immer mehr Menschen aller Altersgruppen, zumeist in Tracht, strömten auf den Meranplatz. Auffallend dabei die vielen jungen Leute und Familien mit zahlreichen Kindern. Der Hausherr, Franz Graf Meran, begrüßte die große Schar der Anwesenden mit der Anrede „Liebe Familie", erwähnte, das Familienmitglieder aus zwölf verschiedenen Ländern eingetroffen seien und die weiteste Anreise aus Chile erfolgt sei. Der älteste Teilnehmer am Fest war der Stiefvater des Gastgebers, der an diesem Tag gerade seinen 92. Geburtstag feiern konnte.

Nach einer Ansprache von Bürgermeister Marl, der Anna als die berühmteste Ausseerin bezeichnete, begannen sich die Familien langsam zu formieren und die Wanderung in Richtung Grundlsee in Angriff zu nehmen. Eine Zeit lang wurden sie dabei von einer Musikkapelle begleitet. Für ältere Personen und Familien mit kleinen Kindern standen Busse zur Verfügung. Nachmittags gab es Rundfahrten auf dem Grundlsee, den traditionellen Spaziergang zum Toplitzsee, dort spielte Musik, es gab Gespräche und familiäre Unterhaltung mit Maritzi Trautmannsdorf, die Einzelheiten aus dem Leben ihrer Ururgroßmutter Anna erzählte. Weitere Programmpunkte bildeten ein Treffen der Familien in einem Festzelt beim Gasthof „Veit" und zum Abschluss am Sonntag eine Festmesse in der Pfarrkirche von Bad Aussee. Innerhalb der Großfamilie ist es üblich, die Vornamen abzukürzen, so sind in der Aufstellung der Nachkommen von Erzherzog Johann und Anna etwa die Namen Laja, Lotti, Fanny, Theresl oder Niki, Pilly, Apo und Rusch zu finden.

Wäre Anna über ein so großes Fest zu ihren Ehren zufrieden gewesen? Sie stand nicht gern im Mittelpunkt, und trotzdem konnte sie das erreichen, wovon sie schon als junges Mädchen träumte: Anerkennung in einer großen Familie und die Weitergabe von Wertvorstellungen im Sinne ihres Gatten an die nachkommenden Generationen.

Gespräche mit einer Ururenkelin

Mehrfach hatte ich in den Monaten, während ich für dieses Buch recherchierte, die Gelegenheit, mit Frau Charlotte Keil-Meran zu sprechen. Obwohl der Wohnsitz der Dame nur fünf Minuten von mir entfernt liegt, ist es nicht leicht, sie zu erreichen – „ständig unterwegs", wie ihre Ururgroßeltern Anna und Johann. Frau Keil-Meran reist sehr gerne, sei es zu Verwandten wie etwa nach Marbella oder zu ihrem Sohn Matthias, der Pfarrer in Göss bei Leoben ist, oder zu ihren anderen Kindern, die sie inzwischen zur stolzen neunfachen Großmutter gemacht haben. Sie verbringt jedes Jahr viele Wochen in ihrem Sommerhaus in Ligist, wo sie auch häufig Besuche der weit verzweigten Familie erhält. „Es ist wichtig, dass sich die Kinder an ein Haus erinnern", meint Frau Keil-Meran und erzählt von ihrer Kindheit, von den Sommerferien am Brandhof. Ihre Großeltern, Johann Graf Meran und Ladislaja, geb. Gräfin von Lamberg, hatten alljährlich ihre Enkel auf den Brandhof eingeladen. Von den insgesamt 45 Enkelinnen und Enkeln waren oft mindestens 30 zur gleichen Zeit zugegen. Sie erzählt von den Spielen und Aktionen der Kinder, wie etwa von einer Wanderung nach Mariazell mit ihren Cousins Philipp und Nikolaus Harnoncourt. Die beiden Buben hatten ihre Cousine auf dem Rückmarsch vorübergehend ihrem Schicksal überlassen, um selbst per „Traktor-Stopp" wieder auf den Brandhof zu kommen. „Der Großvater war eine richtige Respektsperson mit durchdringenden blauen Augen", die Großmutter hingegen widmete ihren Enkeln viel Zeit, sie war sehr ideenreich, was die Beschäftigung der Kinderschar anbelangte, organisierte alle Spiele und Wanderungen. Nur die „langweilige tägliche Vorlesestunde" hat Lotti, wie Frau Keil-Meran schon damals in der Familie genannt wurde, nicht in angenehmer Erinnerung.

Meine Gesprächspartnerin ist die dritte Tochter von Franz Graf Meran und Wilhelmine, geb. Prinzessin von Auersperg. Das Paar hatte bereits vier Töchter, als 1934 endlich ein Sohn geboren wurde, der nach der Familientradition den Namen Johann und das Majorat erhielt. Der Bruder wurde in Graz geboren, Charlotte kam im Schloss Stainz zur Welt. Für die Kinder wurden anfangs „langweilige Hauslehrer" engagiert, gar zu gerne wäre die damals schon unternehmungslustige Lotti in eine öffentliche Volksschule gegangen. Im Jahr 1937 übersiedelte die Familie nach Graz und bezog das Palais Meran in der Leonhardstraße, das heute die Universität für Musik und darstellende Kunst beherbergt. Die kleine Lotti durfte nun die Volksschule bei den Ursulinen besuchen. Frau Keil-Meran erinnert sich gut an die großen Räume des Palais, den Garten mit seinen vielen Winkeln und einer geheimnisvollen Pforte, die heute noch existiert. Nach der Matura, einige Jahre nach dem Kriegsende, wollte die junge Frau Journalistik studieren, was ihr aber vom strengen Vater verboten wurde. Nach einem erlaubten Sprachstudium folgten Jahre beruflicher Tätigkeit in den USA und in Paris. 1955 nahm sie das Angebot ihres

Vaters an, ihn als Sekretärin zu unterstützen. Dadurch ergab sich wieder der unmittelbare Kontakt zu den Traditionen und der Geschichte der Familie.
Die junge Frau begann sich intensiv für die Geschichte des Brandhofs zu interessieren und hatte viel Freude, den Besitz mit seiner Fülle an Reminiszenzen, die auf Johann und Anna hinweisen, fremden und bekannten Besuchern zu erklären. Diese Tätigkeit ist Jahrzehnte später, nachdem die inzwischen erwachsenen Kinder das Haus verlassen haben, zu einer Leidenschaft geworden, von der ein reiselustiges und historisch interessiertes Publikum profitieren kann. Frau Keil-Meran ist seit 1986 bei der Urania in Graz als Reiseleiterin engagiert, sie unternimmt in dieser Funktion jährlich mehrere Reisen, von denen die Tagesfahrten zum Brandhof und nach Pickern so begehrt sind, dass sich regelmäßig lange Wartelisten ergeben.
Die Dame gibt mir Einsicht in Abschriften von Briefen Annas, die nicht zu den Beständen des offiziellen Archivs Meran gehören. Im Gegenzug kann ich auf wieder entdeckte Dokumente verweisen, die das Leben und die Lebensgeschichte ihres Urgroßvaters Franz Graf Meran I. illustrieren. Frau Keil-Meran gilt als sehr energisch, trotzdem humorvoll, historisch kompetent, belesen und traditionsverbunden – eine Meinung, der ich mir nur anschließen und durch weitere Eigenschaften wie hilfsbereit und immer bereit für neue Herausforderungen ergänzen kann.

16

Recherchen in Wort und Bild

Steiermärkisches Landesarchiv – Steiermärkische Landesbibliothek – Anna Plochl im Internet

Landesarchiv

Als eine der wesentlichen Anlaufstellen für die Recherche zu dieser Biografie hat sich das Steiermärkische Landesarchiv in Graz erwiesen. Das Archiv hat es sich zur Aufgabe gemacht, die schriftlichen und bildlichen Quellen aus mehr als 1000 Jahren der Geschichte der Steiermark zu sammeln, zu bewahren und zu erschließen. Mit seinen rund 55.000 Regallaufmetern ist es das größte Landesarchiv Österreichs. Die Einsichtnahme in die Bestände ist unter den üblichen Bedingungen wie etwa dem Erwerb einer Archivkarte und der Einhaltung der Benützungsordnung möglich. Die Atmosphäre in dem weiträumigen Haus am Karmeliterplatz in Graz ist freundlich, die Mitarbeiter äußerst hilfsbereit. Unter dem wissenschaftlichen Personal wird Frau Dr. Elke Hammer-Luza zu meiner wichtigsten Gesprächspartnerin. Die junge Dame ist Historikerin und hat nach dem Abschluss ihres Studiums eine weitere Ausbildung am Institut für Österreichische Geschichtsforschung absolviert und diese mit dem Titel MAS (Master of Advanced Studies) abgeschlossen. Schwerpunkt dieser Schulung war die Paläographie, die Entzifferung alter Schriften, ausgehend vom Mittelalter bis ins 20. Jahrhundert. Frau Hammer-Luza erzählt von den verschiedensten Aufgaben einer Archivbeamtin und berichtet über die zahlreichen Anfragen – angefangen von Familienforschung bis zu alten Ortsbildern oder alten Gerichtsakten. Von „verstaubter Archivatmosphäre" ist bei dieser Tätigkeit nichts zu bemerken. Zu Beginn meiner Suche im Archiv ist bald geklärt, wo und wie ich eventuell fündig werden könnte, mehrere Kataloge zu speziellen Archiven sind zu durchforsten. Bald stellen sich erste Ergebnisse ein, es gibt wesentlich mehr Hinweise über Anna und eine Vielzahl von Briefen aus ihrer Hand, als ich anfangs vermuten konnte.

Ein großer Teil der schriftlichen Quellen zum vorliegenden Buch stammt aus dem Archiv Meran in Graz. Dieses umfangreiche Archiv gibt nicht nur Einblicke in das Privatleben Erzherzog Johanns und seiner Familie, sondern es ist auch von unschätzbarem Wert für die detaillierte Erforschung der Geschichte der Steiermark und für die Kultur- und Wirtschaftsgeschichte des Kaiserstaates Österreichs. Das Archiv umfasst heute 312 Kartons mit jeweils mehreren Heften, die wiederum die verschiedensten Schriftstücke enthalten. Dieses

von Amtsblättern, da die strengen Zensurbestimmungen keine politischen Nachrichten durchließen und auch bei negativen Meldungen wie Bränden, Mißernten und Verbrechen den Rotstift ansetzen ließen ..., schreibt Dr. Hannes Lambauer, Bibliothekar der Steiermärkischen Landesbibliothek in Graz, in einem Beitrag zur Landesausstellung 1982 mit dem Thema „Erzherzog Johann von Österreich".

Das Lesen dieser Blätter mit politischem, literarischem oder wissenschaftlichem Inhalt war für die Bürger ab dem Jänner 1819 möglich geworden. Der Erzherzog, der schon 1811/12 eine Bibliothek als organischen Bestandteil des Joanneums gegründet hatte, war behilflich, die Statuten des Lesevereins auszuarbeiten und sie dem Polizeiminister Josef Graf Sedlnitzky vorzulegen, der sozusagen die oberste Instanz der Zensur verkörperte. Die Begutachtung fiel günstig aus, der Kaiser bestätigte die Statuten, Johann wurde zum Präses des Vereins ernannt. Die Zahl der Mitglieder des Vereins wuchs rasch an, ebenso die Zahl der aufgelegten Periodika, die 1844 bereits mehr als 200 Exemplare betrug. Johann war es sogar gelungen, von Kaiser Ferdinand die Erlaubnis zu erhalten, den Mitgliedern des Lesevereins 16 Zeitschriften anzubieten, die sonst im ganzen Kaiserstaat verboten waren. Die einzige Einschränkung war dadurch gegeben, dass jeder Interessent die gewünschte Zeitschrift in der Direktionskanzlei persönlich abzuholen hatte.

Johann hatte der Bibliothek einen beachtlichen Grundstock von Büchern aus seinen privaten Beständen hinterlassen. Diese 1811 dem Joanneum geschenkten Bände aus allen Wissensgebieten sind durch einen Halbledereinband und Golddruck-Ornament am Rücken zu erkennen. Das Exlibris auf der Innenseite zeigt den mit dem Fürstenhut gezierten, gespaltenen Schild mit dem Habsburger-Löwen im rechten Feld, im linken den österreichischen Bindenschild. Obwohl Johann die Bibliothek bis zu seinem Tod laufend beschenkte, konnte er seinem Sohn 6500 Werke hinterlassen, die im Palais Meran und im Schloss Stainz gelagert waren.

Kernstück der seit etwa 125 Jahren als so bezeichneten Landesbibliothek ist die Styriaca-Abteilung, die alle Werke über die Steiermark, alle Werke von steirischen Autorinnen und Autoren sowie alle in der Steiermark verlegten Publikationen umfasst.

Drei große Landesausstellungen wurden in den letzten 50 Jahren von der Landesbibliothek organisiert, gestaltet und betreut, den Auftakt bildete 1959 die Schau, die dem Gedenken an Erzherzog Johann gewidmet war.

Heute beträgt der Buchbestand der Bibliothek etwa 700.000 Bände, davon weit über 100.000 Styriaca. Auf der Spurensuche über Johann und Anna ist ein häufiger Besuch der Landesbibliothek unumgänglich. Hier ist nicht nur die gesamte Literatur aufzustöbern, es gilt Zeitschriften durchzusehen und in – auf Mikrofilmen gespeicherten – Zeitungsartikeln Hinweisen und Berichten über Anna nachzugehen. Hannes Lambauer – Experte zum Thema Alpinis-

Die berühmteste Ausseerin in der Steirischen Ehrengalerie im Burghof von Graz.

mus und „Erzherzog Johann in den Bergen" – ist unermüdlich bemüht, alle im Haus verfügbaren Quellen zum Thema Anna Plochl aufzustöbern.
Das Buch des Reiseschriftstellers Basil Hall mit dem Titel „Schloss Hainfeld or a Winter in the Lower Styria" aus dem Jahr 1836 zählt zu den gehüteten Raritäten wie auch die Schrift von F. C. Weidmann, der 1828 über das Fest zur Einweihung des Brandhofes berichtet. Die Briefe Annas im Kapitel „Haushalt und Gesellschaft – Zwischen Biedermeier und Gründerzeit" gehören im Original nebst anderen Briefen aus der Hand des Erzherzogs zu Sondersammlungen der Bibliothek, zu denen etwa auch Inkunabeln, steirische Frühdrucke, Handschriften (Nachlässe, Autographen, Briefe), Karten ab dem 16. Jahrhundert und eine umfangreiche Theaterzettelsammlung zählen.

Anna Plochl im Internet

Hunderte Treffer ergibt die Suche nach Anna im Internet. Die Schlagworte „Anna Plochl", „Anna Freiin von Brandhofen", „Anna Gräfin Meran" enthalten im Ergebnis unzählige Informationen und Links aus dem weit gestreuten Bereich des Tourismus und der Modebranche, etliche zum Thema Genealogie der „kaiserlichen Verwandtschaft" und der Nachkommen Annas und einige, die Ausstellungen und Veranstaltungen zu Ehren Annas im Jahr 2004 betreffend. Allerdings gibt es nur wenige Links, die irgendeinen historischen Aspekt aus dem Leben Annas beleuchten.
Ohne eine Wertung oder Rangordnung der Eintragungen vornehmen zu wollen, sei nun auf einige interessante oder kuriose Informationen hingewiesen. Viele Hotels und Gastronomiebetriebe und sogar ein Tauchkurs im Ausseer Land werben mit der Tatsache, dass in dieser Gegend die Liebesgeschichte zwischen Johann und Anna begann. „Anna Plochl Appartements"

in Altaussee und in Stainz oder ein „Anna Plochl Stüberl" in Thernberg wetteifern mit einem „Anna-Plochl-Zimmer", das sich für größere Feiern anbietet, im Hotel „Erzherzog Johann" in Graz. „Anna-Plochl-Menüs" werden von der Gastronomie auf Speisekarten angeboten, Rezepte zum Nachkochen aus dem Kochbuch Annas bietet das Buch von Herta Neunteufl an, das 2005 in Bad Aussee neu aufgelegt wurde.
Weitere Hinweise aus Annas Heimat ergeben Berichte über die Brauchtumsexpertin Nelly Amon, die im Ausseer Kammerhofmuseum nicht nur Krippen, sondern auch Dioramen zum Thema Johann und Anna nach Gemälden von M. Loder und J. Gauermann hergestellt hat.
Ab März 2005, zur Zeit der Drucklegung dieses Buches, wird 120 Jahre nach dem Tod der „bekanntesten Ausseerin" der für 500 Personen Platz bietende „Anna-Plochl-Saal" im Kurhaus von Bad Aussee adaptiert und bei Veranstaltungen vom gegenüberliegenden Hotel „Erzherzog Johann" administrativ und bei Bedarf kulinarisch betreut.
Selbstverständlich finden auch andere Schauplätze wie der Brandhof, Stainz, Schenna oder Gastein im Internet Erwähnung.
Neben dem potenziellen Erwerb österreichischer Trachtenmode findet der neugierige Leser oder die interessierte Leserin unter www.volkskultur.steiermark.at wissenschaftliche Hinweise über die Geschichte der steirischen Tracht, nebst einem Brief, den Johann im Zusammenhang mit seiner grundsätzlichen Meinung über Tracht und Tradition an Anna schrieb.
Weitere Kurzinformationen über Anna vermitteln das Land Steiermark, ein Bericht des TV-Magazins „Alpen-Donau-Adria" und die Geschichte des Anna-Kinderspitals in Graz, eingebettet in die Geschichte des Landeskrankenhauses.
Abschließend sei noch „Woment" (www.woment.at) erwähnt, die Website einer Gruppe, die die Bedeutung von Frauen in Geschichte, Gesellschaft und Politik intensiver betonen möchte, oder die „CeiberWeiber-Damenwahl" (www.ceiberweiber.at), bei der die bekannteste Steirerin zu wählen war, oder der Bericht vom Internationalen Frauentag 1994, an dem die von der Grazer Künstlerin Lia Rigler gestaltete Bronzebüste Annas in der Steirischen Ehrengalerie im Grazer Burghof feierlich enthüllt wurde.

Zeittafel

	Johann und Anna	Österreich und Nachbarstaaten
1782	20. Jänner: Johann Baptist (Erzherzog Johann von Österreich) wird als 13. von 16 Kindern des Großherzogs Leopold von Toskana (des späteren Kaisers Leopold II.) und der Maria Ludovika (Tochter König Karls III. von Spanien) in Florenz im Palazzo Pitti geboren. Regierung und Erziehung der Kinder im Sinne der Aufklärung.	Kaiser Joseph II. (Onkel Erzherzog Johanns) beginnt im Rahmen seiner Reformtätigkeit mit der Aufhebung von Klöstern. Papst Pius VI. trifft sich daraufhin mit dem Kaiser. Toleranzpatent für Juden (im Jahr zuvor für Protestanten und Griechisch-Orthodoxe). Mozart: „Die Entführung aus dem Serail" – erste Oper in deutscher Sprache.
1790	Der Vater Johanns wird als Leopold II. Kaiser des Reiches; die Familie übersiedelt von Florenz nach Wien.	Tod Josephs II., Regierungsantritt seines Bruders Leopold II.; Rücknahme vieler Reformen. Ferdinand, der zweitgeborene Sohn Kaiser Leopolds, übernimmt die Toskana. Der Schriftsteller Ferdinand Raimund wird geboren.
1792	Johann verliert mit zehn Jahren Vater und Mutter, sein ältester Bruder Franz wird Kaiser (Franz II.) des Reiches. Kaiser Franz leitet die Erziehung seiner jüngeren Geschwister. Schweizer Erzieher Johanns beeinflussen sein Interesse für die „Gebürgsbewohner", die Natur, demokratische Einrichtungen.	Tod Kaiser Leopolds II., Regierungsantritt Kaiser Franz' II. Sturz Ludwigs XVI. – Frankreich wird Republik. Im nächsten Jahr stirbt der König und sein Gattin Marie Antoinette (Tante Erzherzog Johanns) unter der Guillotine. Frankreich besetzt die Österreichischen Niederlande. Erster Koalitionskrieg zwischen Frankreich und mehreren europäischen Staaten.
1800	Johann übernimmt mit 18 Jahren nominell ein Truppen-Oberkommando; Niederlage gegen die Franzosen bei Hohenlinden. Die Universität Innsbruck ernennt ihn zum Rektor auf Lebenszeit.	Napoleon besiegt die Österreicher bei Marengo, siegreicher Ausgang des Zweiten Koalitionskriegs für Frankreich. 1797: Joseph Haydn komponiert die Volkshymne (Kaiserhymne); 1797 wird Franz Schubert in Wien geboren, 1799 Alois Negrelli in Südtirol geboren. Erstbesteigung des Großglockners.
1801	Johann wird Generaldirektor des österreichischen Festungsbau- und Verteidigungswesens. In dieser Funktion Beginn von ausgedehnten Wanderungen und Reisen.	Friede von Lunéville zwischen Frankreich und Österreich; der Rhein wird Reichsgrenze; Friede von Campoformido (1797) bestätigt (Österreich erhält Venetien, Istrien, Dalmatien).

1804	6. Jänner: Anna wird in Aussee als älteste Tochter von 13 Kindern des k. k. Postmeisters Jakob Plochl und dessen Frau Maria Anna geboren. Bekanntschaft und Freundschaft Johanns mit Andreas Hofer. Auf Veranlassung Johanns erfolgt die Erstbesteigung des Ortlers (höchster Berg des Kaiserstaates).	Napoleon krönt sich zum Kaiser der Franzosen. Kaiser Franz II. (der älteste Bruder Johanns) nimmt als Franz I. den Titel Kaiser von Österreich an. Moritz von Schwind in Wien geboren; Johann Strauß Vater geboren.
1805	Österreich verliert vorübergehend Tirol: Das Land wird von Bayern und Franzosen besetzt. Johann verlegt seinen Wohnsitz von Wien (Schönbrunn) nach dem von ihm gekauften Schloss Thernberg in Niederösterreich. Er wird Generaldirektor der Theresianischen Militärakademie in Wiener Neustadt.	Bereits Dritter Koalitionskrieg europäischer Mächte gegen Frankreich. Beethovens „Eroica“ in Wien aufgeführt. Napoleon verbündet sich mit Bayern und erhebt es zum Königtum. Sieg Napoleons bei Austerlitz. Friede von Preßburg – Österreich verliert vorübergehend weite Gebiete, erhält dafür Salzburg.
1808	Aufbau der Landwehr in Innerösterreich (Steiermark, Kärnten, Krain, Küstenland); Andreas Hofer trifft sich mit Johann in Wien.	Landwehrpatent von Kaiser Franz erlassen.
1809	Aufstand der Tiroler unter Andreas Hofer gegen die Fremdherrschaft der Bayern und Franzosen. Johann leitet Militäraktionen in Oberitalien. Sieg bei Sacile. Befohlener Rückzug. Johanns Armee kann in der Schlacht bei Deutsch-Wagram bei Wien nicht mehr eingreifen.	Napoleon beherrscht große Teile Europas. Der Freiheitskampf der Tiroler unter Andres Hofer scheitert. Erzherzog Karl (ein Bruder Johanns) siegt über Napoleon bei Aspern, verliert bei Deutsch-Wagram. Napoleon zieht als Sieger in Wien ein. Er residiert 158 Tage in Schönbrunn.
1810	Aufenthalt in Thernberg; ausgedehnte Wanderungen im steirischen Salzkammergut.	Andreas Hofer auf Befehl Napoleons in Mantua erschossen. Marie Louise, die älteste Tochter des Kaisers, heiratet aus Staatsräson Napoleon.
1811	Schenkung der privaten Sammlungen an das von Johann neu gegründete „Joanneum“ in Graz. Aus diesem „Innerösterreichischen Nationalmuseum“ entwickeln sich später u. a. die Montanuniversität in Leoben und die Technische Universität in Graz; ab 1811/12 Leseanstalt am Joanneum.	Napoleon (Franz), später Herzog von Reichstadt, der Sohn Napoleons und der Marie Louise (Nichte Erzherzog Johanns), wird geboren. Staatsbankrott; Veröffentlichung des Allgemeinen Bürgerlichen Gesetzbuches.

1814	Zahlreiche Wanderungen in der Steiermark.	Napoleon abgesetzt – erhält die Insel Elba als selbstständiges Fürstentum. Marie Louise erhält Fürstentum Parma. Zusammentreffen von Vertretern aller europäischen Mächte in Wien.
1815	Anregung zur Erforschung und Darstellung der steirischen Landesgeschichte und des steirischen Brauchtums. Studienreisen Johanns im Auftrag des Kaisers nach Frankreich, Belgien, England, Schottland zur Erforschung von technischen und montanistischen Einrichtungen – Treffen mit James Watt.	Neuordnung Europas am Wiener Kongress unter der Leitung Metternichs. Napoleons „Herrschaft der 100 Tage"; endgültige Niederlage bei Waterloo. Napoleon wird nach St. Helena verbannt. In Österreich absolutistische Regierung; Klemens Fürst Metternich verhindert alle liberalen und nationalen Strömungen. Ein Bündnis, die „Heilige Allianz", zwischen Österreich, Preußen und Russland garantiert in diesem Sinn gegenseitige Unterstützung.
1817	Wirtschaftliches Notjahr in der Steiermark. Förderung des Kartoffelanbaues in der Steiermark durch Erzherzog Johann.	Wartburgfest – Kundgebung für Einigung aller deutschen Staaten. Verschärfung der Zensur; Einsatz von „Vertrauten" und „Spitzeln".
1818	Johann erwirbt den Brandhof am Seeberg bei Mariazell; Beginn des Ausbaues zum landwirtschaftlichen Mustergut.	Erstes Donaudampfschiff „Carolina".
1819	Gründung der steirischen Landwirtschaftsgesellschaft; Errichtung von zahlreichen Filialen. Erstes Zusammentreffen Johanns mit Anna Plochl am 22. August am Toplitzsee und Grundlsee; weitere Treffen im Laufe des Jahres im Ausseer Land. Gründung der „Leseanstalt" (später Landesbibliothek) am Joanneum.	„Karlsbader Beschlüsse", Verbot der Burschenschaften; Metternich bekämpft die liberalen Forderungen mit Polizeikontrollen, Zensur, Versammlungsverbot und strengen Strafen. Der Bundestag des Deutschen Bundes in Frankfurt ist einstimmig dafür. Das Bürgertum zieht sich ins Privatleben zurück – Biedermeierzeit.
1821	Johann wird am Brandhof durch einen Stier schwer verletzt.	Griechischer Freiheitskampf gegen die Türken beginnt. Metternich wird Haus-, Hof- und Staatskanzler.
1822	Eine Erbschaft ermöglicht mehrere Ankäufe. Erwerbung eines Weingutes in Pickern bei Marburg, Kauf eines Hauses, Radwerkes und Schmelzofens in Vordernberg; Johann wird Radmeister in Vordernberg. Verbot der „Erzherzog Johann-Tracht" in Wien. Mehrere Treffen zwischen Anna und Johann.	Herzog Albert von Sachsen-Teschen (Schwiegersohn Maria Theresias) stirbt, Begründer der Albertina in Wien; Erben sind u. a. seine Neffen Erzherzog Karl und Erzherzog Johann.

1823	Johann erläutert seinem Bruder, dem Kaiser, seine Eheabsichten. Er trifft sich mit Vater Plochl. Kaiser erteilt schriftliche Heiratserlaubnis. Vorbereitung für eine Hochzeit auf Burg Strechau. Kaiser schränkt Heiratserlaubnis ein. Johann verzichtet daher auf die Heirat – nimmt aber Anna als „Hausfrau" nach Vordernberg.	Erzherzog Karl errichtet im Helenental bei Baden die Weilburg; Uraufführung „Der Barometermacher auf der Zauberinsel" von Ferdinand Raimund; Voigtländer erfindet das Opernglas. Blütezeit der Biedermeierkultur bis 1848 – Wien wird zur Weltstadt der Musik, Theater (Volksstücke), Kaffeehäuser, Walzer, Mode, Möbel, Porträtkunst.
1826	Kuraufenthalt Johanns in Gastein. Anna ist die meiste Zeit des Jahres allein in Vordernberg, gelegentlich am Brandhof, dessen Umbau im Gange ist.	Johann Strauß Sohn 1825 wird geboren. Der Maler Josef Danhauser ist im Auftrag von Ladislaus Pyrker, dem Dichter und Patriarchen von Venedig (Freund Johanns) tätig. Ferdinand Raimund: „Der Bauer als Millionär".
1827	Anna ist allein zur Kur in Gastein. Aufrichtung des großen eisernen Kreuzes auf dem steirischen Erzberg auf Anregung und in Anwesenheit Erzherzog Johanns. Neuerliche Aussprache Johanns mit dem Kaiser, die Eheschließung betreffend.	Ludwig van Beethoven stirbt in Wien; Wilhelm von Tegetthoff wird im steirischen Marburg geboren.
1828	Verkauf von Thernberg. Tod von Vater Plochl. Großes Fest zur Einweihung des Brandhofes. Ankauf eines Grundstücks in Graz, Baubeginn eines Hauses in Gastein.	Franz Schubert stirbt in Wien, Ignaz Bösendorfer gründet in Wien eine Klavierfabrik.
1829	Gründung der Wechselseitigen Brandschaden-Versicherungs-Gesellschaft. Kaiser gestattet Hochzeit. 18. Februar: Trauung Erzherzog Johanns mit Anna Plochl in der Kapelle des Brandhofes. Johann und Anna zur Kur in Gastein.	Gründung der DDSG. Joseph Ressel unternimmt eine erfolgreiche Probefahrt mit dem Dampfschiff „Civetta" im Hafen von Triest. Friede zu Adrianopel: Griechenland ist frei. Machtgewinn Russlands am Balkan.
1833	Johanns Landesverbot für Tirol wird aufgehoben. Gründung eines landwirtschaftlichen Musterhofes in Graz.	Nestroys „Lumpazivagabundus"; DDSG nimmt den Linienschiffsverkehr von Wien nach Konstantinopel auf; Pferde-Eisenbahn von Linz nach Budweis.
1834	Anna wird zur „Freiin von Brandhofen" erhoben; Kaiser Franz empfängt Johann und Anna in der Hofburg in Wien.	Mathias Reichsgraf von Wickenburg gründet den Kurort Bad Gleichenberg.

1835		Tod von Kaiser Franz I., Nachfolger wird sein Sohn Ferdinand I. „Geheime Staatskonferenz“ unterstützt die Regierung des Kaisers.
1836	Johanns Ernennung zum Feldmarschall.	Gründung des „Österreichischen Lloyd“ – Seeverkehr mit der Levante, dem Fernen Osten und Iberoamerika.
1837	Reise nach Russland, Konstantinopel und Griechenland in Vertretung des Kaisers. Anna verbringt gemeinsame Quarantäne mit Johann in Triest.	Eröffnung der Kaiser Ferdinand-Nordbahn in Wien – „Jubelgeschrei von allen Seiten“ titelt der Schriftsteller F. C. Weidmann; erste Dampferfahrt donauaufwärts von Wien nach Linz.
1838	Entstehung der „Bruderlade der Berg- und Hüttenarbeiter“ in Vordernberg. Reise Johanns in die Lombardei und nach Venedig.	Kaiser Ferdinand wird in Monza bei Mailand mit der „Eisernen Krone der Langobarden“ gekrönt.
1839	11. März: Geburt des einzigen Sohnes von Anna und Johann in Wien: Franz (Freiherr von Brandhofen, später Graf Meran).	Plan für die von Erzherzog Johann angeregte Bahnstrecke Wien – Triest wird vorgelegt. Gründung des Militärgeographischen Institutes.
1840	Kauf von Schloss und Herrschaft Stainz durch Erzherzog Johann. Gründung der Montanschule in Vordernberg (heute Montanuniversität Leoben).	Österreich unterstützt das Osmanische Reich mit Kriegsschiffen gegen den Aufstand des osmanischen Vizekönigs von Ägypten Mehmet Ali. Joseph Lanner dirigiert Hofball in Wien.
1843	Tagung der deutschen Ärzte und Naturforscher unter dem Vorsitz Johanns in Graz. Palais Meran in Graz wird fertig gestellt. Gründung des „Historischen Vereines für Innerösterreich“.	Gasbeleuchtung in Wien. Bertha von Suttner (Gräfin Kinsky) wird in Prag geboren. Josef Lanner stirbt.
1844	21. Oktober: Eröffnung der Bahnstrecke Mürzzuschlag – Graz.	Johann Strauß debütiert beim Dommeyer in Wien mit eigener Kapelle.
1845	Reise nach Tirol mit Anna und Franzi (Besuch im neu erworbenen Schloss Schenna bei Meran). Sohn Franz wird in den Grafenstand erhoben.	Wiener Schriftsteller protestieren über Zensur – Petition an den Kaiser. Arbeiterunruhen in Wien; allgemeine Teuerung.

1848	Revolution in Wien. Johann wird in Wien Vorsitzender des ersten gesamtstaatlichen Parlaments in Österreich. Reise im Auftrag des Kaisers nach Tirol (Aufstand in Lombardo-Venetien). 29. Juni: Wahl Johanns zum Deutschen Reichsverweser in Frankfurt. Die Familie übersiedelt nach Frankfurt. Anna wird „die Erste Frau Deutschlands“. Kauf eines Blechwalzwerkes im weststeirischen Krems und in Graden bei Köflach	Revolution in vielen Staaten Europas. Forderungen nach Erfüllung von liberalen (z. B. Pressefreiheit), nationalen (z. B. Zusammengehörigkeit einer Volksgruppe in einem Staat) und sozialen (z. B. Verminderung der Arbeitszeit) Wünschen. In Österreich vorübergehend mehrere Zugeständnisse: Verfassung, Parlament, Rücktritt Metternichs. Die Grundentlastung (Bauernbefreiung) bleibt als Neuerung erhalten. Die nationalen Aufstände in Venedig, Mailand, Prag usw. werden unterdrückt, der Aufstand in Ungarn mit Hilfe der Russen niedergeschlagen. Kaiser Ferdinand I. dankt zu Gunsten seines 18-jährigen Neffen Franz Joseph ab (Regierungszeit 1848–1916). Johann Strauß (Vater) komponiert den „Radetzkymarsch“.
1849	Johann mit Familie in Frankfurt – im Sommer in Gastein.	Gemeindegesetze, Aufstellung der Gendarmerie, Reichstag wird aufgelöst. Feldmarschall Radetzky beendet mit dem Sieg bei Novara den Aufstand in Oberitalien;
1850	Anna wird zur Gräfin von Meran erhoben. Familie übersiedelt nach Graz, Hauptwohnsitz ist das Palais Meran. Gründung des Historischen Vereines für Steiermark. Johann übernimmt das Amt eines Bürgermeisters von Stainz.	Österreich und Preußen bemühen sich jeweils um die Vormachtstellung innerhalb des Deutschen Bundes.
1852	Auf Initiative Johanns Erlassung eines Forstgesetzes zur Erhaltung des Waldes. „Merangasse“ in Graz.	Napoleon III. (Neffe Napoleons I.) wird Kaiser von Frankreich; oberste Polizeibehörde in Wien begründet – Neoabsolutismus.
1854	Eröffnung der Bahnstrecke Gloggnitz – Mürzzuschlag über die Passhöhe des Semmering. Eröffnung des „Anna- Kinderspitales“ in Graz.	Erzherzog Ferdinand Max (Großneffe Johanns) wird Kommandant der österreichischen Marine; Hochzeit Kaiser Franz Josephs mit Prinzessin Elisabeth (Sisi).
1857	Fertigstellung der gesamten Südbahnstrecke Wien – Triest, die Trassenführung erfolgte teilweise nach Vorschlägen Johanns.	Beginn der zwei Jahre dauernden Weltumsegelung der österreichischen Fregatte Novara. Schleifung der Stadtmauer, Planung und Bau der Ringstraße in Wien.

1858	Anna in Bad Ems zur Kur, Reise nach Belgien.	Radetzky stirbt im Alter von 91 Jahren in Mailand.
1859	11. Mai: Tod Erzherzog Johanns in Graz; vorübergehende Beisetzung im Mausoleum Kaiser Ferdinands II. in Graz.	Krieg Österreichs in Oberitalien gegen Sardinien-Piemont und Frankreich, Schlacht bei Solferino. Österreich tritt die Lombardei an das im Entstehen begriffene Königreich Italien ab.
1862	Hochzeit von Franz Graf Meran mit Resa Gräfin Lamberg.	Bismarck wird preußischer Ministerpräsident, Wiener Vorstädte werden eingemeindet. Der Maler Friedrich Gauermann stirbt in Wien.
1864	Anna Gräfin Meran, das erste Enkelkind von Johann und Anna, wird geboren.	Deutsch-Dänischer Krieg, Seegefecht bei Helgoland unter Tegetthoff. Kaiser Maximilian fährt mit der Fregatte Novara von Miramar nach Mexiko. Gründung des Roten Kreuzes in Genf.
1865	Anna wird Ehrenbürgerin von Gastein.	Eröffnung der Wiener Ringstraße durch Kaiser Franz Joseph.
1866		Krieg zwischen Preußen und Österreich, verlustreiche Schlacht von Königgrätz; Krieg zwischen Italien und Österreich, siegreiche Seeschlacht bei Lissa. Österreich verliert Venetien.
1867	Johann Graf Meran (später Majoratsherr und Familienoberhaupt), Enkel von Johann und Anna, wird geboren.	Entstehung der Doppelmonarchie Österreich-Ungarn, Ausgleich mit Ungarn. Johann Strauß – „Donauwalzer". Kaiser Maximilian wird in Mexiko erschossen.
1869	Überführung des Sarkophages mit den sterblichen Überresten Erzherzog Johanns von Graz nach Schenna.	Reichsvolksschulgesetz. Orientreise Kaiser Franz Josephs ins Heilige Land und zur Eröffnung des Suezkanals (Bau nach Plänen des Österreichers Negrelli).
1873	Kaiserin-Witwe Karolina Augusta (4. Gattin von Franz I.) bedenkt Anna in ihrem Testament; Anna erhält eine Anerkennungsmedaille für ihre auf der Weltausstellung in Wien präsentierten landwirtschaftlichen Produkte.	Wiener Weltausstellung. Österreichische Expedition entdeckt das Franz Josephsland in arktischen Gewässern. Börsenkrach in Wien. 1874 „Fledermaus" von Johann Strauß.

1878	Enthüllung des Erzherzog Johann Brunnens mit den vier personifizierten Hauptflüssen der Steiermark auf dem Hauptplatz in Graz.	Österreich okkupiert durch Mandat auf dem Berliner Kongress Bosnien und Herzegowina. Matura für Mädchen gestattet.
1880	Briefwechsel Annas mit Königin Marie Henriette von Belgien.	Verlobung von Kronprinz Rudolf und Stephanie von Belgien.
1885	4. August: Anna stirbt in Aussee; Überführung und Beisetzung in Schenna.	Kronprinz Rudolf beginnt mit der Organisation der Herausgabe des 24 Bände umfassenden Werkes „Die österreichisch-ungarische Monarchie in Wort und Bild“.

Literatur

Aigner, Reinhold: Die Bergung des verwüsteten Erzherzog-Johann-Archivs in Schloß Stadl bei St. Ruprecht an der Raab nach Kriegsende 1945, in: Mitteilungen des Steiermärkischen Landesarchivs 39, Graz 1981.

Baltl Hermann: Paul Adler – Ein Leben für den bäuerlichen Fortschritt, Graz 1984.

Baravalle, Robert: Das Palais Meran in Graz, in: Zeitschrift des Historischen Vereins für Steiermark 59, Graz 1968.

Basch-Ritter, Renate: Österreich-Ungarn in Wort und Bild, Graz 1989.

Basch-Ritter, Renate: Zwischen Donau und Adria. 2000 Jahre Geschichte in Wort und Bild, Graz 1995.

Basch-Ritter, Renate: Österreich auf allen Meeren, Geschichte der k. u. k. Marine, 2., erw. Aufl., Graz 2000.

Burg, Hermann: Erzherzog Johann. Der Mensch, sein Leben und sein Werk, Graz 1949.

Dienes, Gerhard M.: Erzherzog Franz Ferdinand von Österreich-Este – ein gebürtiger Grazer, in: Blätter für Heimatkunde, Graz 1986.

Dobersberger, Roland: Johann Ladislaus Pyrker. Dichter und Kirchenfürst, St. Pölten 1997.

Grogger, Paula: Die Hochzeit. Ein Spiel vom Prinzen Johann. Graz, Wien, Leipzig 1937.

Guglia, Kurt: Feste und Feierlichkeiten der Garnison Graz, in: Graz als Garnison, Graz 1982.

Haan, Viktoria von: Erzherzog Johann. Leopold von Haan. Russisch-Türkische Reise im Jahre 1837, Wien 1998.

Hall, Basil: Schloss Hainfeld oder ein Winter in der Untersteiermark, Edinburgh 1836.

Hammer, Elke: Anna Plochl und Erzherzog Johann – Kehrseiten einer „lieblichen Romanze", in: Mitteilungen des Steiermärkischen Landesarchivs 48, Graz 1998.

Harnoncourt, Marion: Die Nachkommen von Erzherzog Johann, Manuskript, Graz 2004.

Hegenbarth, Hans: Wie ihn ein Zeitgenosse sah. Prinz Johann, ein Pionier für steirische Weltgeltung, in: Steirisches Gedenkjahr 1959, Graz 1959

Hollwöger, Franz: Das Ausseer Land. Geschichte der Gemeinden Bad Aussee, Altaussee, Grundlsee, Mitterndorf und Pichl, Bad Aussee 1956.

Johann, Erzherzog von Österreich: Der Brandhofer und seine Hausfrau. Von ihm selbst erzählt. Eigenhändige Aufzeichnungen des Erzherzogs Johann von Österreich. Aus dem Familienarchiv, hrsg. v. Alfred Wokaun, Graz 1930.

Johann, Erzherzog von Österreich: Der Brandhofer und seine Hausfrau. Von ihm selbst erzählt. Eigenhändige Aufzeichnungen, hrsg. v. Alfred Wokaun. Mit einem Beitrag über die Persönlichkeit des Erzherzogs v. Walter Koschatzky, 2. Aufl., Graz 1959.

Johann, Erzherzog von Österreich: Der Brandhofer und seine Hausfrau, bearb. v. Walter Koschatzky, 3. Aufl., Graz 1982.

Kapfhammer, Franz Maria: Seine Frau Anna, in: Steirisches Gedenkjahr 1959, Graz 1959.
Katalog Eine Bürgerliche unter der Krone. Anna Plochl und das weibliche Universum im 19. Jh., Kuratorin Rosanna Pruccoli, Meran, Frauenmuseum 2004.
Katalog Erzherzog Johann. Sein Leben in den Bergen, Bad Aussee 1982.
Katalog Erzherzog Johann Gedächtnisausstellung, Graz 1959.
Katalog Erzherzog Johann im Porträt. Grafik Münzen Medaillen Fotos, Graz 1982.
Katalog Landesausstellung Erzherzog Johann von Österreich, Stainz 1982.
Katalog Die Frauen der Habsburger. Glanz und Schicksal der Frauen des Hauses Habsburg, Schloßhof 1995.
Katalog Jubiläumsausstellung in der Wiener Börse: Der Lloyd in Triest gestern – heute – morgen. Vom Österreichischen Lloyd zum Lloyd Triestino, Triest 1987.
Keller, Paul Anton: Das Erbe. Die Nachwelt Erzherzog Johanns, in: Steirisches Gedenkjahr 1959, Graz 1959.
Kohlbach, Rochus: Goldene Adler im Trauerflor. In schwerer Zeit hat uns ein schwerer Schlag getroffen, Graz 1959.
Koschatzky, Walter: Die Kammermaler, in: Steirische Berichte, Graz 1958.
Kubinzky, Karl A. u. Astrid M. Wentner: Grazer Straßennamen. Herkunft und Bedeutung, Graz 1998.
Lambauer, Gertrude: Anna, die Frau des Erzherzogs, in: Katalog Erzherzog Johann. Sein Leben in den Bergen, Bad Aussee 1982.
Lambauer, Hannes: Diverse Beiträge, in: Katalog Erzherzog Johann. Sein Leben in den Bergen, Bad Aussee 1982.
Macher, Mathias: Medizinisch-statistische Topographie des Herzogtumes Steiermark, Graz 1860.
Mayr, Max: Begegnung mit dem Urenkel, in: Erzherzog Johann 2000, Graz 1981.
Mayrhuber, Alois: Künstler im Ausseerland, Graz 1985.
Naschenweng, Hannes P.: Burg Strechau, Liezen 1997.
Naschenweng Hannes P.: Die Ausseer Schwägerschaft Erzherzog Johanns, in: Katalog Erzherzog Johann. Sein Leben in den Bergen, Bad Aussee 1982.
Naschenweng, Hannes P.: Die Nachkommen von Erzherzog Johann von Österreich (1782–1859) und Anna Plochl, Freiin von Brandhofen, Gräfin von Meran (1804–1885), in: Adler, Zeitschrift für Genealogie und Heraldik 26, Wien 1982.
Nenning, Günther: Erzherzog Johann. Mythos und Wirklichkeit, Wien 1982.
Neunteufl, Herta: Als Frauen sanft und Kinder artig waren. Moden und Meinungen im späten Biedermeier, Graz 1983.
Neunteufl, Herta: Das Erzherzog Johann Kochbuch, Bad Aussee 2005.
Oblack, J. E.: Graz. Topographisches Taschenbuch für Fremde und Heimische, Graz 1844.
Puschnig, Reiner: Ein Tag im Hause Erzherzog Johanns, in: Zeitschrift des Historischen Vereins für Steiermark, Graz 1959.
Pickl, Othmar: Erzherzog Johann von Österreich. Sein Wirken in seiner Zeit. Festschrift zur 200. Wiederkehr seines Geburtstages, Graz 1982.
Reifenscheid, Richard: Die Habsburger in Lebensbildern. Von Rudolf I. bis Karl I., Graz, Wien, Köln 1982

Rodler, Gerhard: Geschichte und Beschreibung der Gnadenkirche Mariazell in Steiermark, Mariazell 1907.

Roithner, Hans Michael: Das Ausseerland zur Zeit des Erzherzogs Johann, in: Katalog Erzherzog Johann. Sein Leben in den Bergen, Bad Aussee 1982.

Rosegger, Peter: Hoch vom Dachstein. Geschichten und Schildereien aus Steiermark, Leipzig 1904.

Roth, Franz O.: Briefe von Anna Plochl, Freifrau von Brandhofen aus Frankfurt/Main 1848/49 im Steiermärkischen Landesarchiv, in: Mitteilungen des Steiermärkischen Landesarchivs 30, Graz 1980.

Scherer, Sophie von: Erfahrungen aus dem Frauenleben. Gedanken über weibliche Bestimmung und Bildung über Mutterpflicht und Erziehung. In einer Sammlung von Briefen mitgetheilt, 4 Bde, Gratz 1848.

Schimmer, Karl August: Das Leben und Wirken des Erzherzogs Johann von Oesterreich nach Originalquellen, Mainz 1849.

Schlossar, Anton: Erzherzog Johann von Österreich. Sein edles Leben und segenreiches Wirken. Mit Benutzung des handschriftlichen und künstlerischen Nachlasses des Erzherzogs, Graz 1908.

Schönherr, David R. v.: Das Schloß Schenna. Seine Geschichte und seine Besitzer, Meran 1886.

Schönweger Astrid: Die *ver*-kleidete Frau. Mode als Spiegel der Zeit – Eine kleine Kulturgeschichte der letzten 200 Jahre, Frauenmuseum, Meran 2002.

Schuller, Anton L.: Erzherzog Johann – und was von ihm blieb, Graz 1982.

Stadler, Franz: Die Eselsbacher Stahelschützen, in: Katalog Erzherzog Johann. Sein Leben in den Bergen, Bad Aussee 1982.

Steirischer Ehrenspiegel, Das Gedenkjahr 1959, Steirisches Volksbildungswerk, Graz 1959.

Theiß, Viktor: Die Hochzeit zu Gstatt, in: Öblarner Festspiel 1959, Öblarn 1959.

Theiß, Viktor: Erzherzog Johann der steirische Prinz. Ein Lebensbild, Graz 1950.

Theiß, Viktor: Erzherzog Johann und sein Wirken für die Steiermark, in: Steiermark. Land, Leute, Leistung, 2. Aufl., Graz 1971.

Theiß, Viktor: Unveröffentlichte Tagebucheintragungen des Erzherzogs Johann aus den Jahren 1810 bis 1858, in: Steirische Berichte, Graz 1958.

Thürheim, Gräfin Lulu: Mein Leben. Erinnerungen aus Österreichs großer Welt, 4 Bde, München 1923.

Tremel, Ferdinand: Das Haus des Erzherzogs Johann in Vordernberg, in: Mitteilungen des Steiermärkischen Landesarchivs 30, Graz 1980.

Weber-Kellermann, Ingeborg: Frauenleben im 19. Jahrhundert. Empire und Romantik, Biedermeier, Gründerzeit, München 1998.

Weidmann, F. C.: Worte der Erinnerung an das Fest der Einweihung des Brandhofes bei Mariazell in Steiermark, Wien 1828.

Wintersteiner, Marianne: Gott hat sie mir gegeben. Anna Plochl und Erzherzog Johann, Stieglitz 1985.

Zimburg, Heinrich: Erzherzog Johann und Gastein, in: Mitteilungen der Gesellschaft für Salzburger Landeskunde, Salzburg 1960.

Quellen

Weststeirerland – aus Heimat und Welt. Heft 1, 1955.
Alt-Leoben, Jg. 1982.
Heimat und Volk, Zeitschrift für Tracht, Volkskunst, Sitte und Brauch in Österreich, Jg. 1959.
Kleine Zeitung Graz, mehrere Jge.
Ausseerland Tagblatt, Jg. 1954.
Der Ennstaler, Jg. 1959.
Steirerblatt, Jg. 1951
Alpenpost, mehrere Jge.
Adler, Zeitschrift für Genealogie und Heraldik, mehrere Jge.
Neue Illustrierte Wochenschau, Jg.1959.
Südost-Tagespost, Graz, mehrere Jge.
Tagblatt, Jg. 1935.
Gratzer Zeitung, Jg. 1848.
Die Presse, Jg. 1848.

Bildnachweis

Das Titelbild mit dem Porträt „Anna Plochl“ stammt von der Architektin und Malerin Anneliese Lehrmayer, Graz.

Autorin und Verlag bedanken sich bei folgenden Archiven, Museen und Privatsammlungen für die freundliche Genehmigung zur Veröffentlichung:

ST. LA. = Steiermärkisches Landesarchiv, Ortsbildersammlung und Historische Bildersammlung, Graz
A. MER. = Archiv Meran, Graz
K. B. A. = Kammerhofmuseum Bad Aussee
F. R. = Foto Rastl, Bad Aussee
ÖNB = Österreichische Nationalbibliothek, Porträtsammlung, Wien
PRIV. = Privat, Originalbilder im Privatbesitz
RBR = Privatarchiv Renate Basch-Ritter
RBR/F = Foto Renate Basch-Ritter
A. A. = Archiv ADEVA
A. P. = Foto A. Patiner, Graz (Bild auf der Rückseite)
G. W. = Foto Gerry Wolf

Schwarzweißbilder:
ST. LA.: 11, 13, 37, 45, 48, 66, 76, 80, 116, 131, 138, 149, 151, 153, 157, 177, 188, 198, 199, 200, 214
A. MER.: 39, 79, 84, 91, 98, 99, 100, 101, 102, 103, 142, 145, 158, 190, 193, 202, 203, 204, 206, 207, 218, 228, 229, 231
K. B. A.: 16, 105, 109
F. R.: 10
ÖNB: 104, 210
PRIV.: 70, 113, 173, 178, 237
RBR: 117, 118, 122, 126, 127, 187, 195
A. A.: 25, 32, 34, 41, 167, 171, 184, 185
G. W.: 240

Farbbilder:
A. MER: 23, 34, 35, 36, 37, 38, 40, 41
PRIV.: 1, 7, 10, 11, 12, 20, 28, 29, 30, 33, 39
RBR/F: 2, 9, 18, 19, 22, 24, 26, 27, 31, 42, 43, 44, 45, 46, 47, 48, 49, 50, 51, 52, 53, 54, 55
RBR: 25
G. W.: 3, 4, 5, 6, 8, 13, 14, 15, 16, 17, 21, 32

Vor- und Nachsatz:
K. B. A.: Plan der Umgebung von Aussee

Rückblick und Dank

Am Ende stellt sich die Frage, ob es gelungen ist, Anna Plochl, dem Mittelpunkt des Interesses und der Recherchen, näher zu kommen und ihrer individuellen Persönlichkeit gerecht zu werden. Erzherzog Johann wurde – trotz seiner Volkstümlichkeit – in der Literatur lange Zeit vorwiegend als eine von seinen Mitmenschen abgehobene Person heroisiert, die Gestalt Annas hingegen wurde mit lieben Legenden umrankt.

Es ist, so hoffe ich, gelungen, neue Aspekte innerer und äußerer Lebensumstände des Paares aufzuzeichnen, von Tätigkeiten und Leistungen Annas zu berichten, Alltag und nüchterne Alltagsbewältigung auszuleuchten. Dass Anna und Johann dabei, weg von jeder romantischen Verherrlichung, hin zu etwas weit Wichtigerem, nämlich zu einer Vermenschlichung gekommen sind, verdanke ich vor allem dem Studium von Annas Schriften.

Weitere unentbehrliche Hilfe und Hinweise, für die ich mich herzlich bedanke, ergaben Gespräche mit folgenden Damen und Herren: Peter Graf Altenburg, Dr. Elke Hammer-Luza vom Steiermärkischen Landesarchiv, Georg Kaltenbrunner aus Bad Gastein, Dr. Hannes Lambauer von der Steiermärkischen Landesbibliothek, Dipl. Kaufmann Franz Graf Meran, Dr. Hannes P. Naschenweng, Erika Selzer vom Kammerhofmuseum Bad Aussee.

Dem Verlag Leykam, Graz, danke ich für die freundliche Abdruckgenehmigung einiger Textstellen aus dem Buch Erzherzog Johann: „Der Brandhofer und seine Hausfrau“.

Dem Präsidenten der Grazer Wechselseitigen, Dr. Franz Harnoncourt-Unverzagt, danke ich für seine Zustimmung, in das Familienarchiv Meran Einsicht zu nehmen sowie zahlreiche Schriften daraus zu publizieren.

Ganz besonders herzlich danke ich Frau Charlotte Keil-Meran für lange Gespräche und manchmal sehr amüsante Erzählungen über die zahlreichen Nachkommen ihrer Ururgroßmutter Anna.

Am Ende danke ich den beiden Damen, ohne die das Buch in dieser Form nicht entstehen hätte können: meiner genauso akribischen wie hilfsbereiten und geduldigen Lektorin Dr. Rosemarie Konrad sowie Frau cand. med. Julia Mader für die bewährte und kompetente Hilfeleistung am Computer.

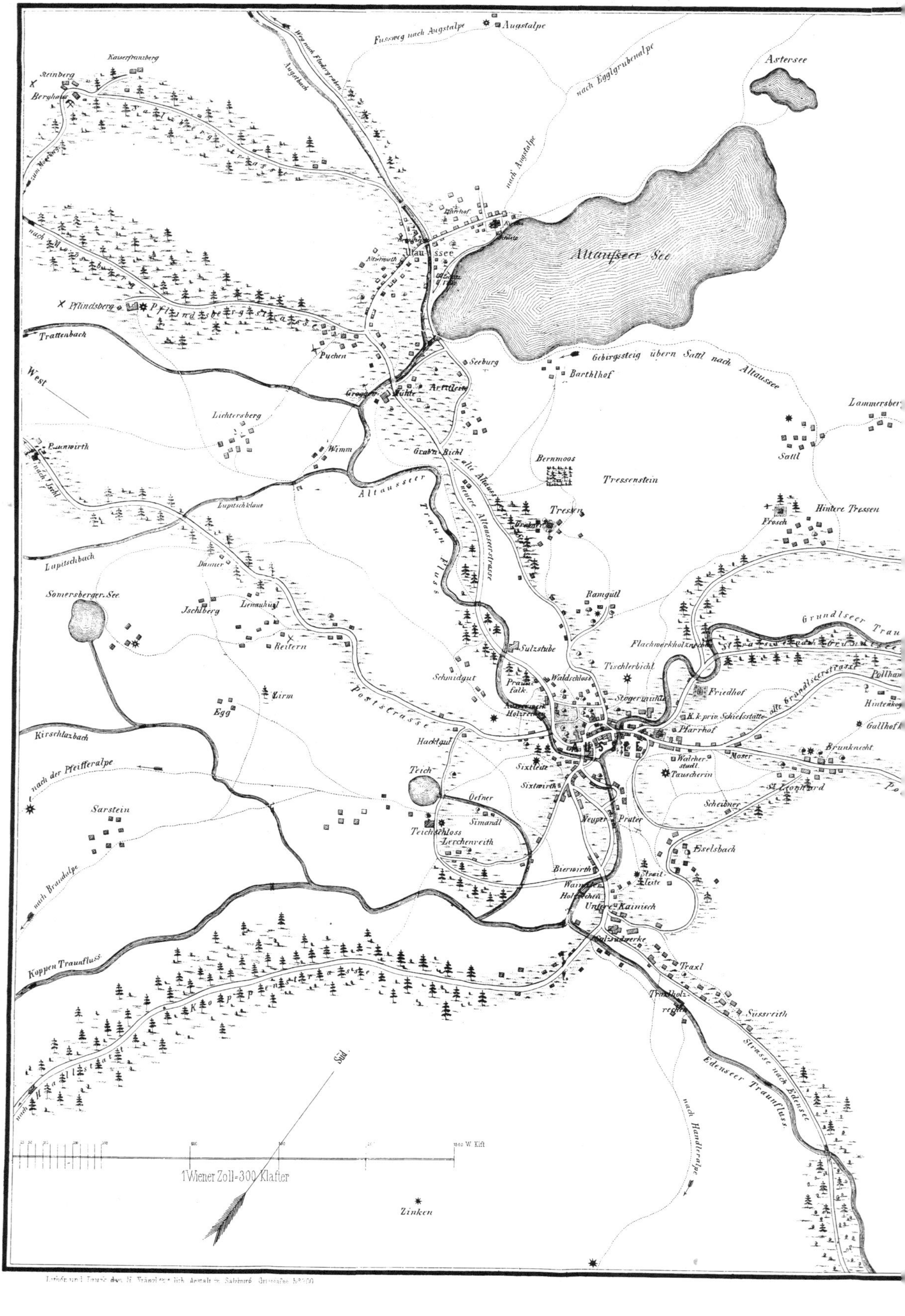

Lithogr. und Druck der N. Fränzl'schen lith. Anstalt in Salzburg. Gstättengasse N° 200